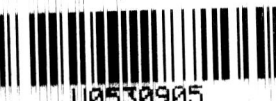

十三經漢魏古注叢書之

春秋左氏經傳集解

〔東周〕左丘明 傳
〔西晉〕杜預 集解
但誠 整理

【合編本】
上册

商務印書館
创于1897 The Commercial Press

商务印书馆（上海）有限公司 出品
The Commercial Press (Shanghai) Co.Ltd

十三經漢魏古注叢書

總主编：朱傑人

執行主编：徐　淵　但　誠

叢書序

儒學的發生和發展，是與儒家經典的確認與被詮釋、被解讀相始終的。東漢和帝永元十四年（公元102年），司空徐防“以《五經》久遠，聖意難明，宜爲章句，以悟後學。上疏曰：‘臣聞《詩》《書》《禮》《樂》，定自孔子，發明章句，始於子夏。其後諸家分析，各有異説。漢承亂秦，經典廢絶，本文略存，或無章句。收拾缺遺，建立明經，博徵儒術，開置太學。’”（〔南朝宋〕范曄撰，〔唐〕李賢等注：《後漢書》卷四十四《徐防傳》，北京：中華書局，1965年，第1500頁）於今而言，永元離孔聖時代未遠（孔子逝於公元前479年，至永元十四年，凡581年），然徐防已然謂“《五經》久遠，聖意難明”，而強調“章句”之學的重要性。所謂“章句”，即是對經典的訓釋。從徐防的奏疏看，東漢人既認同子夏是對儒家經典進行訓釋的“發明”者，也承認秦亂以後儒家的經典只有本文流傳了下來，而“章句”已經失傳。

西漢武帝即位不久，董仲舒上《天人三策》，確立了儒學作爲國家的主流意識形態。自此，對儒家經典的研究與注釋出現了百花齊放的局面，章句之學成爲一時之顯學。漢人講經，重師法和家法。皮錫瑞曰：“前漢重師法，後漢重家法。先有師法，而後能成一家之言。師法者，溯其源；家法者，衍其流也。”（〔清〕皮錫瑞著，周予同注釋：《經學歷史》，北京：中華書局，2008年，第136頁）既溯其源，則兩漢經學，幾乎一出於子夏。即其“流”，大抵也流出不遠。漢章帝建初四年（公元79年），詔群儒會講白虎觀論《五經》異同，詔曰：“蓋三代導人，教學爲本。漢承暴秦，褒顯儒術，建立《五經》，爲置博士。其後學者精進，雖曰承師，亦别名家。孝宣皇帝以爲去聖久遠，學不厭博，故遂立大、小夏侯《尚書》，後又立《京氏易》。至建武中，復置顔氏、嚴氏《春秋》，大、小戴《禮》博士。此皆所以扶進微學，尊廣道藝也。”（〔南朝宋〕范曄撰，〔唐〕李賢等注：《後漢書》卷三《肅宗孝章帝紀》，第137—138頁）漢章帝的詔書肯定了師法與家法在傳承儒家經典過程中不可或缺的作用，並認爲收羅和整理瀕臨失傳的師法、家法之遺存，可以“扶進微學，尊廣道藝”。

嚴正先生認爲兩漢經學家們“注重師法和家法是爲了證明自己學説的權威性，他們可以列出從孔子以至漢初經師的傳承譜系，這就表明自己的學説確實是孔子真傳”（姜廣輝主編：《中國經學思想史》第二卷，北京：中國社會科學出版社，2003年，第14頁）。這種風氣，客觀上爲兩漢時代經學的發展提供了一個可控而不至失範的學術環境，有利於經學的傳播和發展（當然，家法、師法的流弊是束縛了經學獲得新的生命力，那是問題的另一個方面）。漢代的這種學風，一直影響到魏、晉、唐。孔穎達奉旨修《五經正義》，馬嘉運“以穎達所撰《正義》頗多繁雜，每掎摭之，諸儒亦稱爲允當”（〔後晉〕劉昫等撰：《舊唐書》卷七十三《馬嘉運傳》，北京：中華書局，1975年，第2603頁）。所謂“頗多繁雜”，實即不謹師法。史載，孔穎達的《五經正義》編定以後，因受到馬嘉運等的批評並未立即頒行，而是“詔更令詳定”

(〔後晉〕劉昫等撰:《舊唐書》卷七十三《馬嘉運傳》,第2603頁)。直至高宗永徽四年(公元653年),才正式詔頒於天下,令每歲明經科以此考試。此時離孔穎達去世已五年之久。此可見初唐朝野對儒家經典訓釋的慎重和謹嚴。這種謹慎態度的背後,顯然是受到自漢以來經典解釋傳統的影響。

正因爲漢、魏至唐,儒家學者們對自己學術傳統的堅守和捍衛,給我們留下了一份彌足珍貴的遺産,那就是一系列關於儒家經典的訓釋。我們今天依然可以見到的如:《周易》王弼注,《詩經》毛亨傳、鄭玄箋,《尚書》僞孔安國傳,三《禮》鄭玄注,《春秋左傳》杜預注,《春秋公羊傳》何休解詁,《春秋穀梁傳》范甯集解,《論語》何晏集解,《孟子》趙岐章句,《爾雅》郭璞注,《孝經》孔安國傳、鄭玄注等。這些書,我們姑且把它們稱作"古注"。

惠棟作《九經古義序》曰:"漢人通經有家法,故有《五經》師。訓詁之學,皆師所口授,其後乃著竹帛。所以漢經師之説立於學官,與經並行。《五經》出於屋壁,多古字古音,非經師不能辯,經之義存乎訓,識字審音乃知其義,是故古訓不可改也,經師不可廢也。"(〔清〕惠棟:《九經古義》述首,王雲五編:《叢書集成初編》254—255,上海:商務印書館,1937年,第1頁)惠氏之説,點出了不能廢"古注"的根本原因,可謂中肯。

對儒家經典的解讀,到了宋代發生一個巨大的變化:"訓詁之學"被冷落,"義理之學"代之而起。由此又導出漢學、宋學之别,與漢學、宋學之爭。

王應麟説:"自漢儒至於慶曆間,説經者守訓故而不鑿。《七經小傳》出而稍尚新奇矣。至《三經義》行,視漢儒之學若土梗。”（〔宋〕王應麟著，〔清〕翁元圻輯注，孫通海點校：《困學紀聞注》卷八《經説》，北京：中華書局，2016年，第1192頁）按，《七經小傳》劉敞撰，《三經義》即王安石《三經新義》。然則，王應麟認爲宋代經學風氣之變始於劉、王。清人批評宋學：“非獨科舉文字蹈空而已，説經之書，亦多空衍義理，横發議論，與漢、唐注疏全異。”（〔清〕皮錫瑞著，周予同注釋：《經學歷史》，第274頁）惠棟甚至引用其父惠士奇的話説：“宋人不好古而好臆説，故其解經皆燕相之説書也。”（〔清〕惠棟：《九曜齋筆記》卷二《本朝經學》，《聚學軒叢書》本）其實，宋學的這些弊端，宋代人自己就批評過。神宗熙寧二年（公元1069年）司馬光上《論風俗劄子》曰：“竊見近歲公卿大夫好爲高奇之論，喜誦老、莊之言，流及科場，亦相習尚。新進後生，未知臧否，口傳耳剽，翕然成風。至有讀《易》未識卦、爻，已謂《十翼》非孔子之言；讀《禮》未知篇數，已謂《周官》爲戰國之書；讀《詩》未盡《周南》《召南》，已謂毛、鄭爲章句之學。讀《春秋》未知十二公，已謂三《傳》可束之高閣。循守注疏者，謂之腐儒；穿鑿臆説者，謂之精義。”（〔宋〕司馬光撰，李文澤、霞紹暉校點：《司馬光集》卷四五，成都：四川大學出版社，2010年，第973—974頁）可見，此種學風確爲當時的一種風氣。但清人的批評指向却是宋代的理學，好像宋代的理學家們都是些憑空臆説之徒。這種批評成了理學躲不開的夢魘，也成了漢學、宋學天然的劃界標準。

遺憾的是，這其實是一種被誤導了的“常識”。

理學家並不拒斥訓詁之學，更不輕視漢魏古注。恰恰相反，理學家的義理之論正是建立在對古注的充分尊重與理解之上才得以成立，即使對古注持不同意見，也必以翔實的考據和慎密的論證爲依據。而這正是漢學之精髓所在。試以理學的經典《四書章句集注》爲例，其訓詁文字基本上採自漢唐古注。據中國臺灣學者陳逢源援引日本學者大槻信良的統計："《論語集注》援取漢宋諸儒注解有九百四十九條，採用當朝儒者説法有六百八十條；《孟子集注》援取漢宋諸儒注解一千零六十九條，採用當朝儒者説法也有二百五十五條。"（陳逢源：《朱熹與四書章句集注》，臺北：里仁書局，2006年，第195—196頁）這一統計説明，朱子的注釋是"厚古"而"薄今"的。

朱子非常重視古注，推尊漢儒："古注有不可易處。"（〔宋〕黎靖德輯，鄭明等校點：《朱子語類》卷六十四，《朱子全書》[第十六册]，上海：上海古籍出版社，合肥：安徽教育出版社，2002年，第2130頁）"諸儒説多不明，却是古注是。"（〔宋〕黎靖德輯，鄭明等校點：《朱子語類》卷六十四，《朱子全書》[第十六册]，第2116頁）"東漢諸儒煞好。……康成也可謂大儒。"（〔宋〕黎靖德輯，鄭明等校點：《朱子語類》卷八十七，《朱子全書》[第十七册]，第2942頁）甚至對漢人解經之家法，朱子亦予以肯定："其治經必專家法者，天下之理固不外於人之一心，然聖賢之言則有淵奥爾雅而不可以臆斷者，其制度、名物、行事本末又非今日之見聞所能及也，故治經者必因先儒已成之説而推之。借曰未必盡是，亦當究其所以得失之故，而後可以反求諸心而正其繆。此漢之諸儒所以專門名家，各守師説，而不敢輕有變焉者也……近年以來，習俗苟偷，學無宗主，治經者不復讀其經之本文與夫先儒之傳注，但取近時科舉中選之文諷誦摹仿，擇取經中可爲題目之句以意扭捏，妄作主張，明知不是經意，但取便於行文，不假恤也……主司不惟不知其繆，乃反以爲工而置之高等。習以成風，轉相祖述，慢侮聖言，日以益盛。名爲治經而實爲經學之賊，號爲作文而實爲文字之妖。不可坐視而不之正也。”（〔宋〕朱熹撰，徐德明、王鐵校點：《學校貢舉私議》，《晦庵先生朱文公文集》卷六十九，《朱子全書》[第二十三册]，第3360頁）這段文字明白無誤地指出，漢人家法之不可無，治經必不可丢棄先儒已成之説。

這段文字還對當時治經者抛棄先儒成説而肆意臆説的學風提出了嚴厲的批評。認爲這不是治經，而是經學之賊。他對他的學生説：“傳注，惟古注不作文，却好看。只隨經句分説，不離經意最好。疏亦然。今人解書，且圖要作文，又加辨説，百般生疑。故其文雖可讀，而經意殊遠。”（〔宋〕黎靖德輯，鄭明等校點：《朱子語類》卷十一，《朱子全書》[第十四册]，第351頁）他認爲守注疏而後論道是正道：“祖宗以來，學者但守注疏，其後便論道，如二蘇直是要論道，但注疏如何棄得？”（〔宋〕黎靖德輯，鄭明等校點：《朱子語類》卷一百二十九，《朱子全書》[第十八册]，第4028頁）他提倡訓詁、經義不相離：“漢儒可謂善説經者，不過只説訓詁，使人以此訓詁玩索經文，訓詁、經文不相離異，只做一道看了，直是意味深長也。”（〔宋〕朱熹撰，徐德明、王鐵校點：《答張敬夫》，《晦庵先生朱文公文集》卷三十一，第1349頁）

錢穆先生論朱子之辨《禹貢》，論其考據功夫之深，而有一歎曰：“清儒窮經稽古，以《禹貢》專門名家者頗不乏人。惜乎漢宋門户牢不可破，先横一偏私之見，未能直承朱子，進而益求其真是之所在，而仍不脱於遷就穿鑿，所謂巧愈甚而謬愈彰，此則大可遺憾也。”（錢穆：《朱子新學案》［第五册］，《錢賓四先生全集》，臺北：聯經出版事業公司，1998 年，第 341 頁）

20 世紀 20 年代，商務印書館曾經出過一套深受學界好評的叢書《四部叢刊》。《叢刊》以精選善本爲勝，贏得口碑。經部典籍則以漢魏之著，宋元之刊爲主，一時古籍之最，幾乎被一網打盡。但《四部叢刊》以表現古籍原貌爲宗旨，故呈現方式爲影印。它的好處是使藏之深閣的元明刻本走入了普通學者和讀者的家庭，故甫一問世，便廣受好評，直至今日它依然是研究中國學術文化的學者們不可或缺的基本圖書。但是，它的缺點是曲高和寡而價格不菲，不利於普及與流通。鑒於當下持續不斷的國學熱、傳統文化熱，人們研讀經典已從一般的閱讀向深層的需求發展，商務印書館決定啓動一項與時俱進的大工程：編輯一套經過整理的儒家經典古注本。選目以《四部叢刊》所收漢魏古注爲基礎，輔以其他宋元善本。爲了適應現代人的閱讀習慣，這套叢書改直排爲横排，但爲了保持古籍的原貌而用繁體字，並嚴格遵循古籍整理的規範，有句讀（點），用專名綫（標）。參與整理的，都是國内各高校和研究機構學有專長的中青年學者。

另外，本次整理還首次使用了剛剛開發成功的 Source Han（開源思源宋體）。這種字體也許可以使讀者們有一種更舒適的閱讀體驗。

朱傑人

二〇一九年二月

於海上桑榆匪晚齋

目　　錄

整理説明

“春秋”本爲周、秦時列國史書之通名，見於《國語·晉語七》《墨子·明鬼下》等篇章。儒家認爲，孔子據魯國史書修撰而成《春秋》。《孟子·離婁下》曰：

> 王者之迹熄而《詩》亡，《詩》亡然後《春秋》作。晉之《乘》，楚之《檮杌》，魯之《春秋》，一也。其事則齊桓、晉文，其文則史。孔子曰：“其義則丘竊取之矣。”

然而劉知幾、王安石以後，攻擊這個觀點的學者就多了起來。今人研究認爲，“春秋”的義例（“書法”）在孔子之前已經流傳，列國的史官建置、史書體裁、“書法”大體一致。故，“春秋”古已有之（羅士烈：“春秋”條，見《中國大百科全書·中國歷史（縮印本）》，北京：中國大百科全書出版社，1994年）。

《春秋》所記起魯隱公元年（公元前722年），迄魯哀公十四年（公元前481年），記錄了242年的史事。今本《春秋》見於今本《左傳》《公羊傳》《穀梁傳》，各約一萬六千多字。三個版本的《春秋》存在異文，體現在人名、地名、種族名、時日，甚至對歷史事件的記述等方面。清人毛奇齡《春秋簡書刊誤》、趙坦《春秋異文箋》和朱駿聲《三家異文覈》頗有揭示。哈佛燕京學社曾編纂《春秋經傳引得》，以《公羊》經文附録《穀梁》《左傳》經文之異文，頗便參閲。

《春秋》和《易》《書》《詩》《禮》《樂》一同被稱爲“六經”(《莊子·天運》)，在戰國時期的知識分子群體中講述研習，傳抄流布。秦亡後，《樂》散逸。漢武帝時其他幾部書始稱“五經”，立於學官。

《漢書·藝文志》載，解《春秋》者五家，鄒氏於東漢失傳；夾氏之學見於《七略》，然而班固也没有見到《夾氏傳》原書。《史記·十二諸侯年表序》稱，《左傳》的作者是和孔子同時代的魯國史官左丘明。劉向《别録》云：

> 左丘明授曾申，申授吴起，起授其子期，期授楚人鐸椒，作《抄撮》八卷授虞卿，虞卿作《抄撮》九卷授荀卿，荀卿授張蒼。

到了西漢，《左傳》傳至賈護、劉歆，才開始流行起來。《漢書·儒林傳·房鳳》云：

> 漢興，北平侯張蒼及梁太傅賈誼、京兆尹張敞、太中大夫劉公子皆修《春秋左氏傳》。誼爲《左氏傳訓故》，授趙人貫公，爲河間獻王博士，子長卿爲蕩陰令，授清河張禹長子。禹與蕭望之同時爲御史，數爲望之言《左氏》，望之善之，上書數以稱説。後望之爲太子太傅，薦禹於宣帝，徵禹待詔，未及問，會疾死。授尹更始，更始傳子咸及翟方進、胡常。常授黎陽賈護季君，哀帝

時待詔爲郎，授蒼梧陳欽子佚，以《左氏》授王莽，至將軍。而劉歆從尹咸及翟方進受。由是言《左氏》者本之賈護、劉歆。

唐代以後，左丘明作《左傳》之認識逐漸被學者所懷疑，如趙匡、陸淳、王安石等。清人姚鼐在《左傳補注自序》(《清儒學案·惜抱學案上·姚先生鼐》，北京：中華書局，2008年）中進一步指出：

左氏之書，非出一人所成。自左氏丘明作傳以授曾申，申傳吴起，起傳其子期，期傳楚人鐸椒，椒傳趙人虞卿，虞卿傳荀卿，蓋後人屢有附益。其爲丘明説經之舊，及爲後所益者，今不知孰爲多寡矣。余考其書，於魏氏事造飾尤甚，竊以爲吴起爲之者蓋尤多。

清季以降，西學東漸，海内外學者從卜筮預言（應驗情況)、語言學、天文曆法等角度推測其成書時間。今人綜合各方面研究成果，認爲《左傳》成書於戰國中期（楊伯峻爲《春秋左傳注》所撰《前言》中“左傳成書年代”部分斷定《左傳》成書於周威烈王二十三年［公元前403年]）。其作者則有多種説法：魏聚賢、徐中舒主張子夏説；姚鼐、章太炎、錢穆、郭沫若、童書業等學者主張吴起説；趙光賢則提出了魯國左姓人作《左傳》的説法——均可備一説。

關於《左傳》的性質，有的學者認爲《左傳》本爲解經而作，後來發展爲獨立存在的史書（洪業：《春秋經傳引得·序》，上海：上海古籍出版社，1983年），而近來也有學者認爲其功能本爲歷代經師講解《春秋》之參考，乃獨立的紀事本末體史事彙編，頗類今日之“教輔”（王和：《左傳探源（上）》，北京：社會科學文獻出版社，2019年）。當然，這些“歷來糾纏不清的問題，有的問題也許永遠不會得出人所公認的結論”（沈玉成、劉寧：《春秋左傳學史稿》，南京：江蘇古籍出版社，1992年）。另外，今本《國語》纂輯列國史料，記述西周末年到春秋時貴族言論，有不少内容可與《左傳》參證，故又稱之爲《春秋外傳》。

劉歆校書治《左傳》，引之以解經（《春秋》），“由是章句義理備焉”（《漢書》卷三十六《楚元王傳》）。《左傳》在西漢時期屬古文經，但長期未獲得設置博士的合法地位，也没有固定稱呼，“左氏春秋”“左氏”“春秋左氏傳”“春秋左氏”“古文春秋左氏傳”之名見於諸書。《左傳》在漢代單行，傳至西晉，杜預在劉歆、賈逵等十數家學者解釋的基礎上作《春秋經傳集解》，始將《春秋》和《左傳》合爲一書，依年附“傳”於“經”，自成專門之學。

杜預，字元凱，京兆杜陵（今陝西西安）人。官鎮南大將軍，有“《左傳》癖”，所著今存《春秋經傳集解》。其自序《春秋經傳集解》曰：

> 古今言《左氏春秋》者多矣，今其遺文可見者十數家，大體轉相祖述，進不成爲錯綜《經》文以盡其變，退不守丘明之傳，於丘明之傳，有所不通，皆没而不説，而更膚引《公羊》《穀梁》，適足自亂。預今所以爲異，專脩丘明之《傳》以釋《經》，《經》之條貫，必出

於《傳》,《傳》之義例，揔歸諸凡，推變例以正褒貶，簡二傳而去異端，蓋丘明之志也。其有疑錯，則備論而闕之，以俟後賢。然劉子駿創通大義，賈景伯父子、許惠卿，皆先儒之美者也。末有潁子嚴者，雖淺近，亦復名家，故特舉劉、賈、許、潁之違，以見同異。分《經》之年，與《傳》之年相附，比其義類，各隨而解之，名曰《經傳集解》。

又《經典釋文敘録》云:“舊夫子之經與丘明之傳各卷，杜氏合而釋之，故曰《經傳集解》。”唐人專宗杜注，及唐孔穎達等奉敕撰定《正義》，序曰:

其前漢傳《左氏》者，有張蒼、賈誼、尹咸、劉歆，後漢有鄭衆、賈逵、服虔、許惠卿，各爲詁訓。然雜取《公羊》《穀梁》以釋《左氏》，此乃以冠雙履，將絲綜麻，方鑿圓枘，其可入乎？晉世杜元凱又爲《左氏集解》。傳取丘明之傳，以釋孔氏之經。所謂子應乎母，以膠投漆，雖欲勿合，其可離乎？今校先儒優劣，杜爲甲矣。故晉、宋傳授，以至於今。

而《正義》則是以劉炫《春秋左傳述義》爲基礎删定而成。《正義》序曰:

其爲義疏者，有沈文何、蘇寬、劉炫。然沈氏於義例粗可，於經傳極疏；蘇氏則全不體本文，唯旁攻賈、服，使後之學者鑽仰無成；劉炫於數君之内，實爲翹楚……今奉敕刪定，據以爲本，其有疏漏，以沈氏補焉。若兩義俱違，則特申短見。

炫字光伯，河間景城（今河北省滄州市區西南）人。由北周入隋，官太學博士。《隋書·儒林傳》說他和劉焯:

于時舊儒多已凋亡，二劉拔萃出類，學通南北，博極今古，後生鑽仰，莫之能測。所製諸經義疏，搢紳咸師宗之。

《正義》序又云:

劉炫於數君之内，實爲翹楚，然聰惠辯博，固亦罕儔，而探賾鉤深，未能致遠。……又意在矜伐，性好非毀，規杜氏之失，凡一百五十餘條，習杜義而攻杜氏，猶蠹生於木而還食其木，非其理也。……然比諸義疏，猶有可觀。

雖然孔穎達認爲《春秋左傳述義》還存在一些缺點，但他遍稽群典，注重實證，是“繼杜預以後又一位作出了重大貢獻的學者”（沈玉成、劉寧:《春秋左傳學史稿》)。

《春秋左傳》經傳完帙今存最早者爲唐（文宗）開成石經，乃朝廷所立九經定本。開成石經《春秋左傳》雖只有白文，但它所據底本卻爲經注本。經本上雖標明經文來源爲某家注，而實際操作時卻參考衆本，不守一家，被詬病“乖師法”。《舊唐書·文宗本紀》云:

> 時上好文，鄭覃以經義啓導，稍折文章之士，遂奏置五經博士，依後漢蔡伯喈刊碑列于太學，創立《石壁九經》，諸儒校正訛謬。上又令翰林勒字官唐玄度復校字體，又乖師法，故石經立後數十年，名儒皆不窺之，以爲蕪累甚矣。

此外，阮元校刻的《十三經注疏》之《春秋左傳正義·引據各本目錄》指出：

> 宣公上、下俱經後梁重刻，上卷原刻尚存五六行，下卷僅三之一。僖公篇亦有數段出自後人重刊，然字迹遠勝後梁所鐫。崑山顧炎武標舉誤字，此經獨多，皆非唐本之舊也。

開成石經在刊刻之時已是隨刊隨改，後又磨修旁增，而《儀禮》《左傳》《穀梁》部分經文損毀，朱梁時加以補刻，嚴可均、馮登府、錢大昕、王朝榘均有考證，今人劉最長、朱捷元、盧桂蘭、李琳娜論之甚詳（侯金滿：《開成石經磨改添注補刻現象綜考》，《經學文獻研究集刊》第十三輯）。後梁補刻以外，明嘉靖地震後亦有較大規模補刻。因此，今本開成石經《左傳》的層次極爲複雜，使用須謹慎。

石經本身流傳不便，學者多據拓本校經。拓本今存多種，民國皕忍堂主張宗昌委托陶湘的摹刻本（後簡稱“皕忍堂本石經”）則是最爲流行之本（中華書局1997年影印本《影印説明》稱其殘缺處按阮刻本經文雙鉤補足，然二者不合之例亦見）。王叔岷曾以清嘉慶二十年江西南昌府學開雕之重刊宋本《左傳注疏》爲考校之底本，並徵引清阮元《校勘記》、王引之《經義述聞》、俞樾《群經平議》、日本竹添光鴻《左傳會箋》、金澤文庫卷子、隋唐舊鈔卷子本、臺北世界書局縮景刊唐石經（1953年，臺北世界書局曾據皕忍堂本和松崎慊堂［明復］《月令》影印行世，王氏所依即此）、法國巴黎國家圖書館所藏敦煌本進行考校（王叔岷：《左傳考校》，"中研院"文哲研究所籌備處1998年初版，中華書局2007年影印）。蘇芃《讀左脞錄》（南京師範大學碩士學位論文，2007年）也曾據"皕忍堂本石經"校經。此外，日本學者松崎慊堂（明復）的《縮刻唐石經》"在唐石經的基礎上，廣採宋、元槧本及日本古本，校勘文字，辨析異體，其間既引述清儒考證成果，亦兼下己意"（劉玉才：《松崎慊堂與縮刻唐石經芻議》，《嶺南學報》復刊號第一、二合刊，2015年3月），有一定參考價值。

唐石經傳至五代，國子監加注刊刻諸經，兩宋國子監因之。嘉定七年（公元1214年）夏，聞人模（《湖北金石志》作"聞人謨"）任興國軍（治今湖北省陽新縣）教授，"乃按監本即參諸路本而校勘其一二舛誤，并考諸家字說而訂正其偏旁點畫，粗得大概"（聞人模：《興國軍本〈春秋經傳集解〉卷末跋》），嘉定九年刻成，是爲興國軍刻本（後簡稱"興國軍本"）。

日本宫内廳書陵部圖書寮藏興國軍本《春秋經傳集解》三十卷《經傳識異》一卷，原爲金澤文庫舊藏。該本半葉八行，行十七字，小字雙行同，白口，左右雙邊。其中，卷三、四、二十、二一、二六至二八爲抄配。楊守敬在東瀛曾得見該本，認爲"今世所存宋本《左傳》，無有善於此者"，因謀刻入《古逸叢書》，惜未果。該本除附刻《經傳識異》一卷外，原還附刻有陸德明《經典釋文》作《春秋左氏音義》五卷，後與原本分散，單獨流傳，今藏日本尊經閣文庫。此外，日本靜嘉堂、中國國家圖書館均藏有興國軍學本《春秋經傳集解》，然並非完帙。

此外，《春秋經傳集解》今尚有江陰郡刻本、撫州公使庫本、臨川郡江公亮跋刊本、蜀刻大字本等宋本存世。"諸經注本多與金澤文庫卷子本同，興國軍學本往往有異。"（傅剛：《〈春秋經傳集解經〉注本宋版略説》，載《中國典籍與文化》2018年第4期）再者，玉田蔣氏藏宋刊巾箱本曾被《四部叢刊》《中華再造善本》影印，流布較廣。然諸本彼此關係如何，尚待進一步研究。

此外，據孫猛《日本國見在書目詳考》統計存敦煌、吐魯番殘卷數十件。日本亦現存此書唐寫本卷二（楊伯峻斷爲隋初，見《春秋左傳注・凡例》，北京：中華書局，2009年版。臺北有正書局曾加以影印）、平安時代抄本若干，和鎌倉時期抄本三十卷（金澤文庫舊藏，現藏宮内廳書陵部。竹添光鴻撰《左氏會箋》曾用爲底本）。

以上略述石經及經注本系統。

《春秋左傳正義》撰成後以寫本自單行，今存日本正宗寺單疏寫本（據南宋國子監翻刻北宋國子監本）爲最早。至寧宗慶元六年（公元1200年），沈作賓（清代學者關於此本記述中，多將"沈作賓"誤作"沈中賓"）合刻諸經注本，繼承了後唐時田敏校刻的國子監九經，阮元《春秋左傳注疏校勘記序》稱其"畢集最善"，是爲八行本，即經注疏本系統（張麗娟：《宋代經書注疏刊刻研究》，北京：北京大學出版社，2013年）。

南宋民間刻書風氣濃厚。光宗淳熙、紹熙年間，余仁仲萬卷堂在福建刊刻諸經注附釋音本，京都大學人文科學研究所1982年曾據臺北“央圖”藏本影印。該本對十行本有“直接而深遠的影響”（張麗娟：《宋代經書注疏刊刻研究》），而十行本則是明、清以來各種刻本的祖本。嘉靖年間，江以達、李元陽以十行本彙刻《十三經》的經、注、疏、釋文，即閩本（沈暢：《江以達發起主持校勘閩本〈十三經注疏〉史事考論》，《中國經學》第二十七輯）。萬曆二十一年（公元1593年），北京國子監據閩本刻成北監本。乾隆十二年（公元1747年），武英殿據北監本刻成《十三經注疏》，“第一次形成經、注、疏、釋文俱全的本子”（杜澤遜：《微湖山堂叢稿·上》，上海：上海古籍出版社，2014年）。這個本子既有翰林句讀，卷末還附有考證（後簡稱“殿本”）。嘉慶二十一年（公元1816年）秋，阮元主持的《十三經注疏》刻成，《左傳》底本係元刻明修十行本（袁媛：《春秋左傳注疏校勘記·整理説明》，見劉玉才主編：《十三經注疏校勘記（七）》，北京：北京大學出版社，2014年）。以上大致源流，參野間文史《左傳注疏諸版本系譜》（野間文史：《讀五經正義札記（九）·足利學校遺蹟圖書館藏附釋音春秋左傳注疏について》，載《東洋古典學研究》第18集，2004年）、《十三經注疏版本系統概略圖》（野間文史：《讀五經正義札記（四）·李學勤主編〈標點本十三經注疏（簡體版）〉管見》，載《東洋古典學研究》第11集，2001年）。

本次整理的主要目的是給讀者提供一個相對簡明而便捷

的杜預注本，以反映杜預的理解爲宗旨。後世學者的有些句讀、校勘意見固然也很有道理，但和杜注意見不一的，一般從杜預讀，而以腳注形式擇要介紹這些意見，供讀者參考。

準此，這次工作以《四部叢刊》初編（玉田蔣氏藏宋刊巾箱本）爲底本，以清嘉慶二十一年南昌府學刊本爲工作本，興國軍本爲校本，參校皕忍堂本石經、金澤文庫卷子等版本。不録底本《春秋序》後的《春秋二十國年表》，循叢書通例不録《經典釋文》。爲了便於閲讀，全書仿《公羊》《穀梁》依事分傳配經，杜注“無傳”者自明；傳“無經”者，則在“傳”前標記“〔左氏附〕”字樣。

校記務求簡潔，根據情況擇要迻録阮校意見。校勘方面還參考了王叔岷《左傳考校》、蘇芃《讀左脞録》、李玉嬌《阮刻本春秋左傳正義校勘劄記》、張麗娟《宋代經書注疏刊刻研究》、王天然《蜀石經〈春秋經傳集解〉殘拓校理》（主要是襄公十年至十五年《經》《傳》、昭公二年《傳》）等學者及出土文獻方面的學術成果；標點方面則參考了殿本《十三經注疏》；專名標記主要參考了陳厚耀、常茂徠《增訂春秋世族源流圖考》、顧棟高《春秋大事表》、陳槃《春秋大事表列國爵姓及存滅表譔異》（三訂本）、楊伯峻《春秋左傳詞典》、方鉉琛《左傳人物名號研究》；分傳配經則參考了 1985 年中國書店影印 1936 年世界書局本《宋元人注四書五經》和《春秋經傳引得 · 春秋經傳》（聶崇岐執筆）。

據劉家和《〈春秋三傳〉與其底本〈欽定春秋傳説彙纂〉》和喬秀岩《版本的缺環或歷史概念的形成》考證，1936 年世界書局本《宋元人注四書五經》的五經底本，是嘉慶年間揚州鮑氏編刊的《四書五經》(或者是其覆刻本); 揚州鮑氏《四書五經》則是據《欽定春秋傳説彙纂》增删調整而成(劉家和:《史學、經學與思想:在世界史背景下對於中國古代歷史文化的思考》,北京:北京師範大學出版社,2013年。喬秀岩、葉純芳:《文獻學讀書記》,北京:生活·讀書·新知三聯書店,2018年)。另外,分三傳配經,明代已有。如周統的《春秋三傳通經合纂》,"其書合三傳爲一編,分上下二格。下格以經文爲主,然後以《左傳》列首,以《公》《穀》二傳附之其後。其有經無傳者,固但錄經文,不敢遺漏。至於無經之傳,如《左傳》首載'惠公元妃孟子'之類。凡先經以始事者,亦附之經文之前,惟事係附錄,與經不屬。及《公》《穀》傳内或誤或複者,則間從省焉"(中國科學院圖書館整理:《續修四庫全書總目提要·經部春秋類·春秋三傳通經合纂十二卷》,北京:中華書局,1993年)。

《春秋經傳集解》並非首次標點整理。早在1977年,上海人民出版社就以《四部叢刊》本爲底本,標點出版了該書(題爲《春秋左傳集解》)。分孌後,上海古籍出版社繼承了這個整理本(名爲《春秋經傳集解》),屢有重印,影響極大。然時代條件所限,該書的整理留了一些遺憾,我們除了參考陳煦《評〈春秋左傳集解〉標點本的段落劃分》《評〈春秋左傳集解〉標點本之標點》、陳增杰《〈春秋左傳集解〉標點商榷》、方韜《杜預〈春秋經傳集解〉研究·上海古籍版〈春秋經傳集解〉點校商榷》等研究成果,也曾向瞭解整理過程的李國章先生請教,在此致謝。

此整理本依照條目分傳配經的合編形式是由徐淵提議的,因此題名爲《春秋左氏經傳集解(合編本)》,後續還計劃推出按照編年前經後傳的傳統形式整理本。本次整理由闕海執底本、陸杰執興國軍本、但誠執工作本分別標點後對讀校讎。後由但誠依事分傳配經、撰成校勘記並統稿。在本書完稿的最後階段，由徐淵改定了全部編號。由於時間倉促——當然更主要的是統稿者水平有限，書中不妥之處定有不少，請讀者不吝賜正。

但　誠

二〇二一年七月

整理凡例

一、以《四部叢刊》初編影印玉田蔣氏藏宋刊巾箱本爲底本；以興國軍本爲校本；以阮元校刻清嘉慶二十一年南昌府學刊本爲工作本，參校皕忍堂本石經、金澤文庫卷子等版本。

一、整理本書名據《隋志》改稱“春秋左氏經傳集解”；底本各卷卷端題名略有差異，此次統一爲“春秋左氏經傳集解”。底本“春秋序”後“春秋十二國年表”不録；按叢書體例，散入杜注後的《經典釋文》不録。

一、本次整理，經、傳依底本固有順序分別編號，再依事分傳配經。個別傳文配經後位置變化的，編號不變，循傳文編號即知其在底本中的固有位置。分傳配經以杜預的理解爲原則，如宣公十五年（宣傳·十五·五），杜預注稱“無傳”，然向來都繫在（宣經·十五·四）“秦人伐晉”下，這次整理按杜注的意见，繫在（宣傳·十五·四）之後的“〔左氏附〕”下。他皆仿此。

一、爲盡可能地保留原本面貌，整理本保留底本中的異體字。但底本中明顯的訛字逕改，俗字一般改爲正字。

一、本次整理適當參考了殿本《十三經注疏·春秋左傳注疏》、北京大學出版社的繁體標點本《十三經注疏整理本·春秋左傳正義》和上海古籍出版社的《春秋經傳集解》。

春 秋 序〔一〕

《春秋》者，魯史記之名也。記事者以事繫日，以日繫月，以月繫時，以時繫年，所以紀遠近、別同異也。故史之所記，必表年以首事，年有四時，故錯舉以爲所記之名也。周禮有史官，掌邦國四方之事，達四方之志，諸侯亦各有國史。大事書之於策，小事簡牘而已。《孟子》曰："楚謂之《檮杌》，晉謂之《乘》，而魯謂之《春秋》，其實一也。"韓宣子適魯，見《易象》與魯《春秋》，曰："周禮盡在魯矣。吾乃今知周公之德，與周之所以王。"韓子所見，蓋周之舊典禮經也。

周德既衰，官失其守，上之人不能使《春秋》昭明，赴告策書，諸所記注，多違舊章。仲尼因魯史策書成文，考其真僞，而志其典禮，上以遵周公之遺制，下以明將來之法。其教之所存，文之所害，則刊而正之，以示勸戒，其餘則皆即用舊史。史有文質，辭有詳略，不必改也。故《傳》曰："其善志。"又曰："非聖人，孰能脩之。"蓋周公之志，仲尼從而明之。左丘明受《經》於仲尼，以爲《經》者，不刊之書也，故《傳》或先《經》以始事，或後《經》以終義，或依《經》以辯理，或錯《經》以合異，隨義而發。其例之所重，舊史遺文，略不盡舉，非聖人所脩之要故也。身爲國

〔一〕 底本《春秋序》係據海鹽張氏涉園藏宋阮仲猷刊本補。

史，躬覽載籍，必廣記而備言之，其文緩，其旨遠，將令學者原始要終，尋其枝葉，究其所窮，優而柔之，使自求之，饜而飫之，使自趨之，若江海之浸，膏澤之潤，渙然冰釋，怡然理順〔一〕，然後爲得也。

其發凡以言例，皆經國之常制，周公之垂法，史書之舊章，仲尼從而脩之，以成一經之通體。其微顯闡幽，裁成義類者，皆據舊例而發義，指行事以正褒貶。諸稱書、不書、先書、故書、不言、不稱、書曰之類，皆所以起新舊、發大義，謂之“變例”。然亦有史所不書，即以爲義者，此蓋《春秋》新意，故《傳》不言凡，曲而暢之也。其《經》無義例，因行事而言，則《傳》直言其歸趣而已，非例也。故發《傳》之體有三，而爲例之情有五：

一曰微而顯，文見於此，而起義在彼，稱族尊君命，舍族尊夫人，梁亡、城緣陵之類是也；二曰志而晦，約言示制，推以知例，參會不地，與謀曰及之類是也；三曰婉而成章，曲從義訓，以示大訓〔二〕，諸所諱辟，璧假許田之類是也；四曰盡而不汙，直書其事，具文見意，丹楹刻桷，天王求車、齊侯獻捷之類是也；五曰懲惡而勸善，求名而亡，欲蓋而章，書齊豹盜、三叛人名之類是也。推此五體，以尋《經》《傳》，觸類而長之，附于二百四十二年行事，王道之正、人倫之紀備矣。

或曰：《春秋》以錯文見義，若如所論，則《經》當有事同文異，而無其義也。先儒所傳，皆不其然。答曰：《春

〔一〕怡然理順　“怡”，阮刻本作“恰”。

〔二〕以示大訓　“訓”，阮刻本作“順”。

秋》雖以一字爲褒貶，然皆須數句以成言，非如八卦之爻，可錯綜爲六十四也。固當依《傳》以爲斷。古今言《左氏春秋》者多矣，今其遺文可見者十數家，大體轉相祖述，進不成爲錯綜《經》文以盡其變〔一〕，退不守丘明之傳，於丘明之傳，有所不通，皆没而不説，而更膚引《公羊》《穀梁》，適足自亂。預今所以爲異，專脩丘明之《傳》以釋《經》，《經》之條貫，必出於《傳》，《傳》之義例，揔歸諸凡，推變例以正褒貶，簡二傳而去異端，蓋丘明之志也。其有疑錯，則備論而闕之，以俟後賢。然劉子駿創通大義，賈景伯父子、許惠卿，皆先儒之美者也。末有潁子嚴者，雖淺近，亦復名家，故特舉劉、賈、許、潁之違，以見同異。分《經》之年，與《傳》之年相附，比其義類，各隨而解之，名曰《經傳集解》。又别集諸例，及地名譜第歷數，相與爲部，凡四十部，十五卷，皆顯其異同，從而釋之，名曰《釋例》。將令學者觀其所聚，異同之説，《釋例》詳之也。

或曰：《春秋》之作，《左傳》及《穀梁》無明文，説者以爲仲尼自衛反魯，脩《春秋》，立素王，丘明爲素臣。言《公羊》者亦云黜周而王魯，危行言孫，以辟當時之害，故微其文，隱其義。《公羊經》止獲麟，而《左氏經》終孔丘卒，敢問所安？答曰：異乎余所聞。仲尼曰："文王既没，文不在兹乎？"此制作之本意也。歎曰："鳳鳥不至，河不出圖，吾已矣夫！"蓋傷時王之政也。麟鳳五靈，王者之嘉瑞也，今麟出非其時，虚其應而失其歸，此聖人所以爲感也。絶筆於獲麟之一句者，所感而起，固所

〔一〕進不成……盡其變　"成"，阮刻本作"得"。

以爲終也。

曰：然則《春秋》何始於魯隱公？答曰：周平王，東周之始王也；隱公，讓國之賢君也。考乎其時則相接，言乎其位則列國，本乎其始則周公之祚胤也。若平王能祈天永命，紹開中興，隱公能弘宣祖業，光啓王室，則西周之美可尋，文、武之迹不墜〔一〕，是故因其歷數，附其行事，采周之舊，以會成王義，垂法將來。所書之王，即平王也；所用之歷，即周正也；所稱之公，即魯隱也；安在其黜周而王魯乎？子曰："如有用我者，吾其爲東周乎。"此其義也。若夫制作之文，所以章往考來，情見乎辭，言高則旨遠，辭約則意微，此理之常，非隱之也。聖人包周身之防，既作之後，方復隱諱以辟患，非所聞也。子路欲使門人爲臣，孔子以爲欺天，而云仲尼素王，丘明素臣，又非通論也。先儒以爲制作三年，文成致麟，既已妖妄，又引《經》以至仲尼卒，亦又近誣。據《公羊》經止獲麟，而《左氏》小邾射不在三叛之數，故余以爲感麟而作，作起獲麟，則文止於所起，爲得其實。至於反袂拭面，稱"吾道窮"，亦無取焉。

〔一〕文武之迹不墜　"墜"，阮刻本作"隊"，興國軍本同。

春秋左氏經傳集解隱公第一

春秋左氏經傳集解隱公第一

杜　氏

隱公元年

〔左氏附〕

(隱傳·元·一)

惠公元妃孟子，[一]孟子卒，[二]繼室以聲子，生隱公。[三]宋武公生仲子，仲子生而有文在其手，曰“爲魯夫人”，故仲子歸于我。[四]生桓公而惠公薨，[五]是以隱公立而奉之。[六]

［一］言“元妃”，明始適夫人也。子，宋姓。

［二］不稱薨，不成喪也。無謚，先夫死，不得從夫謚。

［三］聲，謚也。蓋孟子之姪娣也。諸侯始娶，則同姓之國以姪娣媵。元妃死則次妃攝治内事，猶不得稱夫人，故謂之“繼室”。

［四］婦人謂嫁曰歸。以手理自然成字，有若天命，故嫁之於魯。

［五］言歸魯而生男，惠公不以桓生之年薨。

［六］隱公，繼室之子，當嗣世。以禎祥之故，追成父志，爲桓尚少，是以立爲大子，帥國人奉之。爲《經》元年春不書即位《傳》。

〔隱經·元·一〕

元年春王正月。[一]

［一］隱公之始年，周王之正月也。凡人君即位，欲其體元以居正，故不言一年一月也。隱雖不即位，然攝行君事，故亦朝廟告朔也。告朔朝正，例在襄二十九年。即位，例在隱、莊、閔、僖元年。

（隱傳·元·二）

元年春，王周正月。[一]不書即位，攝也。[二]

［一］言周以别夏、殷。

［二］假攝君政，不脩即位之禮，故史不書於策，《傳》所以見異於常。

〔隱經·元·二〕

三月，公及邾儀父盟于蔑。[一]

［一］附庸之君，未王命，例稱名。能自通于大國，繼好息民，故書字貴之。名，例在莊五年。邾，今魯國鄒縣也。蔑，姑蔑，魯地。魯國卞縣南有姑城。

（隱傳·元·三）

三月，公及邾儀父盟于蔑，邾子克也。[一]未王命，故不書爵。曰儀父，貴之也。[二]公攝位而欲求好於邾，故爲蔑之盟。[三]

［一］克，儀父名。

［二］王未賜命以爲諸侯，其後儀父服事齊桓以奬王室，王命以爲邾子，故莊十六年《經》書"邾子克卒"。

［三］解所以與盟也。

〔左氏附〕

(隱傳·元·四)

夏四月，費伯帥師城郎。不書，非公命也。[一]

[一]費伯，魯大夫。郎，魯邑。高平方與縣東南有郁郎亭。《傳》曰“君舉必書”，然則史之策書，皆君命也。今不書於《經》，亦因史之舊法，故《傳》釋之。諸魯事，《傳》釋不書。他皆放此。

〔隱經·元·三〕

夏五月，鄭伯克段于鄢。[一]

[一]不稱國討而言“鄭伯”，譏失教也。段不弟，故不言“弟”，明鄭伯雖失教，而段亦凶逆。以君討臣而用二君之例者，言段强大儁傑，據大都以耦國，所謂“得儁曰克”也。國討，例在莊二十二年。得儁，例在莊十一年。母弟，例在宣十七年。鄭在熒陽宛陵縣西南。鄢今潁川鄢陵縣。

(隱傳·元·五)

初，鄭武公娶于申，曰武姜。[一]生莊公及共叔段。[二]莊公寤生，驚姜氏，故名曰寤生，遂惡之。[三]愛共叔段，欲立之。[四]亟請於武公，公弗許。及莊公即位，爲之請制。公曰：“制，巖邑也。虢叔死焉，佗邑唯命。”[五]請京，使居之，謂之京城大叔。[六]祭仲曰：“都城過百雉，國之害也。[七]先王之制，大都不過參國之一，[八]中五之一，小九之一。今京不度，非制也。[九]君將不堪。”公曰：“姜氏欲之，焉辟害？”對曰：“姜氏何厭之有？不如早爲之所，[一〇]無使滋蔓，蔓，難圖也。蔓草猶不可除，況君之

寵弟乎？”公曰：“多行不義必自斃，子姑待之。”[一一]

［一］申國，今南陽宛縣。

［二］段出奔共，故曰“共叔”。猶晉侯在鄂，謂之“鄂侯”。

［三］寐寤而莊公已生，故驚而惡之。

［四］欲立以爲大子。

［五］虢叔，東虢君也。恃制巖險而不脩德，鄭滅之，恐段復然，故開以佗邑。虢國，今滎陽縣。

［六］公順姜請，使段居京，謂之“京城大叔”，言寵異於衆臣。京，鄭邑，今滎陽京縣。

［七］祭仲，鄭大夫。方丈曰堵，三堵曰雉。一雉之牆長三丈，高一丈。侯伯之城方五里，徑三百雉，故其大都不得過百雉。

［八］三分國城之一。

［九］不合法度，非先王制。

［一〇］使得其所宜。

［一一］斃，踣也。姑，且也。

既而大叔命西鄙、北鄙貳於己。[一]公子呂曰：“國不堪貳，君將若之何？[二]欲與大叔，臣請事之。若弗與，則請除之。無生民心。”[三]公曰：“無庸，將自及。”[四]大叔又收貳以爲己邑，[五]至于廩延。[六]子封曰：“可矣。厚將得衆。”[七]公曰：“不義不暱，厚將崩。”[八]大叔完聚，[九]繕甲兵，具卒乘，[一〇]將襲鄭，夫人將啓之，[一一]公聞其期，曰：“可矣。”命子封帥車二百乘以伐京。[一二]京叛大叔段，段入于鄢。公伐諸鄢。五月辛丑，大叔出奔共。[一三]書曰：“鄭伯克段于鄢。”段不弟，故不言弟。如

二君，故曰“克”。稱鄭伯，譏失教也。謂之鄭志，不言出奔，難之也。[一四]

[一] 鄙，鄭邊邑。貳，兩屬。

[二] 公子呂，鄭大夫。

[三] 叔久不除，則舉國之民當生他心。

[四] 言無用除之，禍將自及。

[五] 前兩屬者，今皆取以爲己邑。

[六] 言轉侵多也。廩延，鄭邑。陳留酸棗縣北有延津。

[七] 子封，公子呂也。厚，謂土地廣大。

[八] 不義於君，不親於兄，非衆所附，雖厚必崩。

[九] 完城郭、聚人民。

[一〇] 步曰卒，車曰乘。

[一一] 啓，開也。

[一二] 古者兵車一乘，甲士三人，步卒七十二人。

[一三] 共國，今汲郡共縣。

[一四]《傳》言夫子作《春秋》，改舊史以明義。不早爲之所而養成其惡，故曰“失教”。段實出奔，而以克爲文，明鄭伯志在於殺，難言其奔。

遂寘姜氏于城潁，[一] 而誓之曰：“不及黃泉，無相見也。”[二] 既而悔之。潁考叔爲潁谷封人，[三] 聞之，有獻於公。公賜之食，食舍肉。公問之，對曰：“小人有母，皆嘗小人之食矣，未嘗君之羹，請以遺之。”[四] 公曰：“爾有母遺繄，我獨無。”[五] 潁考叔曰：“敢問何謂也？”[六] 公語之故，且告之悔。對曰：“君何患焉。若闕地及泉，隧而相見，其誰曰不然？”[七]公從之。公入而賦：“大隧之中，其樂也融融。”[八]姜出而賦：“大隧之外，其樂也洩洩。”[九]遂爲母子如初。君子曰：“潁考叔，純孝也。[一〇]愛其母，施及莊公。《詩》曰：‘孝子不匱，永錫爾類。’其是之謂乎？”[一一]

［一］城潁，鄭地。

［二］地中之泉，故曰“黄泉”。

［三］封人，典封疆者。

［四］食而不啜羹，欲以發問也。宋華元殺羊爲羹饗士，蓋古賜賤官之常。

［五］繄，語助。

［六］據武姜在設疑也。

［七］隧，若今延道。

［八］賦，賦詩也。融融，和樂也。

［九］洩洩，舒散也。

［一〇］純，猶篤也。

［一一］不匱，純孝也。莊公雖失之於初，孝心不忘，考叔感而通之。所謂“永錫爾類”，詩人之作，各以情言。君子論之，不以文害意。故《春秋》《傳》引《詩》，不皆與今説《詩》者同，他皆放此。

〔隱經·元·四〕

秋七月，天王使宰咺來歸惠公、仲子之賵。[一]

［一］宰，官。咺，名也。咺贈死不及尸，弔生不及哀，豫凶事，故貶而名之。此天子大夫稱字之例。仲子者，桓公之母。婦

人無謚，故以字配姓。來者，自外之文。歸者，不反之辭。

（隱傳·元·六）

秋七月，天王使宰咺來歸惠公、仲子之賵。緩，且子氏未薨，故名。[一]天子七月而葬，同軌畢至；[二]諸侯五月，同盟至；[三]大夫三月，同位至；[四]士踰月，外姻至。[五]贈死不及尸，[六]弔生不及哀，[七]豫凶事，非禮也。[八]

［一］惠公葬在春秋前，故曰"緩也"。子氏，仲子也。薨在二年。賵，助喪之物。

［二］言"同軌"，以別四夷之國。

［三］同在方嶽之盟。

［四］古者行役不踰時。

［五］踰月，度月也。姻，猶親也。此言赴弔各以遠近爲差，因爲葬節。

［六］尸，未葬之通稱。

［七］諸侯已上，既葬則縗麻除，無哭位，諒闇終喪。

［八］仲子在而來贈，故曰"豫凶事"。

〔左氏附〕

（隱傳·元·七）

八月，紀人伐夷，夷不告，故不書。[一]

［一］夷國在城陽莊武縣。紀國在東莞劇縣。隱十一年《傳》例曰："凡諸侯有命，告則書，不然則否。"史不書於策，故夫子亦不書于《經》。《傳》見其事，以明《春秋》例也。他皆放此。

〔左氏附〕

(隱傳·元·八)

有蜚，不爲災，亦不書。[一]

[一] 蜚，負蠜也。莊二十九年《傳》例曰："凡物不爲災，不書。"又於此發之者，明《傳》之所據，非唯史策，兼采簡牘之記。他皆仿此。

〔隱經·元·五〕

九月，及宋人盟于宿。[一]

[一] 客主無名，皆微者也。宿，小國，東平無鹽縣也。凡盟以國地者，國主亦與盟，例在僖十九年。宋，今梁國睢陽縣。

(隱傳·元·九)

惠公之季年，敗宋師于黄。[一] 公立而求成焉。九月，及宋人盟于宿，始通也。[二]

[一] 黄，宋邑。陳留外黄縣東有黄城。

[二]《經》無義例，故《傳》直言其歸趣而已。他皆放此。

〔左氏附〕

(隱傳·元·十)

冬十月庚申，改葬惠公，公弗臨，故不書。[一] 惠公之薨也，有宋師，太子少，葬故有闕，是以改葬。

[一] 以桓爲大子，故隱公讓而不敢爲喪主。隱攝君政，故據隱而言。

〔左氏附〕

（隱傳・元・十一）

衛侯來會葬。不見公，亦不書。[一]

［一］諸侯會葬，非禮也。不得接公成禮，故不書於策。他皆放此。衛國在汲郡朝歌縣。

〔左氏附〕

（隱傳・元・十二）

鄭共叔之亂，公孫滑出奔衛。[一]衛人爲之伐鄭，取廩延。鄭人以王師、虢師伐衛南鄙，[二]請師於邾。邾子使私於公子豫，[三]豫請往，公弗許，遂行。及邾人、鄭人盟于翼。[四]不書，非公命也。

［一］公孫滑，共叔段之子。

［二］虢，西虢國也。弘農陝縣東南有虢城。

［三］公子豫，魯大夫。私，請師。

［四］翼，邾地。

〔左氏附〕

（隱傳・元・十三）

新作南門。不書，亦非公命也。[一]

［一］非公命不書，三見者皆興作大事，各舉以備文。

〔隱經・元・六〕

冬十有二月，祭伯來。[一]

［一］祭伯，諸侯爲王卿士者。祭國，伯爵也。《傳》曰："非王命

也。”釋其不稱使。

（隱傳·元·十四）

十二月，祭伯來，非王命也。

〔隱經·元·七〕

公子益師卒。[一]

［一］《傳》例曰：公不與小斂，故不書日，所以示厚薄也。《春秋》不以日月爲例，唯卿佐之喪獨記日以見義者，事之得失既未足以褒貶人君，然亦非死者之罪，無辭可以寄文而人臣輕賤，死日可略，故特假日以見義。

（隱傳·元·十五）

衆父卒。[一]公不與小斂，故不書日。[二]

［一］衆父，公子益師字。

［二］禮，卿佐之喪，小斂、大斂，君皆親臨之，崇恩厚也。始死，情之所篤，禮之所崇，故以小斂爲文。至於但臨大斂，及不臨其喪，亦同不書日。

隱公二年

〔隱經·二·一〕

二年春，公會戎于潛。[一]

［一］戎、狄、夷、蠻，皆氐、羌之別種也。戎而書會者，順其俗以爲禮，皆謂居中國若戎子駒支者，陳留濟陽縣東南有戎城。潛，魯地。

（隱傳·二·一）

二年春，公會戎于潛，脩惠公之好也。戎請盟，公辭。[一]

［一］許其脩好，而不許其盟。禦夷狄者不壹而足。

〔隱經·二·二〕

夏五月，莒人入向。[一]

［一］向，小國也。譙國龍亢縣東南有向城。莒國，今城陽莒縣也。將卑師少稱人，弗地曰入，例在襄十三年。

（隱傳·二·二）

莒子娶于向，向姜不安莒而歸。夏，莒人入向，以姜氏還。[一]

［一］《傳》言失昏姻之義，凡得失小，故《經》無異文而《傳》備其事。案文則是非足以爲戒。他皆放此。

〔隱經·二·三〕

無駭帥師入極。[一]

［一］無駭，魯卿。極，附庸小國。無駭不書氏，未賜族。賜族，

例在八年。

（隱傳·二·三）

司空無駭入極，費庈父勝之。[一]

［一］魯司徒、司馬、司空，皆卿也。庈父，費伯也。前年城郎，今因得以勝極，故《傳》於前年發之。

〔隱經·二·四〕

秋八月庚辰，公及戎盟于唐。[一]

［一］高平方與縣北有武唐亭。八月無庚辰，庚辰，七月九日也。日月必有誤。

（隱傳·二·四）

戎請盟。秋，盟于唐。復脩戎好也。

〔隱經·二·五〕

九月，紀裂繻來逆女。[一]

［一］裂繻，紀大夫。《傳》曰："卿爲君逆也。"以别卿自逆也。逆女或稱使，或不稱使，昏禮不稱主人，史各隨其實而書，非例也。他皆放此。

（隱傳·二·五）

九月，紀裂繻來逆女，卿爲君逆也。

〔隱經·二·六〕

冬十月，伯姬歸于紀。[一]

［一］無《傳》。伯姬，魯女，裂繻所逆者。

〔隱經·二·七〕

紀子帛、莒子盟于密。[一]

［一］子帛，裂繻字也。莒、魯有怨，紀侯既昏于魯，使大夫盟莒以和解之。子帛爲魯結好息民，故《傳》曰："魯故也。"比之内大夫而在莒子上，稱字以嘉之也。字，例在閔元年。密，莒邑，城陽淳于縣東北有密鄉。

（隱傳·二·六）

冬，紀子帛、莒子盟于密，魯故也。

〔隱經·二·八〕

十有二月乙卯，夫人子氏薨。[一]

［一］無《傳》。桓未爲君，仲子不應稱"夫人"。隱讓桓以爲大子，成其母喪，以赴諸侯，故《經》於此稱"夫人"也。不反哭，故不書葬，例在三年。

〔隱經·二·九〕

鄭人伐衛。[一]

［一］凡師有鐘鼓曰伐。例在莊二十九年。

（隱傳·二·七）

鄭人伐衛，討公孫滑之亂也。[一]

［一］治元年取廩延之亂。

隱公三年

〔隱經·三·一〕

三年春王二月己巳，日有食之。[一]

［一］無《傳》。日行遲，一歲一周天。月行疾，一月一周天。一歲凡十二交會，然日、月動物，雖行度有大量，不能不小有盈縮，故有雖交會而不食者，或有頻交而食者。唯正陽之月，君子忌之，故有伐鼓用幣之事。今《釋例》以《長歷》推《經》《傳》，明此食是二月朔也。不書朔，史失之。書朔日，例在桓十七年。

〔隱經·三·二〕

三月庚戌，天王崩。[一]

［一］周平王也。實以壬戌崩，欲諸侯之速至，故遠日以赴。《春秋》不書實崩日，而書遠日者，即傳其僞，以懲臣子之過也。襄二十九年《傳》曰，鄭上卿有事，使印段如周會葬。今不書葬，魯不會。

（隱傳·三·一）

三年春王三月壬戌，平王崩。赴以庚戌，故書之。

〔隱經·三·三〕

夏四月辛卯，君氏卒。[一]

［一］隱不敢從正君之禮，故亦不敢備禮於其母。

（隱傳·三·二）

夏，君氏卒，聲子也。不赴於諸侯，不反哭于寢，不祔于姑，故不曰薨。不稱夫人，故不言葬。[一]不書姓，爲公故曰“君氏”。[二]

［一］夫人喪禮有三：薨則赴於同盟之國，一也。既葬，日中自墓反，虞於正寢，所謂反哭于寢，二也。卒哭而祔於祖姑，三也。若此則書曰：夫人某氏薨，葬我小君某氏，此備禮之文也。其或不赴不祔，則爲不成喪，故死不稱夫人薨，葬不言葬我小君某氏。反哭則書葬，不反哭則不書葬。今聲子三禮皆闕，《釋例》論之詳矣。

［二］不書姓，辟正夫人也。隱見爲君，故特書於《經》，稱曰“君氏”，以別凡妾媵。

〔左氏附〕

（隱傳·三·三）

鄭武公、莊公爲平王卿士。[一]王貳于虢。[二]鄭伯怨王，王曰：“無之。”故周、鄭交質。王子狐爲質於鄭，鄭公子忽爲質於周。[三]王崩，周人將畀虢公政。[四]四月，鄭祭足帥師取溫之麥。秋，又取成周之禾。[五]周、鄭交惡。[六]君子曰：“信不由中，質無益也。明恕而行，要之以禮，雖無有質，誰能間之？苟有明信，澗、谿、沼、沚之毛，[七]蘋、蘩、薀、藻之菜，[八]筐、筥、錡、釜之器，[九]潢、汙、行、潦之水，[一〇]可薦於鬼神，可羞於王公，[一一]而況君子結二國之信，行之以禮，又焉用質？[一二]《風》有《采蘩》《采蘋》，[一三]《雅》有《行葦》《泂酌》，[一四]昭忠信也。”[一五]

［一］卿士，王卿之執政者。言父子秉周之政。

［二］虢，西虢公，亦仕王朝。王欲分政於虢，不復專任鄭伯。

［三］王子狐，平王子。

［四］周人遂成平王本意。

［五］四月，今二月也。秋，今之夏也。麥、禾皆未熟，言取者，蓋芟踐之。溫，今河內溫縣。成周，洛陽縣也〔一〕。

［六］兩相疾惡。

［七］谿，亦澗也。沼，池也。沚，小渚也。毛，草也。

［八］蘋，大蓱也。蘩，皤蒿。薀藻，聚藻也。

［九］方曰筐，圓曰筥，無足曰釜，有足曰錡。

［一〇］潢汙，停水。行潦，流潦。

［一一］羞，進也。

［一二］通言盟約彼此之情，故言二國。

［一三］《采蘩》《采蘋》，《詩·國風》，義取於不嫌薄物。

［一四］《詩·大雅》也。《行葦》篇義取忠厚也。《泂酌》篇義取雖行潦可以共祭祀也。

［一五］明有忠信之行，雖薄物皆可爲用。

〔隱經·三·四〕

秋，武氏子來求賻。［一］

［一］武氏子，天子大夫之嗣也。平王喪在殯，新王未得行其爵命，聽於冢宰，故《傳》曰"王未葬"，釋其所以稱父族，又不稱使也。魯不共奉王喪，致令有求。《經》直文以示不敬，故《傳》不復具釋也。

〔一〕 洛陽縣也 "也"，原脱，據興國軍本補。

（隱傳·三·四）

武氏子來求賻。王未葬也。

〔隱經·三·五〕

八月庚辰，宋公和卒。[一]

［一］稱“卒”者，略外以别内也。元年，大夫盟於宿，故來赴以名，例在七年。

（隱傳·三·五）

宋穆公疾，召大司馬孔父，而屬殤公焉，曰：“先君舍與夷而立寡人，[一]寡人弗敢忘。若以大夫之靈，得保首領以没，先君若問與夷，其將何辭以對？請子奉之以主社稷，寡人雖死亦無悔焉。”對曰：“群臣願奉馮也。”[二]公曰：“不可。先君以寡人爲賢，使主社稷。若棄德不讓，是廢先君之舉也，豈曰能賢？[三]光昭先君之令德，可不務乎？吾子其無廢先君之功。”[四]使公子馮出居於鄭。[五]

［一］先君，穆公兄宣公也。與夷，宣公子，即所屬殤公。

［二］馮，穆公子莊公也。

［三］言不讓則不足稱賢。

［四］先君以舉賢爲功，我若不賢，是廢之。

［五］辟殤公也。

八月庚辰，宋穆公卒。殤公即位，君子曰：“宋宣公可謂知人矣。立穆公，其子饗之，命以義夫。[一]《商頌》曰‘殷受命咸宜，百禄是荷’，其是之謂乎？”[二]

［一］命出於義也。夫，語助。

［二］《詩·頌》，言殷湯、武丁受命皆以義。故任荷天之百祿也。帥義而行，則殤公宜受此命，宜荷此祿。公子馮不帥父義，忿而出奔，因鄭以求入，終傷“咸宜”之福。故知人之稱唯在宣公也。殷禮有兄弟相及，不必傳子孫，宋其後也，故指稱《商頌》。

〔隱經·三·六〕

冬十有二月，齊侯、鄭伯盟于石門。［一］

［一］來告，故書。石門，齊地。或曰濟北盧縣故城西南濟水之門。

（隱傳·三·六）

冬，齊、鄭盟于石門，尋盧之盟也。［一］庚戌，鄭伯之車僨于濟。［二］

［一］盧盟在春秋前。盧，齊地，今濟北盧縣故城。

［二］既盟而遇大風，《傳》記異也。十二月無庚戌，日誤。

〔左氏附〕

（隱傳·三·七）

衛莊公娶于齊東宮得臣之妹，曰莊姜。［一］美而無子，衛人所爲賦《碩人》也。［二］又娶于陳，曰厲嬀。生孝伯，早死。［三］其娣戴嬀生桓公，莊姜以爲己子。［四］公子州吁，嬖人之子也。［五］有寵而好兵，公弗禁。莊姜惡之。石碏諫曰：“臣聞愛子，教之以義方，［六］弗納於邪。驕奢淫泆，所自邪也。四者之來〔一〕，寵祿過也。將立州吁，乃定之矣。

〔一〕四者之來　“者”，原作“方”，據興國軍本、阮刻本改。

若猶未也，階之爲禍。[七] 夫寵而不驕，驕而能降，降而不憾，憾而能眕者，鮮矣。[八] 且夫賤妨貴，少陵長，遠間親，新間舊，小加大，[九] 淫破義，所謂‘六逆’也。君義，臣行，父慈，子孝，兄愛，弟敬，所謂‘六順’也。[一〇] 去順效逆，所以速禍也。君人者，將禍是務去，而速之，無乃不可乎？”弗聽。其子厚與州吁游，禁之，不可。桓公立，乃老。[一一]

［一］得臣，齊大子也。太子不敢居上位，故常處東宫。

［二］《碩人》詩，義取莊姜美于色，賢于德，而不見答，終以無子，國人憂之。

［三］陳，今陳國陳縣。

［四］嬀，陳姓也。厲、戴皆謚，雖爲莊姜子，然大子之位未定。

［五］嬖，親幸也。

［六］石碏，衛大夫。

［七］言將立爲太子，則宜早定。若不早定，州吁必緣寵而爲禍。

［八］如此者少也。降其身則必恨，恨則思亂，不能自安自重。

［九］小國而加兵於大國，如“息侯伐鄭”之比。

［一〇］臣行君之義。

［一一］老，致仕也。四年《經》書“州吁弑其君”，故《傳》先《經》以始事。

〔隱經·三·七〕

癸未，葬宋穆公。[一]

［一］無《傳》。魯使大夫會葬，故書。始死書卒，史在國承赴，爲君故，惡其薨名，改赴書也。書“葬”，則舉謚稱公者，會葬者在外，據彼國之辭也。書“葬”，例在昭六年。

隱公四年

〔隱經·四·一〕

四年春王二月，莒人伐杞，取牟婁。[一]

［一］無《傳》。書“取”，言易也，例在襄十三年。杞國本都陳留雍丘縣。推尋事跡：桓六年，淳于公亡國，杞似并之，遷都淳于；僖十四年，又遷緣陵；襄二十九年，晉人城杞之淳于，杞又遷都淳于。牟婁，杞邑，城陽諸縣東北有婁鄉。

〔隱經·四·二〕

戊申，衛州吁弑其君完。[一]

［一］稱臣弑君，臣之罪也，例在宣四年。戊申，三月十七日，有日而無月。

(隱傳·四·一)

四年春，衛州吁弑桓公而立。

〔隱經·四·三〕

夏，公及宋公遇于清。[一]

［一］遇者，草次之期。二國各簡其禮，若道路相逢遇也[一]。清，衛邑，濟北東阿縣有清亭。

(隱傳·四·二)

公與宋公爲會，將尋宿之盟。未及期，衛人來告亂。

〔一〕 若道路相逢遇也 “若”，原脱，據興國軍本補。

夏，公及宋公遇于清。[一]

[一] 宿盟在元年。

〔隱經·四·四〕

宋公、陳侯、蔡人、衛人伐鄭。

（隱傳·四·三）

宋殤公之即位也，公子馮出奔鄭，鄭人欲納之。及衛州吁立，將脩先君之怨於鄭，[一]而求寵於諸侯以和其民，[二]使告於宋曰："君若伐鄭以除君害，[三]君爲主，敝邑以賦與陳、蔡從，則衛國之願也。"[四]宋人許之。於是陳、蔡方睦於衛，[五]故宋公、陳侯、蔡人、衛人伐鄭，圍其東門，五日而還。公問於衆仲曰："衛州吁其成乎？"[六]對曰："臣聞以德和民，不聞以亂。[七]以亂，猶治絲而棼之也。[八]夫州吁阻兵而安忍，阻兵無衆，安忍無親，衆叛親離，難以濟矣。[九]夫兵猶火也，弗戢，將自焚也。夫州吁弑其君而虐用其民，於是乎不務令德，而欲以亂成，必不免矣。"

[一] 謂二年鄭人伐衛之怨。

[二] 諸篡立者，諸侯既與之會，則不復討，故欲求此寵。

[三] 害謂宋公子馮。

[四] 言舉國之賦調。

[五] 蔡，今汝南上蔡縣。

[六] 衆仲，魯大夫。

[七] 亂，謂阻兵而安忍。

[八] 絲見棼緼，益所以亂。

[九] 恃兵則民殘，民殘則衆叛。安忍則刑過，刑過則親離。

〔隱經·四·五〕

秋，翬帥師會宋公、陳侯、蔡人、衛人伐鄭。[一]

［一］公子翬，魯大夫。不稱公子，疾其固請强君以不義也。諸外大夫貶，皆稱人，至於内大夫貶，則皆去族稱名。於記事之體，他國可言某人，而己魯之卿佐[一]，不得言魯人，此所以爲異也。翬溺，去族，《傳》曰“疾之”，叔孫豹則曰“言違命”，此其例也。

（隱傳·四·四）

秋，諸侯復伐鄭，宋公使來乞師，[一]公辭之。[二]羽父請以師會之，[三]公弗許，固請而行。故書曰“翬帥師”，疾之也。諸侯之師敗鄭徒兵，取其禾而還。[四]

［一］乞師不書，非卿。

［二］從衆仲之言。

［三］羽父，公子翬。

［四］時鄭不車戰。

〔隱經·四·六〕

九月，衛人殺州吁于濮。[一]

［一］州吁弑君而立，未列於會，故不稱君，例在成十六年。濮，陳地水名。

（隱傳·四·五）

州吁未能和其民，厚問定君於石子。[一]石子曰：“王覲爲可。”曰：“何以得覲？”曰：“陳桓公方有寵於王，陳、

〔一〕而己魯之卿佐　“魯”，原脱，據興國軍本補。

衛方睦，若朝陳使，請必可得也。”厚從州吁如陳，石碏使告于陳曰：“衛國褊小，老夫耄矣，無能爲也，此二人者，實弑寡君，敢即圖之。”[二] 陳人執之而請涖于衛。[三]

［一］石子，石碏也。以州吁不安諮其父。

［二］八十曰耄，稱國小、己老，自謙以委陳，使因其往就圖之。

［三］請衛人自臨討之。

九月，衛人使右宰醜涖殺州吁于濮。石碏使其宰獳羊肩涖殺石厚于陳。君子曰：“石碏，純臣也。惡州吁而厚與焉，大義滅親，其是之謂乎？”[一]

［一］子從弑君之賊，國之大逆，不可不除，故曰“大義滅親”。明小義則當兼子愛之。

〔隱經·四·七〕

冬十有二月，衛人立晉。[一]

［一］衛人逆公子晉而立之，善其得衆，故不書入於衛。變文以示義，例在成十八年。

（隱傳·四·六）

衛人逆公子晉于邢。冬十二月，宣公即位。[一] 書曰“衛人立晉”，衆也。

［一］公子晉也。

隱公五年

〔隱經・五・一〕

五年春，公矢魚于棠。[一]

［一］書"陳魚"，以示非禮也。書"棠"，譏遠地也。今高平方與縣北有武唐亭，魯侯觀魚臺。

（隱傳・五・一）

五年春，公將如棠觀魚者。臧僖伯諫曰："凡物不足以講大事，[一]其材不足以備器用，則君不舉焉。[二]君，將納民於軌物者也。故講事以度軌量謂之軌，取材以章物采謂之物。不軌不物謂之亂政，亂政亟行，所以敗也。[三]故春蒐、夏苗、秋獮、冬狩，[四]皆於農隙以講事也。[五]三年而治兵，入而振旅，[六]歸而飲至，以數軍實，[七]昭文章，[八]明貴賤，辨等列，[九]順少長，[一〇]習威儀也。鳥獸之肉不登於俎。[一一]皮革、齒牙、骨角、毛羽不登於器，[一二]則公不射，古之制也。若夫山林川澤之實，器用之資，皁隸之事，官司之守，非君所及也。"[一三]公曰："吾將略地焉。"[一四]遂往，陳魚而觀之。[一五]僖伯稱疾，不從。書曰"公矢魚于棠"，非禮也，且言遠地也。[一六]

［一］臧僖伯，公子彄也。僖，謚也。大事，祀與戎。

［二］材謂皮革、齒牙、骨角、毛羽也。器用，軍國之器。

［三］言器用衆物不入法度，則爲不軌不物，亂敗之所起。

［四］蒐，索，擇取不孕者；苗，爲苗除害也；獮，殺也，以殺爲名，順秋氣也；狩，圍守也，冬物畢成，獲則取之，無所擇也。

［五］各隨時事之間。

［六］雖四時講武，猶復三年而大習。出曰“治兵”，始治其事；入曰“振旅”，治兵禮畢，整衆而還。振，整也。旅，衆也。

［七］飲於廟，以數車徒、器械及所獲也。

［八］車服旌旗。

［九］等列，行伍。

［一〇］出則少者在前，還則在後，所謂順也。

［一一］俎，祭宗廟器。

［一二］謂以飾法度之器。

［一三］士臣皁，皁臣輿，輿臣隸，言取此雜猥之物以資器備，是小臣有司之職，非諸侯之所親也。

［一四］孫辭以略地。略，揔攝巡行之名。《傳》曰：“東略之不知，西則否矣。”

［一五］陳，設張也。公大設捕魚之備而觀之。

［一六］矢，亦陳也。棠，實他竟〔一〕，故曰“遠地”。

〔左氏附〕

（隱傳·五·二）

曲沃莊伯以鄭人、邢人伐翼。[一]王使尹氏、武氏助之。翼侯奔隨。[二]

［一］曲沃，晉別封成師之邑，在河東聞喜縣。莊伯，成師子也。翼，晉舊都，在平陽絳邑縣東。邢國在廣平襄國縣。

［二］尹氏、武氏皆周世族大夫也。晉内相攻伐，不告亂，故不書。《傳》具其事，爲後晉事張本。曲沃及翼本末，見桓二年。隨，晉地。

〔一〕實他竟　“實他”，阮刻本作“魯地”。

〔隱經·五·二〕

夏四月，葬衛桓公。

（隱傳·五·三）

夏，葬衛桓公。衛亂，是以緩。[一]

［一］有州吁之亂，十四月乃葬，《傳》明其非慢也。

〔左氏附〕

（隱傳·五·四）

四月，鄭人侵衛牧，[一]以報東門之役。[二]衛人以燕師伐鄭，[三]鄭祭足、原繁、洩駕以三軍軍其前，使曼伯與子元潛軍軍其後，燕人畏鄭三軍而不虞制人。[四]六月，鄭二公子以制人敗燕師于北制。[五]君子曰："不備不虞，不可以師。"

［一］牧，衛邑。《經》書"夏四月，葬衛桓公"。今《傳》直言夏，而更以四月附"鄭人侵衛牧"者，於下事宜得月，以明事之先後，故不復備舉《經》文。三年"君氏卒"，其義亦同。他皆放此。

［二］東門役在四年。

［三］南燕國，今東郡燕縣。

［四］北制，鄭邑，今河南城皋縣也，一名虎牢。

［五］二公子，曼伯、子元也。

〔左氏附〕

（隱傳·五·五）

曲沃叛王。秋，王命虢公伐曲沃，而立哀侯于翼。[一]

［一］春，翼侯奔隨，故立其子光。

〔隱經·五·三〕

秋，衛師入郕。[一]

［一］將卑師衆，但稱“師”，此史之常也。

（隱傳·五·六）

衛之亂也，郕人侵衛，故衛師入郕。[一]

［一］郕，國也。東平剛父縣西南有郕鄉。

〔隱經·五·四〕

九月，考仲子之宫，初獻六羽。[一]

［一］成仲子宫，安其主而祭之。惠公以仲子手文娶之，欲以爲夫人。諸侯無二嫡，蓋隱公成父之志，爲别立宫也。公問羽數，故書“羽”。婦人無謚，因姓以名宫。

（隱傳·五·七）

九月，考仲子之宫，將《萬》焉。[一]公問羽數於衆仲。[二]對曰：“天子用八，[三]諸侯用六，[四]大夫四，[五]士二。[六]夫舞，所以節八音而行八風，[七]故自八以下。”[八]公從之，於是初獻六羽，始用六佾也。[九]

［一］《萬》，舞也。

［二］問執羽人數。

［三］八八六十四人。

［四］六六三十六人。

［五］四四十六人。

［六］二二四人。士有功賜用樂。

［七］八音，金、石、絲、竹、匏、土、革、木也。八風，八方之風也。以八音之器播八方之風，手之舞之，足之蹈之，節其制而敍其情。

［八］唯天子得盡物數，故以八爲列，諸侯則不敢用八。

［九］魯唯文王、周公廟得用八，而他公遂因仍僭而用之。今隱公特立此婦人之廟，詳問衆仲，因明大典，故《傳》亦因言始用六佾。其後季氏舞八佾於庭，知唯在仲子廟用六。

〔隱經・五・五〕

邾人、鄭人伐宋。［一］

［一］邾主兵，故序鄭上。

（隱傳・五・八）

宋人取邾田。邾人告於鄭曰："請君釋憾於宋，敝邑爲道。"［一］鄭人以王師會之。［二］伐宋入其郛，以報東門之役。［三］宋人使來告命。［四］公聞其入郛也，將救之。問於使者曰："師何及？"對曰："未及國。"［五］公怒，乃止。辭使者，曰："君命寡人同恤社稷之難，今問諸使者，曰'師未及國'，非寡人之所敢知也。"［六］

［一］釋四年再見伐之恨。

［二］王師不書，不以告也。

［三］郛，郭也。東門役在四年。

［四］告命，策書。

［五］忿公知而故問，責窮辭。

［六］爲七年公伐邾《傳》。

〔隱經·五·六〕

螟。[一]

［一］無《傳》。蟲食苗心者。爲災，故書。

〔隱經·五·七〕

冬十有二月辛巳，公子彄卒。[一]

［一］大夫書"卒"，不書"葬"。葬者臣子之事，非公家所及。

（隱傳·五·九）

冬十二月辛巳，臧僖伯卒。公曰："叔父有憾於寡人，[一]寡人弗敢忘。"葬之加一等。[二]

［一］諸侯稱同姓大夫長曰伯父，少曰叔父。有恨，恨諫觀魚不聽。

［二］加命服之等。

〔隱經·五·八〕

宋人伐鄭，圍長葛。[一]

［一］潁川長社縣北有長葛城〔一〕。

（隱傳·五·十）

宋人伐鄭，圍長葛，以報入郛之役也。

〔一〕潁川長社縣北有長葛城　"縣""城"，原脱，據興國軍本補。

隱公六年

〔隱經 · 六 · 一〕

六年春，鄭人來渝平。[一]

［一］和而不盟曰平。

（隱傳 · 六 · 一）

六年春，鄭人來渝平，更成也。[一]

［一］渝，變也。公之爲公子，戰於狐壤，爲鄭所執，逃歸，怨鄭。鄭伐宋，公欲救宋，宋使者失辭，公怒而止。忿宋則欲厚鄭，鄭因此而來，故《經》書"渝平"，《傳》曰"更成"。

〔左氏附〕

（隱傳 · 六 · 二）

翼九宗、五正，頃父之子嘉父逆晉侯于隨，[一]納諸鄂，晉人謂之鄂侯。[二]

［一］翼，晉舊都也。唐叔始封，受懷姓九宗，職官五正，遂世爲晉强家。五正，五官之長；九宗，一姓爲九族也。頃父之子嘉父，晉大夫。

［二］鄂，晉别邑。諸地名疑者，皆言有以示不審；闕者不復記其闕。他皆放此。前年桓王立此侯之子於翼，故不得復入翼，别居鄂。

〔隱經 · 六 · 二〕

夏五月辛酉，公會齊侯盟于艾。[一]

［一］泰山牟縣東南有艾山。

（隱傳·六·三）

夏，盟于艾，始平于齊也。[一]

［一］春秋前，魯與齊不平，今乃棄惡結好，故言“始平于齊”。

〔左氏附〕

（隱傳·六·四）

五月庚申，鄭伯侵陳，大獲。往歲，鄭伯請成于陳。[一]陳侯不許，五父諫曰：“親仁善鄰，國之寶也，君其許鄭。”[二]陳侯曰：“宋、衛實難，[三]鄭何能爲？”遂不許。君子曰：“善不可失，惡不可長。其陳桓公之謂乎？長惡不悛，從自及也。[四]雖欲救之，其將能乎？《商書》曰：‘惡之易也，如火之燎于原，不可鄉邇，[五]其猶可撲滅？’[六]周任有言曰：[七]‘爲國家者，見惡如農夫之務去草焉。芟夷薀崇之，絶其本根，勿使能殖，則善者信矣。’”[八]

［一］成，猶平也。

［二］五父，陳公子佗。

［三］可畏難也。

［四］悛，止也。從，隨也。

［五］《商書·盤庚》言。惡易長，如火焚原野，不可鄉近。

［六］言不可撲滅。

［七］周任，周大夫。

［八］芟，刈也。夷，殺也。藴，積也。崇，聚也。

〔隱經·六·三〕

秋七月。[一]

［一］雖無事，而書首月，具四時以成歲。他皆放此。

〔隱經·六·四〕

冬，宋人取長葛。[一]

［一］秋取，冬乃告也。上有伐鄭圍長葛，長葛，鄭邑可知，故不言鄭也。前年冬圍不克而還，今冬乘長葛無備而取之，言易也。

(隱傳·六·五)

秋，宋人取長葛。

〔左氏附〕

(隱傳·六·六)

冬，京師來告饑。公爲之請糴於宋、衛、齊、鄭，禮也。[一]

［一］告饑不以王命，故《傳》言"京師"，而不書於《經》也。雖非王命，而公共以稱命，己國不足，旁請鄰國，故曰"禮也"。《傳》見隱之賢。

〔左氏附〕

(隱傳·六·七)

鄭伯如周，始朝桓王也。[一]王不禮焉，周桓公言於王曰："我周之東遷，晉、鄭焉依，[二]善鄭以勸來者，猶懼不蔇，[三]況不禮焉，鄭不來矣。"[四]

［一］桓王即位，周、鄭交惡，至是乃朝，故曰"始"。

［二］周桓公，周公黑肩也。周，采地，扶風雍縣東北有周城。幽王爲犬戎所殺，平王東徙，晉文侯、鄭武公左右王室，故曰“晉、鄭焉依”。

［三］蔇，至也。

［四］爲桓五年諸侯從王伐鄭《傳》。

隱公七年

〔隱經·七·一〕

七年春王三月，叔姬歸于紀。[一]

[一] 無《傳》。叔姬，伯姬之娣也。至是歸者，待年於父母國，不與嫡俱行，故書。

〔隱經·七·二〕

滕侯卒。[一]

[一]《傳》例曰："不書名，未同盟也。"滕國在沛國公丘縣東南。

（隱傳·七·一）

七年春，滕侯卒。不書名，未同盟也。凡諸侯同盟，於是稱名，故薨則赴以名，[一]告終稱嗣也，以繼好息民，[二]謂之禮經。[三]

[一] 盟以名告神，故薨亦以名告同盟。

[二] 告亡者之終，稱嗣位之主。嗣位之主，當奉而不忘，故曰"繼好"。好同則和親，故曰"息民"。

[三] 此言凡例，乃周公所制禮經也。十一年不告之例，又曰"不書於策"，明禮經皆當書於策。仲尼脩《春秋》皆承策爲《經》，丘明之《傳》，博采衆記，故始開凡例，特顯此二句。他皆放此。

〔隱經·七·三〕

夏，城中丘。[一]

［一］城，例在莊二十九年。中丘在琅邪臨沂縣東北。

（隱傳·七·二）

夏，城中丘。書，不時也。

〔隱經·七·四〕

齊侯使其弟年來聘。[一]

［一］諸聘皆使卿執玉帛以相存問，例在襄九年。

（隱傳·七·三）

齊侯使夷仲年來聘，結艾之盟也。[一]

［一］艾盟，在六年。

〔隱經·七·五〕

秋，公伐邾。

（隱傳·七·四）

秋，宋及鄭平。七月庚申，盟于宿，公伐邾爲宋討也。[一]

［一］公拒宋而更與鄭平，欲以鄭爲援。今鄭復與宋盟，故懼而伐邾，欲以求宋，故曰“爲宋討”。

〔隱經·七·六〕

冬，天王使凡伯來聘。[一] **戎伐凡伯于楚丘，以歸。**[二]

［一］凡伯，周卿士，凡，國。伯，爵也。汲郡共縣東南有凡城。

［二］戎鳴鍾鼓以伐天子之使，見夷狄强虣。不書“凡伯敗”者，單使無衆，非戰陳也。但言“以歸”，非執也。楚丘，衛地，在濟陰城武縣西南。

（隱傳·七·五）

初，戎朝于周，發幣于公卿，凡伯弗賓。[一] 冬，王使

凡伯來聘。還，戎伐之于楚丘以歸。[二]

［一］朝而發幣於公卿，如今計獻詣公府卿寺。

［二］《傳》言凡伯所以見伐。

〔左氏附〕

（隱傳·七·六）

陳及鄭平。[一]十二月，陳五父如鄭涖盟。[二]壬申，及鄭伯盟，歃如忘。[三]洩伯曰："五父必不免，不賴盟矣。"[四]鄭良佐如陳涖盟。[五]辛巳，及陳侯盟，亦知陳之將亂也。[六]

［一］六年，鄭侵陳，大獲，今乃平。

［二］涖，臨也。

［三］志不在於歃血。

［四］洩伯，鄭洩駕。

［五］良佐，鄭大夫。

［六］入其國，觀其政治，故摠言之也。皆爲桓五年、六年陳亂，蔡人殺陳佗《傳》。

〔左氏附〕

（隱傳·七·七）

鄭公子忽在王所，故陳侯請妻之。[一]鄭伯許之，乃成昏。[二]

［一］以忽有王寵故。

［二］爲鄭忽失齊昏援以至出奔《傳》。

隱公八年

〔隱經·八·一〕

八年春，宋公、衛侯遇于垂。[一]

［一］垂，衛地，濟陰句陽縣東北有垂亭。

(隱傳·八·一)

八年春，齊侯將平宋、衛，[一]有會期，宋公以幣請於衛，請先相見。[二]衛侯許之，故遇于犬丘。[三]

［一］平宋、衛於鄭。

［二］宋敬齊命。

［三］犬丘，垂也，地有兩名。

〔隱經·八·二〕

三月，鄭伯使宛來歸祊。[一]

［一］宛，鄭大夫。不書氏，未賜族。祊，鄭祀泰山之邑，在瑯邪費縣東南。

(隱傳·八·二)

鄭伯請釋泰山之祀，而祀周公，以泰山之祊易許田。三月，鄭伯使宛來歸祊，不祀泰山也。[一]

［一］成王營王城，有遷都之志，故賜周公許田，以爲魯國朝宿之邑，後世因而立周公別廟焉。鄭桓公，周宣王之母弟，封鄭，有助祭泰山湯沐之邑在祊，鄭以天子不能復巡狩，故欲以祊易許田，各從本國所近之宜。恐魯以周公別廟爲疑，故云已廢泰山之祀，而欲爲魯祀周公，孫辭以有求也。許田，

近許之田。

〔隱經·八·三〕

庚寅，我入祊。[一]

［一］桓元年乃卒易祊田，知此入祊未肯受而有之。

〔左氏附〕

（隱傳·八·三）

夏，虢公忌父始作卿士于周。[一]

［一］周人於此遂畀之政。

〔左氏附〕

（隱傳·八·四）

四月甲辰，鄭公子忽如陳，逆婦嬀。辛亥，以嬀氏歸。甲寅，入于鄭。陳鍼子送女。先配而後祖，鍼子曰："是不爲夫婦，誣其祖矣，非禮也。何以能育？"[一]

［一］鍼子，陳大夫。禮，逆婦必先告祖廟而後行，故楚公子圍稱告莊、共之廟。鄭忽先逆婦而後告廟，故曰"先配而後祖"。

〔隱經·八·四〕

夏六月己亥，蔡侯考父卒。[一]

［一］無《傳》。襄六年《傳》曰："杞桓公卒，始赴以名，同盟故也。"諸侯同盟稱名者，非唯見在位二君也。嘗與其父同盟，則亦以名赴其子，亦所以繼好也。蔡未與隱盟，蓋春秋前與惠公盟，故赴以名。

〔隱經·八·五〕

辛亥，宿男卒。[一]

［一］無《傳》。元年，宋、魯大夫盟于宿，宿與盟也。晉荀偃禱河，稱齊、晉君名，然後自稱名，知雖大夫出盟，亦當先稱己君之名，以啓神明，故薨皆從身盟之例，當告以名也。《傳》例曰：赴以名則亦書之，不然則否，辟不敏也。今宿赴不以名，故亦不書名。諸例或發於始事，或發於後者，因宜有所異同；亦或丘明所得記注，本末不能皆備故。

〔隱經·八·六〕

秋七月庚午，宋公、齊侯、衛侯盟于瓦屋。[一]

［一］齊侯尊宋，使主會，故宋公序齊上。瓦屋，周地。

（隱傳·八·五）

齊人卒平宋、衛于鄭。秋，會于溫，盟于瓦屋，以釋東門之役，禮也。[一]

［一］會溫不書，不以告也。定國息民，故曰“禮也”。平宋、衛二國忿鄭之謀。鄭不與盟，故不書。

〔左氏附〕

（隱傳·八·六）

八月丙戌，鄭伯以齊人朝王，禮也。[一]

［一］言鄭伯不以虢公得政而背王，故禮之。齊稱人，略從國辭。上有“七月庚午”，下有“九月辛卯”，則八月不得有丙戌。

〔隱經·八·七〕

八月，葬蔡宣公。[一]

［一］無《傳》。三月而葬，速。

〔隱經·八·八〕

九月辛卯，公及莒人盟于浮來。[一]

［一］莒人，微者，不嫌敵公侯，故直稱公，例在僖二十九年。浮來，紀邑，東莞縣北有邳鄉，邳鄉西有公來山，號曰邳來間。

（隱傳·八·七）

公及莒人盟于浮來，以成紀好也。[一]

［一］二年紀、莒盟于密，爲魯故，今公尋之，故曰"以成紀好"。

〔左氏附〕

（隱傳·八·八）

冬，齊侯使來告成三國。[一]公使衆仲對曰："君釋三國之圖，以鳩其民，君之惠也。寡君聞命矣，敢不承受君之明德。"[二]

［一］齊侯冬來告，稱秋和三國。

［二］鳩，集也。

〔隱經·八·九〕

螟。[一]

［一］無《傳》。爲災。

〔隱經・八・十〕

冬十有二月，無駭卒。[一]

[一] 公不與小斂，故不書日。卒而後賜族，故不書氏。

(隱傳・八・九)

無駭卒，羽父請謚與族。公問族於衆仲，衆仲對曰："天子建德，[一]因生以賜姓，[二]胙之土而命之氏。[三]諸侯以字[四]爲謚，因以爲族。[五]官有世功，則有官族，邑亦如之。"[六]公命以字爲展氏。[七]

[一] 立有德以爲諸侯。

[二] 因其所由生以賜姓，謂若舜由嬀汭，故陳爲嬀姓。

[三] 報之以土而命氏曰陳。

[四] 諸侯位卑，不得賜姓，故其臣因氏其王父字。

[五] 或便即先人之謚稱以爲族。

[六] 謂取其舊官舊邑之稱以爲族，皆稟之時君。

[七] 諸侯之子稱公子，公子之子稱公孫，公孫之子以王父字爲氏。無駭，公子展之孫，故爲展氏。

隱公九年

〔隱經 · 九 · 一〕

九年春，天王使南季來聘〔一〕**。**[一]

［一］無《傳》。南季，天子大夫也。南，氏。季，字也。

〔隱經 · 九 · 二〕

三月癸酉，大雨震電。

（隱傳 · 九 · 一）

九年春王三月癸酉，大雨霖以震，書，始也。[一]

［一］書"癸酉"，始雨日。

〔隱經 · 九 · 三〕

庚辰，大雨雪。[一]

［一］三月，今正月。

（隱傳 · 九 · 二）

庚辰，大雨雪，亦如之。書，時失也，[一]凡雨自三日以往爲霖。[二]平地尺爲大雪。

［一］夏之正月，微陽始出，未可震電。既震電，又不當大雨雪，故皆爲時失。

［二］此解《經》書"霖"也，而《經》無"霖"字，《經》誤。

〔一〕 天王使南季來聘 "王"，原作"子"。按：石經、興國軍本作"王"，據改。阮刻本曰："石經、宋本、岳本、足利本'子'作'王'，是也。"

〔隱經·九·四〕

挾卒。[一]

［一］無《傳》。挾，魯大夫，未賜族[一]。

〔隱經·九·五〕

夏，城郎。

（隱傳·九·三）

夏，城郎。書，不時也。

〔左氏附〕

（隱傳·九·四）

宋公不王。[一]鄭伯爲王左卿士，以王命討之，伐宋。宋以入郛之役怨公，不告命。[二]公怒，絶宋使。

［一］不共王職。

［二］入郛在五年，公以七年伐邾，欲以説宋，而宋猶不和也。

〔隱經·九·六〕

秋七月。

〔左氏附〕

（隱傳·九·五）

秋，鄭人以王命來告伐宋。[一]

［一］遣使致王命也，伐宋未得志，故復往告之。

〔一〕 未賜族　興國軍本同，阮刻本“族”作“謚”。

〔隱經·九·七〕

冬，公會齊侯于防。[一]

［一］防，魯地，在琅邪華縣東南。

(隱傳·九·六)

冬，公會齊侯于防，謀伐宋也。

〔左氏附〕

(隱傳·九·七)

北戎侵鄭，鄭伯禦之，患戎師曰："彼徒我車，懼其侵軼我也。"[一] 公子突曰："使勇而無剛者，嘗寇而速去之。[二] 君爲三覆以待之。[三] 戎輕而不整，貪而無親，勝不相讓，敗不相救，先者見獲，必務進；進而遇覆，必速奔。後者不救，則無繼矣。乃可以逞。"[四] 從之，戎人之前遇覆者奔，祝聃逐之。[五] 衷戎師，前後擊之，盡殪。[六] 戎師大奔。[七]

［一］徒，步兵也。軼，突也。

［二］公子突，鄭厲公也。嘗，試也。勇則能往，無剛不恥退。

［三］覆，伏兵也。

［四］逞，解也。

［五］祝聃，鄭大夫。

［六］爲三部伏兵，祝聃帥勇而無剛者先犯戎而速奔，以遇二伏兵，至後伏兵起，戎還走，祝聃反逐之，戎前、後及中三處受敵，故曰"衷戎師"。殪，死也。

［七］後駐軍不復繼也。

十一月甲寅，鄭人大敗戎師。[一]

[一] 此皆春秋時事，雖《經》無正文，所謂必廣記而備言之。將令學者原始要終，尋其枝葉，究其所窮。他皆放此。

隱公十年

〔隱經 · 十 · 一〕

十年春王二月，公會齊侯、鄭伯于中丘。[一]

［一］《傳》言正月會，癸丑盟。《釋例》推《經》《傳》日月，癸丑是正月二十六日，知《經》“二月”誤。

(隱傳 · 十 · 一)

十年春王正月，公會齊侯、鄭伯于中丘。癸丑，盟于鄧，爲師期。[一]

［一］尋九年會于防，謀伐宋也。公既會而盟，盟不書，非後也。蓋公還告會而不告盟。鄧，魯地。

〔隱經 · 十 · 二〕

夏，翬帥師會齊人、鄭人伐宋。[一]

［一］公子翬不待公命而貪會二國之君，疾其專進，故去氏。齊、鄭以公不至，故亦更使微者從之伐宋。不言及，明翬專行，非鄧之謀也〔一〕。及，例在宣七年。

(隱傳 · 十 · 二)

夏五月，羽父先會齊侯、鄭伯伐宋。[一]

［一］言“先會”，明非公本期，釋翬之去族。

〔一〕 非鄧之謀也 “鄧”，興國軍本誤作“鄭”。

〔隱經·十·三〕

六月壬戌，公敗宋師于菅。[一]

［一］齊、鄭後期，故公獨敗宋師。書"敗"，宋未陳也。敗，例在莊十一年。菅，宋地。

（隱傳·十·三）

六月戊申，公會齊侯、鄭伯于老桃。[一] 壬戌，公敗宋師于菅。

［一］會不書，不告於廟也。老桃，宋地。六月無戊申。戊申，五月二十三日，日誤。

〔隱經·十·四〕

辛未，取郜。

（隱傳·十·四）

庚午，鄭師入郜。辛未，歸于我。

〔隱經·十·五〕

辛巳，取防。[一]

［一］鄭後至，得郜、防二邑，歸功于魯，故書"取"，明不用師徒也。濟陰城武縣東南有郜城。高平昌邑縣西南有西防城。

（隱傳·十·五）

庚辰，鄭師入防。辛巳，歸于我。[一] 君子謂鄭莊公於是乎可謂正矣。以王命討不庭，[二] 不貪其土，以勞王爵，正之體也。[三]

［一］壬戌，六月七日。庚午，十五日。庚辰，二十五日。鄭伯後期而公獨敗宋師，故鄭頻獨進兵以入郜、防，入而不有，命

魯取之，推功上爵，讓以自替，不有其實，故《經》但書魯取以成鄭志，善之也。

［二］下之事上，皆成禮於庭中。

［三］勞者，敘其勤以答之。諸侯相朝，逆之以饔餼，謂之郊勞，魯侯爵尊，鄭伯爵卑，故言"以勞王爵"。

〔左氏附〕

（隱傳·十·六）

蔡人、衛人、郕人不會王命。[一]

［一］不伐宋也。

〔隱經·十·六〕

秋，宋人、衛人入鄭。

（隱傳·十·七）

秋七月庚寅，鄭師入郊，猶在郊。[一]宋人、衛人入鄭。[二]

［一］鄭師還駐兵於遠郊。

［二］宋、衛奇兵承虛入鄭。

〔隱經·十·七〕

宋人、蔡人、衛人伐戴。鄭伯伐取之。[一]

［一］三國伐戴，鄭伯因其不和，伐而取之。書"伐"，用師徒也。書"取"，克之易也。戴國，今陳留外黃縣東南有戴城。

（隱傳·十·八）

蔡人從之伐戴。[一]八月壬戌，鄭伯圍戴。癸亥，克之，

取三師焉。[二]宋、衛既入鄭，而以伐戴召蔡人，[三]蔡人怒，故不和而敗。[四]

［一］從宋、衛伐戴也。

［二］三國之軍在戴，故鄭伯合圍之。師者，軍旅之通稱。

［三］伐戴乃召之。

［四］言鄭取之易也。

〔左氏附〕

（隱傳·十·九）

九月戊寅，鄭伯入宋。[一]

［一］報入鄭也。九月無戊寅。戊寅，八月二十四日。

〔隱經·十·八〕

冬十月壬午，齊人、鄭人入郕。

（隱傳·十·十）

冬，齊人、鄭人入郕，討違王命也。

隱公十一年

〔隱經·十一·一〕

十有一年春，滕侯、薛侯來朝。[一]

［一］諸侯相朝，例在文十五年。

(隱傳·十一·一)

十一年春，滕侯、薛侯來朝。爭長。[一]薛侯曰：“我先封。”[二]滕侯曰：“我，周之卜正也。[三]薛，庶姓也。我不可以後之。”[四]公使羽父請於薛侯曰：“君與滕君辱在寡人，周諺有之曰：‘山有木工則度之，賓有禮主則擇之。’[五]周之宗盟，異姓爲後。[六]寡人若朝于薛，不敢與諸任齒。[七]君若辱貺，寡人則願以滕君爲請。”薛侯許之，乃長滕侯。

［一］薛，魯國薛縣。

［二］薛祖奚仲，夏所封，在周之前。

［三］卜正，卜官之長。

［四］庶姓，非周之同姓。

［五］擇所宜而行之。

［六］盟載書皆先同姓，例在定四年。

［七］薛，任姓。齒，列也。

〔隱經·十一·二〕

夏，公會鄭伯于時來。[一]

［一］時來，郲也。熒陽縣東有釐城，鄭地也。

(隱傳 · 十一 · 二)

夏，公會鄭伯于郲，謀伐許也。鄭伯將伐許，五月甲辰，授兵於大宮，[一] 公孫閼與潁考叔爭車，[二] 潁考叔挾輈以走。[三] 子都拔棘以逐之。[四] 及大逵，弗及，子都怒。[五]

[一] 大宮，鄭祖廟。

[二] 公孫閼，鄭大夫。

[三] 輈，車轅也。

[四] 子都，公孫閼。棘，戟也。

[五] 逵，道方九軌也。

〔隱經 · 十一 · 三〕

秋七月壬午，公及齊侯、鄭伯入許。[一]

[一] 與謀曰及，還使許叔居之，故不言滅也。許，潁川許昌縣。

(隱傳 · 十一 · 三)

秋七月，公會齊侯、鄭伯伐許。庚辰，傅于許。[一] 潁考叔取鄭伯之旗蝥弧以先登。[二] 子都自下射之顛，[三] 瑕叔盈又以蝥弧登。[四] 周麾而呼曰："君登矣。"[五] 鄭師畢登，壬午遂入許，許莊公奔衛。[六] 齊侯以許讓公。公曰："君謂許不共，[七] 故從君討之，許既伏其罪矣，雖君有命，寡人弗敢與聞。"乃與鄭人。

[一] 傅于許城下。

[二] 蝥弧，旗名。

[三] 顛，隊而死。

[四] 瑕叔盈，鄭大夫。

[五] 周，徧也。麾，招也。

［六］奔不書。兵亂遁逃，未知所在。

［七］不共職貢。

鄭伯使許大夫百里奉許叔以居許東偏，[一]曰："天禍許國，鬼神實不逞于許君，而假手于我寡人。[二]寡人唯是一二父兄不能共億，[三]其敢以許自爲功乎？寡人有弟，不能和協，而使餬其口於四方，[四]其況能久有許乎？吾子其奉許叔以撫柔此民也。吾將使獲也佐吾子。[五]若寡人得没于地，[六]天其以禮悔禍于許，[七]無寧兹許公復奉其社稷。[八]唯我鄭國之有請謁焉，如舊昏媾，[九]其能降以相從也。[一〇]無滋他族實偪處此，以與我鄭國爭此土也。吾子孫其覆亡之不暇，而況能禋祀許乎？[一一]寡人之使吾子處此，不唯許國之爲，亦聊以固吾圉也。"[一二]乃使公孫獲處許西偏，曰："凡而器用財賄，無寘於許。我死，乃亟去之，吾先君新邑於此。[一三]王室而既卑矣，周之子孫日失其序。[一四]夫許，大岳之胤也。[一五]天而既厭周德矣，吾其能與許爭乎？"

［一］許叔，許莊公之弟。東偏，東鄙也。

［二］借手于我寡德之人以討許。

［三］父兄，同姓群臣。供，給。億，安也。

［四］弟，共叔段也。餬，鬻也。段出奔在元年。

［五］獲，鄭大夫公孫獲。

［六］以壽終。

［七］言天加禮於許而悔禍之。

［八］無寧，寧也。兹，此也。

［九］謁，告也。婦之父曰昏，重昏曰媾。

［一〇］降，降心也。

［一一］絜齊以享，謂之禋。祀謂許山川之祀。

［一二］圉，邊垂也。

［一三］此，今河南新鄭。舊鄭在京兆。

［一四］鄭，亦周之子孫。

［一五］大岳，神農之後，堯四岳也。胤，繼也。

君子謂鄭莊公於是乎有禮。禮，經國家，定社稷，序民人，利後嗣者也。許無刑而伐之，服而舍之，[一] 度德而處之，量力而行之，相時而動，無累後人，[二] 可謂知禮矣。

［一］刑，法也。

［二］我死，乃亟去之，無累後人。

〔左氏附〕

（隱傳·十一·四）

鄭伯使卒出豭，行出犬雞以詛射潁考叔者。[一] 君子謂："鄭莊公失政刑矣。政以治民，刑以正邪，既無德政，又無威刑，是以及邪，[二] 邪而詛之，將何益矣。"

［一］百人爲卒，二十五人爲行，行亦卒之行列，疾射潁考叔者，故令卒及行間皆詛之。

［二］大臣不睦，又不能用刑於邪人。

〔左氏附〕

（隱傳·十一·五）

王取鄔、劉、[一] 蔿、邘之田于鄭，[二] 而與鄭人蘇忿生之田：[三] 溫、[四] 原、[五] 絺、[六] 樊、[七] 隰郕、[八] 欑茅、[九]

向、[一〇]盟、[一一]州、[一二]陘、[一三]隤、[一四]懷。[一五]君子是以知桓王之失鄭也。恕而行之，德之則也，禮之經也。己弗能有而以與人，人之不至，不亦宜乎？[一六]

［一］二邑在河南緱氏縣。西南有鄔聚，西北有劉亭。

［二］蔿、邘，鄭二邑。

［三］蘇忿生，周武王司寇蘇公也。

［四］今溫縣。

［五］在沁水縣西。

［六］在野王縣西南。

［七］一名陽樊，野王縣西南有陽城。

［八］在懷縣西南。

［九］在脩武縣北。

［一〇］軹縣西有地名向上。

［一一］今盟津。

［一二］今州縣。

［一三］闕。

［一四］在脩武縣北。

［一五］今懷縣。凡十二邑，皆蘇忿生之田。欑茅、隤屬汲郡。餘皆屬河内。

［一六］蘇氏叛王，十二邑王所不能有，爲桓五年從王伐鄭張本。

〔左氏附〕

(隱傳·十一·六)

鄭、息有違言，[一]息侯伐鄭。鄭伯與戰于竟，息師大敗而還。[二]君子是以知息之將亡也。不度德，[三]不量力，[四]不親親，[五]不徵辭，不察有罪，[六]犯五不韙而以伐人，

其喪師也，不亦宜乎？[七]

［一］以言語相違恨。

［二］息國，汝南新息縣。

［三］鄭莊賢。

［四］息國弱。

［五］鄭、息，同姓之國。

［六］言語相恨，當明徵其辭，以審曲直，不宜輕鬪。

［七］韙，是也。

〔左氏附〕

（隱傳·十一·七）

冬十月，鄭伯以虢師伐宋，壬戌，大敗宋師以報其入鄭也。[一]宋不告命，故不書。凡諸侯有命，告則書，不然則否。[二]師出臧否亦如之。[三]雖及滅國，滅不告敗，勝不告克，不書于策。

［一］入鄭在十年。

［二］命者，國之大事政令也。承其告辭，史乃書之於策。若所傳聞行言，非將君命，則記在簡牘而已，不得記於典策，此蓋周禮之舊制。

［三］臧否，謂善惡得失也。滅而告敗，勝而告克，此皆互言，不須兩告乃書。

〔隱經·十一·四〕

冬十有一月壬辰，公薨。[一]

［一］實弒書"薨"，又不地者，史策所諱也。

（隱傳·十一·八）

羽父請殺桓公，將以求大宰。[一]公曰："爲其少故也，吾將授之矣。[二]使營菟裘，吾將老焉。"[三]羽父懼，反譖公于桓公而請弒之。公之爲公子也，與鄭人戰于狐壤，止焉。[四]鄭人囚諸尹氏。[五]賂尹氏而禱於其主鍾巫，[六]遂與尹氏歸而立其主。[七]十一月，公祭鍾巫，齊于社圃。[八]館于寪氏。[九]壬辰，羽父使賊弒公于寪氏。立桓公而討寪氏，有死者。[一〇]不書"葬"，不成喪也。[一一]

[一] 大宰，官名。

[二] 授桓位。

[三] 菟裘，魯邑，在泰山梁父縣南。不欲復居魯朝，故別營外邑。

[四] 内諱獲，故言"止"。狐壤，鄭地。

[五] 尹氏，鄭大夫。

[六] 主，尹氏所主祭。

[七] 立鍾巫於魯。

[八] 社圃，園名。

[九] 館，舍也。寪氏，魯大夫。

[一〇] 欲以弒君之罪加寪氏，而復不能正法誅之。《傳》言進退無據。

[一一] 桓弒隱篡位，故喪禮不成。

春秋左氏經傳集解桓公第二

春秋左氏經傳集解桓公第二

杜　氏

桓公元年

〔桓經·元·一〕

元年春王正月，公即位。[一]

［一］嗣子位定於初喪而改元必須踰年者，繼父之業，成父之志，不忍有變於中年也。諸侯每首歲必有禮於廟，諸遭喪繼位者因此而改元正位，百官以序，故國史亦書即位之事於策。桓公篡立而用常禮，欲自同於遭喪繼位者。《釋例》論之備矣。

（桓傳·元·一）

元年，春公即位，修好于鄭。鄭人請復祀周公，卒易祊田。[一]公許之。

［一］事在隱八年。

〔桓經·元·二〕

三月，公會鄭伯于垂。鄭伯以璧假許田。

（桓傳·元·二）

三月，鄭伯以璧假許田，爲周公，祊故也。[一]

［一］魯不宜聽鄭祀周公，又不宜易取祊田，犯二不宜以動，故隱其實。不言祊，稱璧假，言若進璧以假田，非久易也。

〔桓經·元·三〕

夏四月丁未，公及鄭伯盟于越。[一]

［一］公以篡立而脩好於鄭，鄭因而迎之，成禮於垂，終易二田，然後結盟。垂，犬丘，衛地也。越，近垂，地名。鄭求祀周公，魯聽受祊田，令鄭廢泰山之祀，知其非禮，故以"璧假"爲文，時之所隱。

（桓傳·元·三）

夏四月丁未，公及鄭伯盟于越，結祊成也。[一]盟曰："渝盟，無享國。"[二]

［一］結成易二田之事也。《傳》以《經》不書祊，故獨見祊。

［二］渝，變也。

〔桓經·元·四〕

秋，大水。[一]

［一］書，災也。《傳》例曰："凡平原出水爲大水。"

（桓傳·元·四）

秋，大水。凡平原出水爲大水。[一]

［一］廣平曰原。

〔桓經·元·五〕

冬，十月。

〔左氏附〕

（桓傳·元·五）

冬，鄭伯拜盟。[一]

［一］鄭伯若自來，則《經》不書。若遣使則當言“鄭人”，不得稱“鄭伯”。疑謬誤。

〔左氏附〕

（桓傳·元·六）

宋華父督見孔父之妻于路，[一]目逆而送之曰：“美而豔。”[二]

［一］華父督，宋戴公孫也。孔父嘉，孔子六世祖。

［二］色美曰豔。

桓公二年

〔桓經 · 二 · 一〕

二年春王正月戊申，宋督弑其君與夷及其大夫孔父。[一]

［一］稱督以弑，罪在督也。孔父稱名者，内不能治其閨門，外取怨於民，身死而禍及其君。

（桓傳 · 二 · 一）

二年春，宋督攻孔氏，殺孔父而取其妻。公怒，督懼，遂弑殤公。君子以督爲有無君之心而後動於惡，[一]故先書"弑其君"。

［一］雖有君，若無也。

〔桓經 · 二 · 二〕

滕子來朝。[一]

［一］無《傳》。隱十一年稱侯，今稱子者，蓋時王所黜。

〔桓經 · 二 · 三〕

三月，公會齊侯、陳侯、鄭伯于稷，以成宋亂。[一]

［一］成，平也。宋有弑君之亂，故爲會，欲以平之。稷，宋地。

（桓傳 · 二 · 二）

會于稷，以成宋亂，爲賂故，立華氏也。[一]宋殤公立十年，十一戰，[二]民不堪命。孔父嘉爲司馬，督爲大宰，故因民之不堪命，先宣言曰："司馬則然。"[三]已殺孔父而弑殤公。召莊公于鄭而立之以親鄭。[四]以郜大鼎賂公，[五]

齊、陳、鄭皆有賂，故遂相宋公。

［一］《經》稱平宋亂者，蓋以魯君受賂立華氏，貪縱之甚，惡其指斥，故遠言始與齊、陳、鄭爲會之本意也。《傳》言爲賂故，立華氏，明《經》本書平宋亂，爲公諱，諱在受賂立華氏也。猶璧假許田爲周公祊故，所謂"婉而成章"，督未死而賜族，督之妄也。

［二］殤公以隱四年立，十一戰皆在隱公世。

［三］言公之數戰，則司馬使爾。嘉，孔父字。

［四］莊公，公子馮也。隱三年出居于鄭，馮入宋不書，不告也。

［五］郜國所造器也，故繫名於郜，濟陰城武縣東南有北郜城。

〔桓經·二·四〕

夏四月，取郜大鼎于宋。

（桓傳·二·三）

夏四月，取郜大鼎于宋。

〔桓經·二·五〕

戊申，納于大廟。［一］

［一］宋以鼎賂公。大廟，周公廟也。始欲平宋之亂，終於受賂，故備書之。戊申，五月十日。

（桓傳·二·四）

戊申，納于大廟，非禮也。臧哀伯諫曰：［一］"君人者，將昭德塞違以臨照百官，猶懼或失之，故昭令德以示子孫，是以清廟茅屋，［二］大路越席。［三］大羹不致，［四］粢食不鑿，［五］昭其儉也。［六］衮、冕、黻、珽，［七］帶、裳、幅、舄，[八]衡、紞、紘、綖，[九]昭其度也。[一〇]藻、率、鞞、鞛，[一一]鞶、厲、游、纓，[一二]昭其數也。[一三]火、龍、黼、黻，[一四]昭其文也。[一五]五色比象，昭其物也。[一六]鍚、鸞、和、鈴〔一〕，昭其聲也。[一七]三辰旂旗，昭其明也。[一八]夫德，儉而有度，登降有數。[一九]文、物以紀之，聲明以發之，以臨照百官，百官於是乎戒懼而不敢易紀律。今滅德立違，[二〇]而寘其賂器於大廟，以明示百官，百官象之，其又何誅焉？國家之敗，由官邪也。官之失德，寵賂章也。郜鼎在廟，章孰甚焉。武王克商，遷九鼎于雒邑，[二一]義士猶或非之，[二二]而況將昭違亂之賂器於大廟，其若之何？”公不聽。周内史聞之，曰：“臧孫達其有後於魯乎？君違，不忘諫之以德。”[二三]

[一] 臧哀伯，魯大夫，僖伯之子。

[二] 以茅飾屋，著儉也。清廟，肅然清淨之稱也。

[三] 大路，玉路，祀天車也。越席，結草。

[四] 大羹，肉汁，不致五味。

[五] 黍稷曰粢，不精鑿。

[六] 此四者，皆示儉。

[七] 衮，畫衣也。冕，冠也。黻，韋韠以蔽膝也。珽，玉笏也，若今吏之持簿。

[八] 帶，革帶也，衣下曰裳，幅若今行縢者。舄，複履。

[九] 衡，維持冠者。紞，冠之垂者。紘，纓從下而上者。綖，冠上覆。

[一〇] 尊卑各有制度。

[一一] 藻率，以韋爲之，所以藉玉也。王五采，公、侯、伯三

〔一〕 鍚鸞和鈴 “鍚”，興國軍本作“錫”，注不誤。

采，子、男二采。鞞，佩刀削上飾。鞛，下飾。

［一二］鞶，紳帶也，一名大帶。厲，大帶之垂者。游，旌旗之游。纓，在馬膺前如索帬。

［一三］尊卑各有數。

［一四］火，畫火也。龍，畫龍也。白與黑謂之黼，形若斧。黑與青謂之黻，兩已相戾。

［一五］以文章明貴賤。

［一六］車服器械之有五色，皆以比象天地四方，以示器物不虛設。

［一七］鍚在馬額，鸞在鑣，和在衡，鈴在旂，動皆有鳴聲。

［一八］三辰，日、月、星也，畫於旂旗，象天之明。

［一九］登降，謂上下尊卑。

［二〇］謂立華督違命之臣。

［二一］九鼎，殷所受夏九鼎也。武王克商，乃營雒邑，而後去之。又遷九鼎焉。時但營洛邑，未有都城。至周公乃卒營雒邑，謂之王城，即今河南城也。故《傳》曰："成王定鼎于郟鄏。"

［二二］蓋伯夷之屬。

［二三］内史，周大夫官也。僖伯諫隱觀魚，其子哀伯諫桓納鼎。積善之家，必有餘慶。故曰"其有後於魯"。

〔桓經·二·六〕

秋七月，杞侯來朝。[一]

［一］公即位而來朝。

(桓傳·二·五)

秋七月，杞侯來朝，不敬。杞侯歸乃謀伐之。

〔桓經·二·七〕

蔡侯、鄭伯會于鄧。[一]

[一] 潁川召陵縣西南有鄧城。

(桓傳·二·六)

蔡侯、鄭伯會于鄧，始懼楚也。[一]

[一] 楚國，今南郡江陵縣北紀南城也。楚武王始僭號稱王，欲害中國，蔡、鄭，姬姓，近楚，故懼而會謀。

〔桓經·二·八〕

九月，入杞。[一]

[一] 不稱主帥，微者也。弗地曰入。

(桓傳·二·七)

九月，入杞，討不敬也。

〔桓經·二·九〕

公及戎盟于唐。

(桓傳·二·八)

公及戎盟于唐，脩舊好也。[一]

[一] 惠，隱之好。

〔桓經 · 二 · 十〕

冬，公至自唐。[一]

［一］《傳》例曰："告于廟也。"特相會，故致地也。凡公行，還不書"至"者，皆不告廟也。隱不書"至"，謙不敢自同於正君，書勞策勳。

(桓傳 · 二 · 九)

冬，公至自唐，告于廟也。凡公行，告于宗廟。反行，飲至，舍爵，策勳焉，禮也。[一]特相會，往來稱地，讓事也。[二]自參以上，則往稱地，來稱會，成事也。[三]

［一］爵，飲酒器也。既飲置爵，則書勳勞於策，言速紀有功也。

［二］特相會，公與一國會也。會必有主，二人獨會，則莫肯爲主，兩讓，會事不成，故但書地。

［三］成會事。

〔左氏附〕

(桓傳 · 二 · 十)

初，晉穆侯之夫人姜氏以條之役生太子，命之曰仇。[一]其弟以千畝之戰生，命之曰成師。[二]師服曰："異哉！君之名子也。[三]夫名以制義，[四]義以出禮，[五]禮以體政，[六]政以正民。是以政成而民聽，易則生亂。[七]嘉耦曰妃，怨耦曰仇，古之命也。[八]今君命大子曰仇，弟曰成師，始兆亂矣，兄其替乎？"[九]

［一］條，晉地。大子，文侯也。意取於戰相仇怨。

［二］桓叔也。西河界休縣南有地名千畝。意取能成其衆。

［三］師服，晉大夫。

［四］名之必可言也。

［五］禮從義出。

［六］政以禮成。

［七］反易禮義則亂生也。

［八］自古有此言。

［九］穆侯愛少子桓叔，俱取於戰以爲名，所附意異，故師服知桓叔之黨必盛於晉以傾宗國，故因名以諷諫。

惠之二十四年，晉始亂，故封桓叔于曲沃。[一]靖侯之孫欒賓傅之。[二]師服曰："吾聞國家之立也，本大而末小，是以能固，故天子建國，[三]諸侯立家，[四]卿置側室，[五]大夫有貳宗，[六]士有隸子弟，[七]庶人、工、商各有分，親皆有等衰。[八]是以民服事其上而下無覬覦。[九]今晉，甸侯也，而建國，本既弱矣，其能久乎？"[一〇]

［一］惠，魯惠公也。晉文侯卒，子昭侯元年危不自安，封成師爲曲沃伯。

［二］靖侯，桓叔之高祖父，言得貴寵，公孫爲傅相。

［三］立諸侯也。

［四］卿、大夫稱家。

［五］側室，衆子也。得立此一官。

［六］適子爲小宗，次者爲貳宗，以相輔貳。

［七］士卑，自以其子弟爲僕隸。

［八］庶人無復尊卑，以親疏爲分別也。衰，殺也。

［九］下不冀望上位。

［一〇］諸侯而在甸服者。

惠之三十年，晉潘父弑昭侯，而納桓叔，不克。[一]晉人立孝侯。[二]

[一] 潘父，晉大夫也。昭侯，文侯子。

[二] 昭侯子也。

惠之四十五年，曲沃莊伯伐翼，弑孝侯。[一]翼人立其弟鄂侯。鄂侯生哀侯，[二]哀侯侵陘庭之田。[三]陘庭南鄙啓曲沃伐翼。

[一] 莊伯，桓叔子。翼，晉國所都。

[二] 鄂侯以隱五年奔隨。其年秋，王立哀侯于翼。

[三] 陘庭，翼南鄙邑。

桓公三年

〔左氏附〕

(桓傳·三·一)

三年春，曲沃武公伐翼，次于陘庭，韓萬御戎，梁弘爲右。[一]逐翼侯于汾隰，[二]驂絓而止。[三]夜獲之，及欒共叔。[四]

[一] 武公，曲沃莊伯子也。韓萬，莊伯弟也。御戎，僕也。右，戎車之右。

[二] 汾隰，汾水邊。

[三] 驂，騑馬。

[四] 共叔，桓叔之傅，欒賓之子也，身傅翼侯。父子各殉所奉之主，故并見獲而死。

〔桓經·三·一〕

三年春正月，公會齊侯于嬴。[一]

[一]《經》之首時必書王，明此歷天王之所班也。其或廢法違常，失不班歷，故不書王。嬴，齊邑，今泰山嬴縣。

(桓傳·三·二)

會于嬴，成昏于齊也。[一]

[一] 公不由媒介，自與齊侯會而成昏，非禮也。

〔桓經·三·二〕

夏，齊侯、衛侯胥命于蒲。[一]

［一］申約言以相命而不歃血也。蒲，衛地，在陳留長垣縣西南。

（桓傳·三·三）

夏，齊侯、衛侯胥命于蒲，不盟也。

〔桓經·三·三〕

六月，公會杞侯于郕。

（桓傳·三·四）

公會杞侯于郕，杞求成也。[一]

［一］二年入杞，故今來求成。

〔桓經·三·四〕

秋七月壬辰朔，日有食之，既。[一]

［一］無《傳》。既，盡也。歷家之説，謂日光以望時遥奪月光，故月食。日月同會，月奄日，故日食。食有上下者，行有高下，日光輪存而中食者，相奄密，故日光溢出。皆既者，正相當而相奄間疏也。然聖人不言月食日而以自食爲文，闕於所不見。

〔桓經·三·五〕

公子翬如齊逆女。[一]

［一］禮，君有故則使卿逆。

（桓傳·三·五）

秋，公子翬如齊逆女，修先君之好，故曰“公子”。[一]

［一］昏禮雖奉時君之命，其言必稱先君以爲禮辭，故公子翬逆女，《傳》稱“修先君之好”。公子遂逆女，《傳》稱尊君命，

互舉其義。

〔桓經·三·六〕

九月，齊侯送姜氏于讙。[一]

［一］讙，魯地，濟北蛇丘縣西有下讙亭。已去齊國，故不言女。未至於魯，故不稱夫人。

〔桓傳·三·六〕

齊侯送姜氏，非禮也。凡公女嫁于敵國，姊妹則上卿送之，以禮於先君；公子則下卿送之；於大國雖公子亦上卿送之；於天子則諸卿皆行，公不自送；於小國則上大夫送之。

〔桓經·三·七〕

公會齊侯于讙。[一]

［一］無《傳》。

〔桓經·三·八〕

夫人姜氏至自齊。[一]

［一］無《傳》。告於廟也。不言翬以至者，齊侯送之，公受之於讙。

〔桓經·三·九〕

冬，齊侯使其弟年來聘。

〔桓傳·三·七〕

冬，齊仲年來聘，致夫人也。[一]

［一］古者，女出嫁，又使大夫隨加聘問，存謙敬、序殷勤也。在魯而出則曰致，女在他國而來則揔曰聘，故《傳》以“致夫人”釋之。

〔桓經·三·十〕

有年。[一]

［一］無《傳》。五穀皆熟，書“有年”。

〔左氏附〕

（桓傳·三·八）

芮伯萬之母芮姜惡芮伯之多寵人也，故逐之，出居于魏。[一]

［一］爲明年秦侵芮張本。芮國在馮翊臨晉縣。魏國，河東河北縣。

桓公四年

〔桓經·四·一〕

四年春正月，公狩于郎。〔一〕

［一］冬獵曰狩，行三驅之禮，得田狩之時，故《傳》曰“書時，禮也”。周之春，夏之冬也。田狩從夏時。郎非國内之狩地，故書地。

（桓傳·四·一）

四年春正月，公狩于郎，書時，禮也。〔一〕

［一］郎非狩地，故唯時合禮〔一〕。

〔桓經·四·二〕

夏，天王使宰渠伯糾來聘。〔一〕

［一］宰，官。渠，氏。伯糾，名也。王官之宰，當以才授位，而伯糾攝父之職出聘列國，故書名以譏之。國史之記，必書年以集此公之事，書首時以成此年之歲，故《春秋》有空時而無事者。今不書秋冬首月，史闕文。他皆放此。

（桓傳·四·二）

夏，周宰渠伯糾來聘。父在，故名。

〔一〕故唯時合禮　“唯”，興國軍本同。按，阮校曰：“岳本‘書’作‘唯’，非。陳樹華云：‘天放菴翻岳本改作“書”，不誤。’”

〔左氏附〕

（桓傳·四·三）

秋，秦師侵芮，敗焉，小之也。[一]

［一］秦以芮小輕之，故爲芮所敗。

〔左氏附〕

（桓傳·四·四）

冬，王師、秦師圍魏，執芮伯以歸。[一]

［一］三年，芮伯出居魏，芮更立君。秦爲芮所敗，故以芮伯歸，將欲納之。

桓公五年

〔桓經·五·一〕

五年春正月甲戌、己丑，陳侯鮑卒。[一]

［一］未同盟而書名者，來赴以名故也。甲戌，前年十二月二十一日。己丑，此年正月六日。陳亂，故再赴，赴雖日異而皆以正月起文，故但書“正月”，慎疑審事，故從赴兩書。

(桓傳·五·一)

五年春正月甲戌、己丑，陳侯鮑卒，再赴也。於是陳亂，文公子佗殺大子免而代之。[一]公疾病而亂作，國人分散，故再赴。

［一］佗，桓公弟，五父也。稱文公子，明佗非桓公母弟也。免，桓公大子。

〔桓經·五·二〕

夏，齊侯、鄭伯如紀。[一]

［一］外相朝，皆言如。齊欲滅紀，紀人懼而來告，故書。

(桓傳·五·二)

夏，齊侯、鄭伯朝于紀，欲以襲之，紀人知之。

〔左氏附〕

(桓傳·五·三)

王奪鄭伯政，鄭伯不朝。[一]

［一］奪，不使知王政。

〔桓經・五・三〕

天王使仍叔之子來聘。[一]

［一］仍叔，天子之大夫。稱仍叔之子，本於父字，幼弱之辭也。譏使童子出聘。

（桓傳・五・五）

仍叔之子，弱也。[一]

［一］仍叔之子來聘，童子將命，無速反之心，久留在魯，故《經》書夏聘，《傳》釋之於末秋。

〔桓經・五・四〕

葬陳桓公。[一]

［一］無《傳》。

〔桓經・五・五〕

城祝丘。[一]

［一］無《傳》。齊、鄭將襲紀故。

〔桓經・五・六〕

秋，蔡人、衛人、陳人從王伐鄭。[一]

［一］王自爲伐鄭之主，君臣之辭也。王師敗，不書，不以告。

（桓傳・五・四）

秋，王以諸侯伐鄭。鄭伯禦之，王爲中軍，虢公林父將右軍，蔡人、衛人屬焉。[一]周公黑肩將左軍，陳人屬焉。[二]鄭子元請爲左拒以當蔡人、衛人，[三]爲右拒以當陳人，曰："陳亂，民莫有鬭心。若先犯之，必奔。王卒顧之，必亂。蔡、衛不枝，固將先奔。[四] 既而萃於王卒，可以集事。”從之。[五] 曼伯爲右拒，[六] 祭仲足爲左拒，原繁、高渠彌以中軍奉公，爲魚麗之陳，先偏後伍，伍承彌縫，[七] 戰于繻葛，[八] 命二拒曰：“旝動而鼓。”[九] 蔡、衛、陳皆奔，王卒亂。鄭師合以攻之，王卒大敗，祝聃射王中肩，王亦能軍。[一〇] 祝聃請從之。公曰：“君子不欲多上人，況敢陵天子乎？苟自救也，社稷無隕多矣。”[一一] 夜，鄭伯使祭足勞王，且問左右。[一二]

[一] 虢公林父，王卿士。

[二] 黑肩，周桓公也。

[三] 子元，鄭公子。拒，方陳。

[四] 不能相枝持也。

[五] 萃，聚也。集，成也。

[六] 曼伯，檀伯。

[七]《司馬法》：車戰，二十五乘爲偏，以車居前，以伍次之，承偏之隙而彌縫闕漏也。五人爲伍，此蓋魚麗陳法。

[八] 繻葛，鄭地。

[九] 旝，旃也，通帛爲之，蓋今大將之麾也，執以爲號令。

[一〇] 雖軍敗身傷，猶殿而不奔，故言能軍。

[一一] 鄭於此收兵自退。

[一二] 祭足即祭仲之字，蓋名仲，字仲足也。勞王，問左右，言鄭志在苟免，王討之，非也。

〔桓經·五·七〕

大雩。[一]

［一］《傳》例曰："書，不時也。"失龍見之時。

（桓傳·五·六）

秋，大雩。書，不時也。[一] 凡祀，啓蟄而郊，[二] 龍見而雩，[三] 始殺而嘗，[四] 閉蟄而烝，[五] 過則書。[六]

［一］十二公《傳》唯此年及襄二十六年有兩秋，此發雩祭之例，欲顯天時以指事，故重言秋異於凡事。

［二］言凡祀，通下三句天地宗廟之事也。啓蟄，夏正建寅之月，祀天南郊。

［三］龍見，建巳之月。蒼龍宿之體，昏見東方，萬物始盛，待雨而大，故祭天遠爲百穀祈膏雨。

［四］建酉之月，陰氣始殺，嘉穀始熟，故薦嘗於宗廟。

［五］建亥之月，昆蟲閉户，萬物皆成，可薦者衆，故烝祭宗廟。《釋例》論之備矣。

［六］卜日有吉否，過次節則書，以譏慢也。

〔桓經·五·八〕

螽。[一]

［一］無《傳》。蚣蝑之屬。爲災，故書。

〔桓經·五·九〕

冬，州公如曹。[一]

［一］不書奔，以朝出也。爲下實來書也。曹國，今濟陰定陶縣。

（桓傳·五·七）

冬，淳于公如曹，度其國危，遂不復。[一]

［一］淳于，州國所都，城陽淳于縣也。國有危難，不能自安，故出朝而遂不還。

桓公六年

〔桓經·六·一〕

六年春正月，寔來。[一]

［一］寔，實也。不言州公者，承上五年冬《經》如曹。間無異事，省文從可知。

（桓傳·六·一）

六年春，自曹來朝。書曰“寔來”，不復其國也。[一]

［一］亦承五年冬《傳》，“淳于公如曹”也。言奔則來行朝禮，言朝則遂留不去，故變文言實來。

〔左氏附〕

（桓傳·六·二）

楚武王侵隨。[一]使薳章求成焉，[二]軍於瑕以待之。[三]隨人使少師董成。[四]鬬伯比言于楚子曰：“吾不得志於漢東也，我則使然。[五]我張吾三軍，而被吾甲兵，以武臨之，彼則懼而協以謀我，故難間也。漢東之國隨爲大，隨張必棄小國。[六]小國離，楚之利也。少師侈，請羸師以張之。”[七]熊率且比曰：“季梁在，何益？”[八]鬬伯比曰：“以爲後圖，少師得其君。”[九]王毁軍而納少師。[一〇]

［一］隨國，今義陽隨縣。

［二］薳章，楚大夫。

［三］瑕，隨地。

［四］少師，隨大夫。董，正也。

［五］鬭伯比，楚大夫，令尹子文之父。

［六］張，自侈大也。

［七］羸，弱也。

［八］熊率且比，楚大夫。季梁，隨賢臣。

［九］言季梁之諫，不過一見從。隨侯卒當以少師爲計，故云“以爲後圖”。二年，蔡侯、鄭伯會于鄧，始懼楚。楚子自此遂盛，終於抗衡中國，故《傳》備言其事以終始之。

［一〇］從伯比之謀。

少師歸，請追楚師，隨侯將許之。[一]季梁止之曰：“天方授楚，楚之羸，其誘我也，君何急焉。臣聞小之能敵大也，小道大淫，所謂道，忠於民而信於神也。上思利民，忠也；祝史正辭，信也。[二]今民餒而君逞欲，[三]祝史矯舉以祭，臣不知其可也。”[四]公曰：“吾牲牷肥腯，粢盛豐備，何則不信？”[五]對曰：“夫民，神之主也，[六]是以聖王先成民而後致力於神。故奉牲以告曰‘博碩肥腯’，謂民力之普存也；[七]謂其畜之碩大，蕃滋也；謂其不疾，瘯蠡也；謂其備腯，咸有也。[八]奉盛以告曰‘絜粢豐盛’，謂其三時不害而民和年豐也。[九]奉酒醴以告曰‘嘉栗旨酒’，[一〇]謂其上下皆有嘉德，而無違心也。所謂馨香，無讒慝也。[一一]故務其三時，脩其五教，[一二]親其九族，以致其禋祀，[一三]於是乎民和而神降之福，故動則有成。今民各有心，而鬼神乏主，[一四]君雖獨豐，其何福之有？君姑脩政而親兄弟之國，庶免於難。”隨侯懼而修政，楚不敢伐。

［一］信楚弱也。

［二］正辭，不虛稱君美。

［三］逞，快也。

［四］詐稱功德以欺鬼神。

［五］牲，牛、羊、豕也。牷，純色完全也。腯，亦肥也。黍稷曰粢，在器曰盛。

［六］言鬼神之情依民而行。

［七］博，廣也。碩，大也。

［八］雖告神以博碩肥腯，其實皆當兼此四謂，民力適完，則六畜既大而滋也。皮毛無疥癬，兼備而無有所闕。

［九］三時，春、夏、秋。

［一〇］嘉，善也。栗，謹敬也。

［一一］馨，香之遠聞。

［一二］父義、母慈、兄友、弟恭、子孝。

［一三］禋，絜敬也。九族，謂外祖父、外祖母、從母子，及妻父、妻母，姑之子、姊妹之子、女子之子，并己之同族，皆外親有服而異族者也。

［一四］民饑餒也。

〔桓經·六·二〕

夏四月，公會紀侯于成。［一］

［一］成，魯地，在泰山鉅平縣東南。

（桓傳·六·三）

夏，會于成，紀來諮謀齊難也。［一］

［一］齊欲滅紀，故來謀之。

〔左氏附〕

（桓傳·六·四）

北戎伐齊，齊侯使乞師于鄭。鄭大子忽帥師救齊。六月，大敗戎師，獲其二帥大良、少良，甲首三百，以獻於齊。[一]於是諸侯之大夫戍齊，齊人饋之餼。[二]使魯爲其班，後鄭。[三]鄭忽以其有功也，怒，故有郎之師。[四]公之未昏於齊也，齊侯欲以文姜妻鄭大子忽，大子忽辭。人問其故，大子曰："人各有耦，齊大，非吾耦也。《詩》云'自求多福'，[五]在我而已，大國何爲。"君子曰："善自爲謀。"[六]及其敗戎師也，齊侯又請妻之，[七]固辭，人問其故。大子曰："無事於齊，吾猶不敢。今以君命奔齊之急，而受室以歸，是以師昏也。民其謂我何？"[八]遂辭諸鄭伯。[九]

［一］甲首，被甲者首。

［二］生曰餼。

［三］班，次也。魯親班齊饋，則亦使大夫戍齊矣。《經》不書，蓋史闕文。

［四］郎師在十年。

［五］《詩·大雅·文王》。言求福由己，非由人也。

［六］言獨絜其身，謀不及國。

［七］欲以他女妻之〔一〕。

［八］言必見怪於民〔二〕。

［九］假父之命以爲辭，爲十一年鄭忽出奔衛《傳》。

〔一〕欲以他女妻之　"他"，興國軍本作"佗"。

〔二〕言必見怪於民　"必"，原作"忽"，據興國軍本改。

〔桓經·六·三〕

秋八月壬午，大閱。[一]

［一］齊爲大國，以戎事徵諸侯之戍，嘉美鄭忽，而忽欲以有功爲班，怒而訴齊，魯人懼之，故以非時簡車馬。

(桓傳·六·五)

秋，大閱，簡車馬也。

〔桓經·六·四〕

蔡人殺陳佗。[一]

［一］佗立踰年不稱爵者，篡立未會諸侯也。《傳》例在莊二十二年。

〔桓經·六·五〕

九月丁卯，子同生。[一]

［一］桓公子莊公也〔一〕。十二公唯子同是適夫人之長子，備用大子之禮，故史書之於策，不稱大子者，書始生也。

(桓傳·六·六)

九月丁卯，子同生，以大子生之禮舉之，接以大牢。[一]卜士負之，士妻食之，[二]公與文姜、宗婦命之。[三]公問名於申繻，對曰："名有五，有信，有義，有象，有假，有類。[四]以名生爲信，[五]以德命爲義，[六]以類命爲象，[七]取於物爲假，[八]取於父爲類。[九]不以國，[一〇]不以官，不以山川，不以隱疾，[一一]不以畜牲，[一二]不以

〔一〕桓公子莊公也　"桓"，原作"指"。興國軍本作"桓"，蓋"桓"字闕末筆諱。阮刻本不誤。

器幣。[一三]周人以諱事神，名，終將諱之。[一四]故以國則廢名，[一五]以官則廢職，以山川則廢主，[一六]以畜牲則廢祀，[一七]以器幣則廢禮。晉以僖侯廢司徒，[一八]宋以武公廢司空〔一〕，[一九]先君獻、武廢二山，[二〇]是以大物不可以命。”公曰：“是其生也，與吾同物，命之曰同。”[二一]

［一］大牢，牛、羊、豕也，以禮接夫人，重適也。

［二］禮，世子生三日，卜士負之，射人以桑弧蓬矢射四方。卜士之妻爲乳母。

［三］世子生三月，君夫人沐浴於外寢，立於阼階，西鄉。世婦抱子升自西階，君命之，乃降。蓋同宗之婦。

［四］申繻，魯大夫。

［五］若唐叔虞，魯公子友。

［六］若文王名昌，武王名發。

［七］若孔子首象尼丘。

［八］若伯魚生，人有饋之魚，因名之曰鯉。

［九］若子同生有與父同者。

［一〇］國君之子不自以本國爲名也。

［一一］隱痛疾患，辟不祥也。

［一二］畜牲，六畜。

［一三］幣，玉帛。

［一四］君父之名固非臣子所斥，然禮既卒哭，以木鐸徇曰“舍故而諱新”，謂舍親盡之祖而諱新死者，故言以諱事神。名，終將諱之，自父至高祖皆不敢斥言。

［一五］國不可易，故廢名。

〔一〕宋以武公廢司空　“武公”，原作“武功”，據石經改。

［一六］改其山川之名。

［一七］名豬則廢豬，名羊則廢羊。

［一八］僖侯名司徒，廢爲中軍。

［一九］武公名司空，廢爲司城。

［二〇］二山，具、敖也。魯獻公名具，武公名敖，更以其鄉名山。

［二一］物，類也。謂同日。

〔桓經·六·六〕

冬，紀侯來朝。

（桓傳·六·七）

冬，紀侯來朝，請王命以求成于齊。公告不能。[一]

［一］紀微弱，不能自通於天子，欲因公以請王命，公無寵於王，故告不能。

桓公七年

〔桓經·七·一〕

七年春二月己亥，焚咸丘。[一]

［一］無《傳》。焚，火田也。咸丘，魯地，高平鉅野縣南有咸亭。譏盡物，故書。

〔桓經·七·二〕

夏，穀伯綏來朝。鄧侯吾離來朝。[一]

［一］不揔稱朝者，各自行朝禮也。穀國在南鄉筑陽縣北。

（桓傳·七·一）

七年春，穀伯、鄧侯來朝。名，賤之也。[一]

［一］辟陋小國，賤之。禮不足，故書名。以春來，夏乃行朝禮，故《經》書"夏"。

〔左氏附〕

（桓傳·七·二）

夏，盟、向求成于鄭，既而背之。[一]

［一］盟、向，二邑名。隱十一年王以與鄭，故求與鄭成。

〔左氏附〕

（桓傳·七·三）

秋，鄭人、齊人、衛人伐盟、向。王遷盟、向之民于郟。[一]

［一］郟，王城。

〔左氏附〕

（桓傳·七·四）

冬，曲沃伯誘晉小子侯殺之。[一]

［一］曲沃伯，武公也。小子侯，哀侯子。

桓公八年

〔桓經·八·一〕

八年春正月己卯，烝。[一]

［一］無《傳》。此夏之仲月，非爲過而書者，爲下五月復烝，見瀆也，例在五年。

〔左氏附〕

（桓傳·八·一）

八年春，滅翼。[一]

［一］曲沃滅之。

〔左氏附〕

（桓傳·八·二）

隨少師有寵，楚鬭伯比曰："可矣。讎有釁，不可失也。"[一]夏，楚子合諸侯于沈鹿，[二]黃、隨不會，[三]使薳章讓黃。[四]楚子伐隨，軍於漢、淮之間。季梁請下之，弗許而後戰，[五]所以怒我而怠寇也。少師謂隨侯曰："必速戰，不然，將失楚師。"隨侯禦之望楚師。[六]季梁曰："楚人上左，君必左，[七]無與王遇。且攻其右，右無良焉，必敗。偏敗，衆乃攜矣。"少師曰："不當王，非敵也。"弗從。[八]戰于速杞，隨師敗績。隨侯逸，[九]鬭丹獲其戎車與其戎右少師。[一〇]秋，隨及楚平，楚子將不許。鬭伯比曰："天去其疾矣，[一一]隨未可克也。"乃盟而還。

［一］釁，瑕隙也。無德者寵，國之釁也。

［二］沈鹿，楚地。

［三］黄國，今弋陽縣。

［四］責其不會。

［五］下之，請服也。

［六］遥見楚師。

［七］君，楚君也。

［八］不從季梁謀。

［九］速杞，隨地。逸，逃也。

［一〇］鬭丹，楚大夫。戎車，君所乘兵車也。戎右，車右也。寵之，故以爲右。

［一一］去疾，謂少師見獲而死。

〔桓經·八·二〕

天王使家父來聘。［一］

［一］無《傳》。家父，天子大夫。家，氏。父，字。

〔桓經·八·三〕

夏五月丁丑，烝。［一］

［一］無《傳》。

〔桓經·八·四〕

秋，伐邾。［一］

［一］無《傳》。

〔桓經 · 八 · 五〕

冬十月，雨雪。[一]

［一］無《傳》。今八月也。書，時失。

〔左氏附〕

（桓傳 · 八 · 三）

冬，王命虢仲立晉哀侯之弟緡于晉。[一]

［一］虢仲，王卿士虢公林父。

〔桓經 · 八 · 六〕

祭公來，遂逆王后于紀。[一]

［一］祭公，諸侯爲天子三公者。王使魯主昏，故祭公來，受命而迎也。天子無外，故因稱王后。卿不書，舉重略輕〔一〕。

（桓傳 · 八 · 四）

祭公來，遂逆王后于紀，禮也。[一]

［一］天子娶於諸侯，使同姓諸侯爲之主。祭公來，受命於魯，故曰"禮"。

〔一〕舉重略輕　"舉"，原作"譽"，據興國軍本改。

桓公九年

〔桓經·九·一〕

九年春，紀季姜歸于京師。[一]

［一］季姜，桓王后也。季，字。姜，紀姓也。書字者，伸父母之尊。

（桓傳·九·一）

九年春，紀季姜歸于京師。凡諸侯之女行，唯王后書。[一]

［一］爲書婦人行例也。適諸侯雖告魯，猶不書。

〔左氏附〕

（桓傳·九·二）

巴子使韓服告于楚，請與鄧爲好。[一]楚子使道朔將巴客以聘於鄧，[二]鄧南鄙鄾人攻而奪之幣，[三]殺道朔及巴行人，楚子使薳章讓於鄧，鄧人弗受。[四]

［一］韓服，巴行人。巴國在巴郡江州縣。

［二］道朔，楚大夫。巴客，韓服。

［三］鄾在今鄧縣南沔水之北。

［四］言非鄾人所攻。

〔桓經·九·二〕

夏四月。

〔左氏附〕

（桓傳·九·三）

夏，楚使鬭廉帥師及巴師圍鄾。[一] 鄧養甥、聃甥帥師救鄾。三逐巴師，不克。[二] 鬭廉衡陳其師於巴師之中，以戰而北。[三] 鄧人逐之，背巴師而夾攻之。[四] 鄧師大敗，鄾人宵潰。[五]

［一］鬭廉，楚大夫。

［二］二甥，皆鄧大夫。

［三］衡，横也。分巴師爲二部，鬭廉横陳於其間以與鄧師戰而僞北。北，走也。

［四］楚師僞走，鄧師逐之。背巴師，巴師攻之，楚師自前還與戰。

［五］宵，夜也。

〔桓經·九·三〕

秋七月。

〔左氏附〕

（桓傳·九·四）

秋，虢仲、芮伯、梁伯、荀侯、賈伯伐曲沃。[一]

［一］梁國在馮翊夏陽縣。荀、賈，皆國名。

〔桓經·九·四〕

冬，曹伯使其世子射姑來朝。[一]

［一］曹伯有疾，故使其子來朝。

(桓傳·九·五)

冬，曹大子來朝，賓之以上卿，禮也。[一] 享曹大子，初獻，樂奏而歎。[二] 施父曰："曹大子其有憂乎？非歎所也。"[三]

[一] 諸侯之適子未誓於天子而攝其君，則以皮帛繼子男，故賓之以上卿，各當其國之上卿。

[二] 酒始獻。

[三] 施父，魯大夫。

桓公十年

〔桓經·十·一〕

十年春王正月庚申，曹伯終生卒。[一]

［一］未同盟而赴以名。

（桓傳·十·一）

十年春，曹桓公卒。[一]

［一］終施父之言。

〔左氏附〕

（桓傳·十·二）

虢仲譖其大夫詹父於王。[一]詹父有辭，以王師伐虢。夏，虢公出奔虞。[二]

［一］虢仲，王卿士。詹父，屬大夫。

［二］虞國在河東大陽縣。

〔桓經·十·二〕

夏五月，葬曹桓公。[一]

［一］無《傳》。

〔桓經·十·三〕

秋，公會衛侯于桃丘，弗遇。[一]

［一］無《傳》。衛侯與公爲會，期中背公，更與齊、鄭。故公獨往而不相遇也。桃丘，衛地，濟北東阿縣東南有桃城。

〔左氏附〕

(桓傳·十·三)

秋，秦人納芮伯萬于芮。[一]

[一]四年圍魏所執者。

〔左氏附〕

(桓傳·十·四)

初，虞叔有玉，[一]虞公求旃，[二]弗獻。既而悔之，曰："周諺有之：'匹夫無罪，懷璧其罪。'[三]吾焉用此，其以賈害也。"[四]乃獻之。又求其寶劍。叔曰："是無厭也。無厭，將及我。"[五]遂伐虞公，故虞公出奔共池。[六]

[一]虞叔，虞公之弟。

[二]旃，之也。

[三]人利其璧，以璧爲罪。

[四]賈，買也。

[五]將殺我。

[六]共池，地名，闕。

〔桓經·十·四〕

冬十有二月丙午，齊侯、衛侯、鄭伯來戰于郎。[一]

[一]改侵伐而書"來戰"，善魯之用周班，惡三國討有辭。

(桓傳·十·五)

冬，齊、衛、鄭來戰于郎。我有辭也。初，北戎病齊，[一]諸侯救之。鄭公子忽有功焉。齊人餼諸侯，使魯次之。魯以周班，後鄭。鄭人怒，請師於齊。齊人以衛師

助之，故不稱侵伐。[二] 先書齊、衛，王爵也。[三]

［一］在六年。

［二］不稱侵伐而以戰爲文，明魯直，諸侯曲，故言我有辭。以禮自釋，交綏而退，無敗績。

［三］鄭主兵而序齊、衛下者，以王爵次之也。《春秋》所以見魯猶秉周禮[一]。

〔一〕春秋所以見魯猶秉周禮 "見"，原作"疑"，據興國軍本改。

桓公十一年

〔桓經·十一·一〕

十有一年春正月，齊人、衛人、鄭人盟于惡曹。[一]

［一］惡曹，地闕。

(桓傳·十一·一)

十一年春，齊、衛、鄭、宋盟于惡曹。[一]

［一］宋不書，《經》闕。

〔左氏附〕

(桓傳·十一·二)

楚屈瑕將盟貳、軫。[一]鄖人軍於蒲騷，將與隨、絞、州、蓼伐楚師，[二]莫敖患之。[三]鬬廉曰："鄖人軍其郊，必不誡，且日虞四邑之至也。[四]君次於郊郢以禦四邑，[五]我以鋭師宵加於鄖。鄖有虞心而恃其城，[六]莫有鬬志，若敗鄖師，四邑必離。"莫敖曰："盍請濟師於王？"[七]對曰："師克在和不在衆，商、周之不敵，君之所聞也。[八]成軍以出，又何濟焉？"莫敖曰："卜之。"對曰："卜以決疑，不疑，何卜？"遂敗鄖師於蒲騷。卒盟而還。[九]

［一］貳、軫，二國名。

［二］鄖國在江夏，雲杜縣東南有鄖城。蒲騷，鄖邑。絞，國名。州國在南郡華容縣東南。蓼國，今義陽棘陽縣東南湖陽城。

［三］莫敖，楚官名，即屈瑕。

［四］虞，度也。四邑，隨、絞、州、蓼也。邑亦國也。

［五］君，謂屈瑕也。郊郢，楚地。

［六］恃近其城。

［七］盍，何不也。濟，益也。

［八］商，紂也。周，武王也。《傳》曰："武王有亂臣十人[一]，紂有億兆夷人。"

［九］卒盟貳、軫。

〔桓經·十一·二〕

夏五月癸未，鄭伯寤生卒。[一]

［一］同盟於元年，赴以名。

（桓傳·十一·三）

鄭昭公之敗北戎也，[一] 齊人將妻之，昭公辭。祭仲曰："必取之。君多內寵，子無大援，將不立，三公子皆君也。"[二] 弗從。夏，鄭莊公卒。

［一］在六年。

［二］子突、子亹、子儀之母，皆有寵。

〔桓經·十一·三〕

秋七月，葬鄭莊公。[一]

［一］無《傳》。三月而葬，速。

〔桓經·十一·四〕

九月，宋人執鄭祭仲。[一]

〔一〕 武王有亂臣十人　按，阮校曰："陳樹華云：'"臣"字疑轉寫者所增。'是也。説詳襄二十八年。"

［一］祭，氏。仲，名。不稱行人，聽迫脅以逐君，罪之也。行人，例在襄十一年，《釋例》詳之。

(桓傳·十一·四)

初，祭封人仲足有寵於莊公，[一]莊公使爲卿。爲公娶鄧曼，生昭公，故祭仲立之。[二]宋雍氏女於鄭莊公，曰雍姞，生厲公。[三]雍氏宗有寵於宋莊公，故誘祭仲而執之，[四]曰："不立突，將死。"亦執厲公而求賂焉。祭仲與宋人盟，以厲公歸而立之。

［一］祭，鄭地。陳留長垣縣東北有祭城。封人，守封疆者，因以所守爲氏。

［二］曼，鄧姓。

［三］雍氏，姞姓，宋大夫也。以女妻人曰女。

［四］祭仲之如宋，非會非聘，見誘而以行人應命。

〔桓經·十一·五〕

突歸于鄭。[一]

［一］突，厲公也，爲宋所納，故曰"歸"，例在成十八年。不稱公子，從告也。文連祭仲，故不言鄭。

〔桓經·十一·六〕

鄭忽出奔衛。[一]

［一］忽，昭公也。莊公既葬，不稱爵者，鄭人賤之，以名赴。

(桓傳·十一·五)

秋九月丁亥，昭公奔衛。己亥，厲公立。

〔桓經·十一·七〕

柔會宋公、陳侯、蔡叔盟于折。[一]

［一］無《傳》。柔，魯大夫未賜族者。蔡叔，蔡大夫，叔，名也。折，地闕。

〔桓經·十一·八〕

公會宋公于夫鍾。[一]

［一］無《傳》。夫鍾，成地。

〔桓經·十一·九〕

冬十有二月，公會宋公于闞。[一]

［一］無《傳》。闞，魯地，在東平須昌縣東南。

桓公十二年

〔桓經 · 十二 · 一〕

十有二年春正月。

〔桓經 · 十二 · 二〕

夏六月壬寅，公會杞侯、莒子盟于曲池。[一]

［一］曲池，魯地。魯國汶陽縣北有曲水亭。

(桓傳 · 十二 · 一)

十二年夏，盟于曲池，平杞、莒也。[一]

［一］隱四年莒人伐杞，自是遂不平。

〔桓經 · 十二 · 三〕

秋七月丁亥，公會宋公、燕人盟于穀丘。[一]

［一］穀丘，宋地。燕人，南燕大夫。

(桓傳 · 十二 · 二)

公欲平宋、鄭。秋，公及宋公盟于句瀆之丘。[一]

［一］句瀆之丘，即穀丘也。宋以立厲公故，多責賂於鄭。鄭人不堪，故不平。

〔桓經 · 十二 · 四〕

八月壬辰，陳侯躍卒。[一]

［一］無《傳》。厲公也。十一年與魯大夫盟於折，不書葬，魯不會也。壬辰，七月二十三日，書於八月，從赴。

〔桓經·十二·五〕

公會宋公于虛。〔一〕

［一］虛，宋地。

(桓傳·十二·三)

宋成未可知也，故又會于虛。

〔桓經·十二·六〕

冬十有一月，公會宋公于龜。〔一〕

［一］龜，宋地。

(桓傳·十二·四)

冬，又會于龜。

〔桓經·十二·七〕

丙戌，公會鄭伯，盟于武父。〔一〕

［一］武父，鄭地，陳留濟陽縣東北有武父城。

(桓傳·十二·五)

宋公辭平，故與鄭伯盟于武父。〔一〕

［一］宋公貪鄭賂，故與公三會而卒辭不與鄭平。

〔桓經·十二·八〕

丙戌，衛侯晉卒。〔一〕

［一］無《傳》。重書"丙戌"，非義例，因史成文也。未同盟而赴以名。

〔桓經·十二·九〕

十有二月，及鄭師伐宋。丁未，戰于宋。[一]

［一］既書“伐宋”，又重書“戰”者，以見宋之無信也。莊十一年《傳》例曰：“皆陳曰戰。”尤其無信，故以獨戰爲文。

（桓傳·十二·六）

遂帥師而伐宋，戰焉，宋無信也。君子曰：“苟信不繼，盟無益也。《詩》云：‘君子屢盟，亂是用長。’無信也。”[一]

［一］《詩·小雅》，言無信故數盟，數盟則情疏，情疏而憾結，故云長亂。

〔左氏附〕

（桓傳·十二·七）

楚伐絞，軍其南門。莫敖屈瑕曰：“絞小而輕，輕則寡謀。請無扞采樵者以誘之。”[一]從之。絞人獲三十人。[二]明日，絞人爭出，驅楚役徒於山中。楚人坐其北門而覆諸山下，[三]大敗之，爲城下之盟而還。[四]

［一］扞，衛也。樵，薪也。

［二］獲楚人也。

［三］坐猶守也。覆，設伏兵而待之。

［四］城下盟，諸侯所深耻。

〔左氏附〕

（桓傳·十二·八）

伐絞之役，楚師分涉於彭。[一]羅人欲伐之，使伯嘉諜之，三巡數之。[二]

［一］彭水，在新城昌魏縣。

［二］羅，熊姓國，在宜城縣西山中，後徙南郡枝江縣。伯嘉，羅大夫。諜，伺也。巡，徧也。巡，徧也。

桓公十三年

〔左氏附〕

(桓傳·十三·一)

十三年春，楚屈瑕伐羅，鬬伯比送之。還謂其御曰:“莫敖必敗。舉趾高，心不固矣。”〔一〕遂見楚子曰:“必濟師。”〔二〕楚子辭焉。〔三〕入告夫人鄧曼。鄧曼曰:“大夫其非衆之謂，〔四〕其謂君撫小民以信，訓諸司以德，而威莫敖以刑也。莫敖狃於蒲騷之役，將自用也，〔五〕必小羅。君若不鎮撫，其不設備乎? 夫固謂君訓衆而好鎮撫之，〔六〕召諸司而勸之以令德，〔七〕見莫敖而告諸天之不假易也。〔八〕不然，夫豈不知楚師之盡行也?”楚子使賴人追之，不及。〔九〕

［一］趾，足也。

［二］難言屈瑕將敗，故以益師諷諫。

［三］不解其旨，故拒之。

［四］鄧曼，楚武王夫人。言伯比意不在於益衆〔一〕。

［五］狃，忕也〔二〕。蒲騷役在十一年。

［六］撫小民以信也。

［七］訓諸司以德也。

［八］諸，之也，言天不借貸慢易之人，威莫敖以刑也〔三〕。

［九］賴國在義陽隨縣。賴人，仕於楚者。

〔一〕言伯比意不在於益衆　興國軍本“衆”後有“也”字。

〔二〕忕也　“忕”，原從忄從犬，興國軍本同。據字書正。

〔三〕威莫敖以刑也　“刑”，原作“别”，據興國軍本改。

莫敖使徇于師曰："諫者有刑。"[一]及鄢，亂次以濟，[二]遂無次且不設備。及羅，羅與盧戎兩軍之，[三]大敗之。莫敖縊于荒谷，[四]群帥囚于冶父以聽刑。楚子曰："孤之罪也。"皆免之。

［一］徇，宣令也。

［二］鄢水，在襄陽宜城縣入漢。

［三］盧戎，南蠻。

［四］縊，自經也。荒谷、冶父，皆楚地。

〔桓經·十三·一〕

十有三年春二月，公會紀侯、鄭伯。己巳，及齊侯、宋公、衛侯、燕人戰，齊師、宋師、衛師、燕師敗績。[一]

［一］大崩曰敗績，例在莊十一年。或稱人，或稱師，史異辭也。衛宣公未葬，惠公稱侯以接鄰國，非禮也。

（桓傳·十三·二）

宋多責賂於鄭，[一]鄭不堪命，故以紀、魯及齊與宋、衛、燕戰。不書所戰，後也。[二]

［一］立突賂。

［二］公後地期而及其戰，故不書所戰之地。

〔左氏附〕

（桓傳·十三·三）

鄭人來請脩好。

〔桓經·十三·二〕

三月，葬衛宣公。[一]

[一]無《傳》。

〔桓經·十三·三〕

夏，大水。[一]

[一]無《傳》。

〔桓經·十三·四〕

秋七月。

〔桓經·十三·五〕

冬十月。[一]

[一]無《傳》。

桓公十四年

〔桓經·十四·一〕

十有四年春正月，公會鄭伯于曹。[一]

［一］脩十二年武父之好，以曹地，曹與會。

（桓傳·十四·一）

十四年春，會于曹，曹人致餼，禮也。[一]

［一］熟曰饔，生曰餼。

〔桓經·十四·二〕

無冰。[一]

［一］無《傳》。書，時失。

〔桓經·十四·三〕

夏五，[一]**鄭伯使其弟語來盟。**

［一］不書月，闕文。

（桓傳·十四·二）

夏，鄭子人來尋盟，且脩曹之會。[一]

［一］子人，即弟語也，其後爲子人氏。

〔桓經·十四·四〕

秋八月壬申，御廩災。[一]**乙亥，嘗。**[二]

［一］御廩，公所親耕以奉粢盛之倉也。天火曰災，例在宣十六年。

［二］先其時，亦過也。既戒日致齊，御廩雖災，苟不害嘉穀，則祭不應廢，故書以示法。

（桓傳・十四・三）

秋八月壬申，御廩災。乙亥，嘗。書，不害也。[一]

［一］災其屋，救之則息，不及穀，故曰"書，不害"。

〔桓經・十四・五〕

冬十有二月丁巳，齊侯祿父卒。[一]

［一］無《傳》。隱六年盟於艾。

〔桓經・十四・六〕

宋人以齊人、蔡人、衛人、陳人伐鄭。[一]

［一］凡師能左右之曰以，例在僖二十六年。

（桓傳・十四・四）

冬，宋人以諸侯伐鄭，報宋之戰也。[一]焚渠門，入及大逵。[二]伐東郊，取牛首。[三]以大宮之椽歸，爲盧門之椽。[四]

［一］在十二年。

［二］渠門，鄭城門。逵，道方九軌。

［三］東郊，鄭郊。牛首，鄭邑。

［四］大宮，鄭祖廟。盧門，宋城門。告伐而不告入取，故不書。

桓公十五年

〔桓經·十五·一〕

十有五年春二月，天王使家父來求車。

(桓傳·十五·一)

十五年春，天王使家父來求車，非禮也。諸侯不貢車服。[一] 天子不私求財。[二]

［一］車服，上之所以賜下。

［二］諸侯有常職貢。

〔桓經·十五·二〕

三月乙未，天王崩。[一]

［一］無《傳》。桓王也。

〔桓經·十五·三〕

夏四月己巳，葬齊僖公。[一]

［一］無《傳》。

〔桓經·十五·四〕

五月，鄭伯突出奔蔡。[一]

［一］突既篡立，權不足以自固，又不能倚任祭仲，反與小臣造賊盜之計，故以自奔爲文，罪之也，例在昭三年。

(桓傳·十五·二)

祭仲專，鄭伯患之。使其壻雍糾殺之。將享諸郊，雍姬知之，謂其母曰：“父與夫孰親？”其母曰：“人盡夫也，父一而已，胡可比也？”[一]遂告祭仲曰：“雍氏舍其室，而將享子於郊，吾惑之，以告。”祭仲殺雍糾，尸諸周氏之汪。[二]公載以出，[三]曰：“謀及婦人，宜其死也。”夏，厲公出奔蔡。

[一]婦人在室則天父，出則天夫，女以爲疑，故母以所生爲本解之。

[二]汪，池也。周氏，鄭大夫。殺而暴其尸以示戮也。

[三]愍其見殺，故載其尸共出國。

〔桓經·十五·五〕

鄭世子忽復歸于鄭。[一]

[一]忽實居君位，故今還以復其位之例爲文也。稱世子者，忽爲大子，有母氏之寵，宗卿之援，有功於諸侯，此大子之盛者也。而守介節以失大國之助，知三公子之彊，不從祭仲之言，修小善，絜小行，從匹夫之仁，忘社稷之大計，故君子謂之善自爲謀，言不能謀國也。父卒而不能自君，鄭人亦不君之，出則降名以赴，入則逆以大子之禮。始於見逐，終於見殺，三公子更立，亂鄭國者，實忽之由。復歸，例在成十八年。

（桓傳·十五·三）

六月乙亥，昭公入。

〔桓經·十五·六〕

許叔入于許。[一]

［一］許叔，莊公弟也。隱十一年，鄭使許大夫奉許叔居許東偏。鄭莊公既卒，乃入居位，許人嘉之，以字告也。叔本不去國，雖稱入，非國逆例。

（桓傳·十五·四）

許叔入于許。

〔桓經·十五·七〕

公會齊侯于艾。

（桓傳·十五·五）

公會齊侯于艾，謀定許也。

〔桓經·十五·八〕

邾人、牟人、葛人來朝。[一]

［一］無《傳》。三人皆附庸之世子也。其君應稱名，故其子降稱人。牟國，今泰山牟縣。葛國在梁國寧陵縣東北。

〔桓經·十五·九〕

秋九月，鄭伯突入于櫟。[一]

［一］櫟，鄭別都也，今河南陽翟縣。未得國，直書“入”，無義例也。

（桓傳·十五·六）

秋，鄭伯因櫟人殺檀伯而遂居櫟。[一]

［一］檀伯，鄭守櫟大夫。

〔桓經·十五·十〕

冬十有一月，公會宋公、衛侯、陳侯于袲，伐鄭。[一]

［一］袲，宋地，在沛國相縣西南。先行會禮而後伐也。

（桓傳·十五·七）

冬，會于袲，謀伐鄭，將納厲公也。弗克而還。

桓公十六年

〔桓經·十六·一〕

十有六年春正月，公會宋公、蔡侯、衛侯于曹。

(桓傳·十六·一)

十六年春正月，會于曹，謀伐鄭也。[一]

［一］前年冬謀納厲公，不克，故復更謀。

〔桓經·十六·二〕

夏四月，公會宋公、衛侯、陳侯、蔡侯伐鄭。[一]

［一］春既謀之，今書會者，魯諱議納不正。蔡常在衛上，今序陳下，蓋後至。

(桓傳·十六·二)

夏，伐鄭。

〔桓經·十六·三〕

秋七月，公至自伐鄭。[一]

［一］用飲至之禮，故書。

(桓傳·十六·三)

秋七月，公至自伐鄭，以飲至之，禮也。

〔桓經·十六·四〕

冬，城向。[一]

［一］《傳》曰："書，時也。"而下有十一月，舊説因謂《傳》誤。

此"城向"亦俱是十一月。但本事異，各隨本而書之耳。《經》書"夏，叔弓如滕。五月，葬滕成公"，《傳》云"五月，叔弓如滕"，即知但稱時者，未必與下月異也。又推校此年閏在六月，則月卻而節前，水星可在十一月而正也。《詩》云："定之方中，作于楚宮。"此未正中也。功役之事，皆揔指天象，不與言歷數同也。故《傳》之釋《經》皆通言一時，不月别。

(桓傳·十六·四)

冬，城向。書，時也。

〔桓經·十六·五〕

十有一月，衛侯朔出奔齊。〔一〕

［一］惠公也。朔讒構取國，故不言二公子逐，罪之也。

(桓傳·十六·五)

初，衛宣公烝於夷姜，生急子，〔一〕屬諸右公子。爲之娶於齊而美，公取之，生壽及朔，屬壽於左公子。〔二〕夷姜縊，〔三〕宣姜與公子朔構急子。〔四〕公使諸齊，使盜待諸莘，將殺之。〔五〕壽子告之，使行。〔六〕不可，曰："棄父之命，惡用子矣。〔七〕有無父之國則可也。"及行，飲以酒。壽子載其旌以先，盜殺之。急子至，曰："我之求也〔一〕，此何罪？請殺我乎？"又殺之。二公子故怨惠公。十一月，左公子洩、右公子職立公子黔牟。〔八〕惠公奔齊。

［一］夷姜，宣公之庶母也。上淫曰烝。

〔一〕 我之求也　原作"我求之也"，據石經改。

［二］左右媵之子，因以爲號。

［三］失寵而自經死。

［四］宣姜，宣公所取急子之妻。構，會其過惡。

［五］莘，衛地，陽平縣西北有莘亭。

［六］行，去也。

［七］惡，安也。

［八］黔牟，群公子。

桓公十七年

〔桓經·十七·一〕

十有七年春正月丙辰，公會齊侯、紀侯，盟于黄。[一]

[一] 黄，齊地。

(桓傳·十七·一)

十七年春，盟于黄，平齊、紀，且謀衛故也。[一]

[一] 齊欲滅紀，衛逐其君。

〔桓經·十七·二〕

二月丙午，公會邾儀父[一]**，盟于趡。**[一]

[一] 趡，魯地。稱字，義與蔑盟同。二月無丙午。丙午，三月四日也。日月必有誤。

(桓傳·十七·二)

及邾儀父盟于趡，尋蔑之盟也。[一]

[一] 蔑盟在隱元年。

〔桓經·十七·三〕

夏五月丙午，及齊師戰于奚。[一]

[一] 奚，魯地。皆陳曰戰。

(桓傳·十七·三)

夏，及齊師戰于奚，疆事也。[一] 於是，齊人侵魯疆，

〔一〕 公會邾儀父 "父"，原作"人"，據石經改。

疆吏來告。公曰:“疆埸之事，慎守其一而備其不虞，[二]姑盡所備焉。事至而戰，又何謁焉?”[三]

[一]爭疆界也。

[二]虞，度也。不度猶不意也。

[三]齊背盟而來，公以信待，故不書侵伐。

〔桓經·十七·四〕

六月丁丑，蔡侯封人卒。[一]

[一]十一年，大夫盟于折。

(桓傳·十七·四)

蔡桓侯卒。蔡人召蔡季于陳。[一]

[一]桓侯無子，故召季而立之。季內得國人之望，外有諸侯之助，故書字，以善得衆。稱歸，以明外納。

〔桓經·十七·五〕

秋八月，蔡季自陳歸于蔡。[一]

[一]季，蔡侯弟也。言“歸”，爲陳所納。

(桓傳·十七·五)

秋，蔡季自陳歸于蔡，蔡人嘉之也。[一]

[一]嘉之，故以字告。

〔桓經·十七·六〕

癸巳，葬蔡桓侯。[一]

[一]無《傳》。稱“侯”，蓋謬誤。三月而葬，速。

〔桓經·十七·七〕

及宋人、衛人伐邾。

（桓傳·十七·六）

伐邾，宋志也。[一]

［一］邾、宋爭疆，魯從宋志，背趡之盟。

〔桓經·十七·八〕

冬十月朔，日有食之。[一]

［一］甲乙者，歷之紀也。晦朔者，日月之存會也〔一〕。日食不可以不存晦朔，晦朔須甲乙而可推，故日食必以書朔日爲例。

（桓傳·十七·七）

冬十月朔，日有食之。不書日，官失之也。天子有日官，諸侯有日御。[一]日官居卿以厎日〔二〕，禮也。[二]日御不失日，以授百官于朝。[三]

［一］日官、日御，典歷數者。

［二］日官，天子掌歷者，不在六卿之數而位從卿，故言居卿也。厎，平也，謂平歷數。

［三］日官平歷以班諸侯，諸侯奉之，不失天時，以授百官。

〔左氏附〕

（桓傳·十七·八）

初，鄭伯將以高渠彌爲卿，昭公惡之，固諫，不聽。昭公立，懼其殺己也。辛卯，弒昭公而立公子亹。[一]君子謂昭公知所惡矣。公子達曰：[二]"高伯其爲戮乎？復惡，

〔一〕日月之存會也　興國軍本脱"存"字，阮刻本同。

〔二〕日官居卿以厎日　"厎"，興國軍本作"底"，阮刻本同。

已甚矣。”[三]

[一]公子亹，昭公弟。

[二]公子達，魯大夫。

[三]復，重也。本爲昭公所惡，而復弒君，重爲惡也。

桓公十八年

〔桓經·十八·一〕

十有八年春王正月，公會齊侯于濼。[一]

［一］濼水在濟南歷城縣西北入濟。

(桓傳·十八·一)

十八年春，公將有行，遂與姜氏如齊。[一]申繻曰："女有家，男有室，無相瀆也，謂之有禮。易此必敗。"[二]公會齊侯于濼。

［一］始議行事。

［二］女安夫之家，夫安妻之室，違此則爲瀆。今公將姜氏如齊，故知其當致禍亂。

〔桓經·十八·二〕

公與夫人姜氏遂如齊。[一]

［一］公本與夫人俱行至濼，公與齊侯行會禮，故先書會濼。既會，而相隨至齊，故曰"遂"。

(桓傳·十八·二)

遂及文姜如齊。齊侯通焉。公謫之。[一]以告。[二]

［一］謫，譴也。

［二］夫人告齊侯。

〔桓經·十八·三〕

夏四月丙子，公薨于齊。[一]**丁酉，公之喪至自齊。**[二]

［一］不言戕，諱之也。戕，例在宣十八年。

［二］無《傳》。告廟也。丁酉，五月一日，有日而無月。

（桓傳·十八·三）

夏四月丙子，享公，[一]使公子彭生乘公，公薨于車。[二]

［一］齊侯爲公設享燕之禮。

［二］上車曰乘，彭生多力，拉公幹而殺之。

魯人告于齊曰："寡君畏君之威，不敢寧居，來脩舊好，禮成而不反，無所歸咎，惡於諸侯，請以彭生除之。"[一]齊人殺彭生。[二]

［一］除耻辱之惡也。

［二］不書，非卿。

〔桓經·十八·四〕

秋七月。

〔左氏附〕

（桓傳·十八·四）

秋，齊侯師于首止。[一]子亹會之，高渠彌相。[二]七月戊戌，齊人殺子亹而轘高渠彌。[三]祭仲逆鄭子于陳而立之。[四]是行也，祭仲知之，故稱疾不往。人曰："祭仲以知免。"仲曰："信也。"[五]

［一］陳師首止，討鄭弑君也。首止，衛地，陳留襄邑縣東南有首鄉。

［二］不知齊欲討己。

［三］車裂曰轘。

［四］鄭子，昭公弟子儀也。

［五］時人譏祭仲失忠臣之節，仲以子亹爲渠彌所立，本既不正，又不能固位安民，宜其見除，故即而然譏者之言以明本意。

〔左氏附〕

(桓傳·十八·五)

周公欲弑莊王而立王子克。[一] 辛伯告王，遂與王殺周公黑肩。王子克奔燕。[二] 初，子儀有寵於桓王，桓王屬諸周公。辛伯諫曰："並后、[三] 匹嫡、[四] 兩政、[五] 耦國，[六] 亂之本也。"周公弗從，故及。[七]

［一］莊王，桓王太子。王子克，莊王弟子儀。

［二］辛伯，周大夫。

［三］妾如后。

［四］庶如嫡。

［五］臣擅命。

［六］都如國。

［七］及於難也。

〔桓經·十八·五〕

冬十有二月己丑，葬我君桓公。[一]

［一］無《傳》。九月乃葬，緩慢也。

春秋左氏經傳集解莊公第三

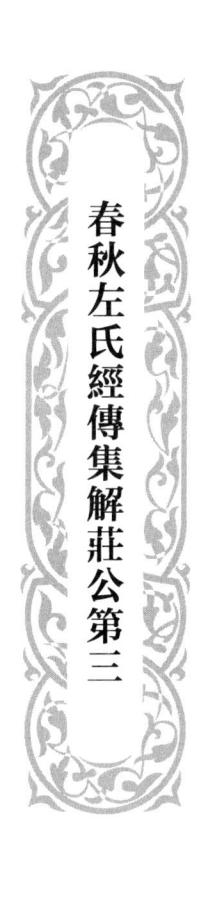

春秋左氏經傳集解莊公第三

杜　氏

莊公元年

〔莊經·元·一〕

元年春王正月。

(莊傳·元·一)

元年春，不稱即位，文姜出故也。[一]

［一］文姜與桓俱行而桓爲齊所殺，故不敢還。莊公父弒母出，故不忍行即位之禮。據文姜未還，故《傳》稱“文姜出”也。姜於是感公意而還。不書，不告廟。

〔莊經·元·二〕

三月，夫人孫于齊。[一]

［一］夫人，莊公母也。魯人責之，故出奔。内諱奔謂之孫，猶孫讓而去。

(莊傳·元·二)

三月，夫人孫于齊。不稱姜氏，絶不爲親，禮也。[一]

［一］姜氏，齊姓。於文姜之義宜與齊絶，而復奔齊，故於其奔去姜氏以示義。

〔莊經·元·三〕

夏，單伯送王姬。[一]

［一］無《傳》。單伯，天子卿也。單，采地。伯，爵也。王將嫁女於齊，既命魯爲主，故單伯送女不稱使也。王姬不稱字，以王爲尊，且别於内女也。天子嫁女於諸侯，使同姓諸侯主之，不親昏，尊卑不敵。

〔莊經·元·四〕

秋，築王姬之館于外。[一]

［一］公在諒闇，慮齊侯當親迎，不忍便以禮接於廟，又不敢逆王命，故築舍於外。

（莊傳·元·三）

秋，築王姬之館于外。爲外，禮也。[一]

［一］齊彊，魯弱，又委罪於彭生，魯不能讎齊。然喪制未闋，故異其禮，得禮之變。

〔莊經·元·五〕

冬十月乙亥，陳侯林卒。[一]

［一］無《傳》。未同盟而赴以名。

〔莊經·元·六〕

王使榮叔來錫桓公命。[一]

［一］無《傳》。榮叔，周大夫。榮，氏；叔，字。錫，賜也。追命桓公，褒稱其德，若昭七年王追命衛襄之比。

〔莊經·元·七〕

王姬歸于齊。[一]

［一］無《傳》。不書逆，公不與接。

〔莊經·元·八〕

齊師遷紀郱、鄑、郚。[一]

［一］無《傳》。齊欲滅紀，故徙其三邑之民而取其地。郱在東莞臨朐縣東南。郚在朱虛縣東南。北海都昌縣西有訾城。

莊公二年

〔莊經·二·一〕

二年春王二月，葬陳莊公。[一]

［一］無《傳》。魯往會之，故書，例在昭六年。

〔莊經·二·二〕

夏，公子慶父帥師伐於餘丘。[一]

［一］無《傳》。於餘丘，國名也。莊公時年十五，則慶父莊公庶兄。

〔莊經·二·三〕

秋七月，齊王姬卒。[一]

［一］無《傳》。魯爲之主，比之内女。

〔莊經·二·四〕

冬十有二月，夫人姜氏會齊侯于禚。[一]

［一］夫人行不以禮，故還皆不書，不告廟也。禚，齊地。

(莊傳·二·一)

二年冬，夫人姜氏會齊侯于禚。書，姦也。[一]

［一］文姜前與公俱如齊，後懼而出奔〔一〕，至此始與齊好會。會，非夫人之事，顯然書之。《傳》曰"書，姦"，姦在夫人。文

〔一〕 後懼而出奔 "懼"，原作"僶"，據字書正。

姜比年出會[一]，其義皆同。

〔莊經·二·五〕

乙酉，宋公馮卒。[一]

［一］無《傳》。再與桓同盟。

〔一〕 文姜比年出會 “比”，原作“此”，據興國軍本改。阮校：“宋本、淳熙本、岳本、纂圖本、閩本、監本、毛本‘此’作‘比’，是也。”

莊公三年

〔莊經·三·一〕

三年春王正月，溺會齊師伐衛。〔一〕

［一］溺，魯大夫。疾其專命而行，故去氏。

（莊傳·三·一）

三年春，溺會齊師伐衛，疾之也。〔一〕

［一］《傳》重明上例〔一〕。

〔莊經·三·二〕

夏四月，葬宋莊公。〔一〕

［一］無《傳》。

〔莊經·三·三〕

五月，葬桓王。

（莊傳·三·二）

夏五月，葬桓王，緩也。〔一〕

［一］以桓十五年三月崩，七年乃葬，故曰“緩”。

〔莊經·三·四〕

秋，紀季以酅入于齊。〔一〕

〔一〕傳重明上例　“明”，原作“盟”，據興國軍本改。阮校：“《釋文》亦作‘盟’。宋本、淳熙本、纂圖本、岳本、監本、毛本作‘明’，不誤。”

［一］季，紀侯弟。酅，紀邑，在齊國東安平縣。齊欲滅紀，故季以邑入齊爲附庸，先祀不廢，社稷有奉，故書字貴之。

（莊傳·三·三）

秋，紀季以酅入于齊，紀於是乎始判。[一]

［一］判，分也。言分爲附庸始於此。

〔莊經·三·五〕

冬，公次于滑。[一]

［一］滑，鄭地，在陳留襄邑縣西北。《傳》例曰：凡師過信爲次。兵未有所加，所次則書之。既書兵所加，則不書其所次，以事爲宜，非虛次。

（莊傳·三·四）

冬，公次于滑，將會鄭伯，謀紀故也。鄭伯辭以難。[一]凡師一宿爲舍，再宿爲信，過信爲次。[二]

［一］厲公在櫟故。

［二］爲《經》書次例也。舍、宿不書，輕也。言“凡師”，通君臣。

莊公四年

〔莊經·四·一〕

四年春王二月，夫人姜氏享齊侯于祝丘。[一]

［一］無《傳》。享，食也。兩君相見之禮，非夫人所用，直書以見其失。祝丘，魯地。

〔莊經·四·二〕

三月，紀伯姬卒。[一]

［一］無《傳》。隱二年裂繻所逆者。内女唯諸侯夫人卒、葬皆書，恩成於敵禮。

〔左氏附〕

(莊傳·四·一)

四年春王三月，楚武王荆尸，授師子焉，以伐隨。[一]將齊，入告夫人鄧曼曰："余心蕩。"[二]鄧曼歎曰："王禄盡矣。盈而蕩，天之道也，先君其知之矣。故臨武事，將發大命，而蕩王心焉。[三]若師徒無虧，王薨於行，國之福也。"[四]王遂行，卒於樠木之下。[五]令尹鬬祁、莫敖屈重除道梁溠，營軍臨隨，隨人懼，行成。[六]莫敖以王命入盟隨侯，且請爲會於漢汭而還。[七]濟漢而後發喪。

［一］尸，陳也。荆亦楚也。更爲楚陳兵之法。揚雄《方言》："孑者，戟也。"然則楚始於此參用戟爲陳。

［二］將授兵于廟，故齊。蕩，動散也。

［三］楚爲小國，僻陋在夷，至此武王始起其衆，僭號稱王，陳兵授師，志意盈滿，臨齊而散，故鄧曼以天地鬼神爲徵應之符。

［四］王薨於行，不死於敵。

［五］樠木，木名。

［六］時祕王喪，故爲奇兵，更開直道。溠水在義陽厥縣西，東南入鄖水。梁，橋也。隨人不意其至，故懼而行成。

［七］汭，内也。謂漢西。

〔莊經·四·三〕

夏，齊侯、陳侯、鄭伯遇于垂。[一]

［一］無《傳》。

〔莊經·四·四〕

紀侯大去其國。[一]

［一］以國與季。季奉社稷，故不言滅。不見迫逐，故不言奔。大去者，不反之辭〔一〕。

（莊傳·四·二）

紀侯不能下齊，以與紀季。[一]夏，紀侯大去其國，違齊難也。[二]

［一］不能降屈事齊，盡以國與季，明季不叛。

［二］違，辟也。

〔一〕不反之辭　“辭”，原作“謂”，據興國軍本改。

〔莊經·四·五〕

六月乙丑〔一〕**，齊侯葬紀伯姬。**[一]

［一］無《傳》。紀季入酅爲齊附庸，而紀侯大去其國，齊侯加禮初附，以崇厚義，故攝伯姬之喪，而以紀國夫人禮葬之。

〔莊經·四·六〕

秋七月。

〔莊經·四·七〕

冬，公及齊人狩于禚。[一]

［一］無《傳》。公越竟與齊微者俱狩，失禮可知。

〔一〕六月乙丑　"乙丑"，原脱，據石經補。

莊公五年

〔莊經 · 五 · 一〕

五年春王正月。

〔莊經 · 五 · 二〕

夏，夫人姜氏如齊師。[一]

［一］無《傳》。書，姦。

〔莊經 · 五 · 三〕

秋，郳犂來來朝。[一]

［一］附庸國也。東海昌慮縣東北有郳城。犂來，名。

(莊傳 · 五 · 一)

五年秋，郳犂來來朝。名，未王命也。[一]

［一］未受爵命爲諸侯。《傳》發附庸稱名例也。其後數從齊桓以尊周室，王命以爲小邾子。

〔莊經 · 五 · 四〕

冬，公會齊人、宋人、陳人、蔡人伐衛。

(莊傳 · 五 · 二)

冬，伐衛，納惠公也。[一]

［一］惠公，朔也。桓十六年出奔齊。

莊公六年

〔莊經·六·一〕

六年春王正月，王人子突救衛。[一]

[一] 王人，王之微官也，雖官卑而見授以大事，故稱人，而又稱字。

(莊傳·六·一)

六年春，王人救衛。

〔莊經·六·二〕

夏六月，衛侯朔入于衛。[一]

[一] 朔爲諸侯所納，不稱歸而以國逆爲文，朔懼失衆心，以國逆告也。歸入，例在成十八年。

(莊傳·六·二)

夏，衛侯入，放公子黔牟于周，放甯跪于秦，殺左公子洩、右公子職，[一]乃即位。君子以二公子之立黔牟爲不度矣。夫能固位者，必度於本末而後立衷焉。不知其本，不謀；知本之不枝，弗强。[二]《詩》云：“本枝百世。”[三]

[一] 甯跪，衛大夫。宥之以遠曰放。

[二] 本末，終始也。衷，節適也。譬之樹木，本弱者其枝必披，非人力所能强成。

[三]《詩·大雅》。言文王本枝俱茂，蕃滋百世也。

〔莊經·六·三〕

秋，公至自伐衛。[一]

［一］無《傳》。告於廟也。

〔莊經·六·四〕

螟。[一]

［一］無《傳》。爲災。

〔莊經·六·五〕

冬，齊人來歸衛俘。[一]

［一］《公羊》、《穀梁》《經》《傳》皆言衛寶。此《傳》亦言寶，唯此《經》言俘，疑《經》誤。俘，囚也。

(莊傳·六·三)

冬，齊人來歸衛寶，文姜請之也。[一]

［一］公親與齊共伐衛，事畢而還。文姜淫於齊侯，故求其所獲珍寶使以歸魯，欲説魯以謝慙。

〔左氏附〕

(莊傳·六·四)

楚文王伐申，過鄧。鄧祁侯曰："吾甥也。"[一]止而享之。騅甥、聃甥、養甥請殺楚子，[二]鄧侯弗許。三甥曰："亡鄧國者，必此人也。若不早圖，後君噬齊，[三]其及圖之乎？圖之，此爲時矣。"鄧侯曰："人將不食吾餘。"[四]對曰："若不從三臣，抑社稷實不血食，而君焉取餘？"[五]弗從。還年，楚子伐鄧。[六]十六年，楚復伐鄧，滅之。[七]

[一] 祁，謚也。姊妹之子曰甥。

[二] 皆鄧甥，仕於舅氏也。

[三] 若齧腹齊，喻不可及。

[四] 言自害其甥，必爲人所賤。

[五] 言君無復餘。

[六] 伐申還之年。

[七] 魯莊公十六年，楚終强盛，爲《經》書楚事張本。

莊公七年

〔莊經·七·一〕

七年春，夫人姜氏會齊侯于防。[一]

[一] 防，魯地。

(莊傳·七·一)

七年春，文姜會齊侯于防，齊志也。[一]

[一] 文姜數與齊侯會，至齊地則姦發夫人，至魯地則齊侯之志，故《傳》略舉二端以言之。

〔莊經·七·二〕

夏四月辛卯，夜，恒星不見。[一] **夜中，星隕如雨。**[二]

[一] 恒，常也。謂常見之星。辛卯，四月五日，月光尚微，蓋時無雲，日光不以昏没。

[二] 如，而也。夜半乃有雲，星落而且雨，其數多，皆記異也。日光不匿，恒星不見，而云“夜中”者，以水漏知之。

(莊傳·七·二)

夏，恒星不見，夜明也。星隕如雨，與雨偕也。[一]

[一] 偕，俱也。

〔莊經·七·三〕

秋，大水。[一]

[一] 無《傳》。

〔莊經 · 七 · 四〕

無麥、苗。〔一〕

［一］今五月，周之秋。平地水出〔一〕，漂殺熟麥及五稼之苗。

（莊傳 · 七 · 三）

秋，無麥苗，不害嘉穀也。〔一〕

［一］黍稷尚可更種，故曰“不害嘉穀”。

〔莊經 · 七 · 五〕

冬，夫人姜氏會齊侯于穀。〔一〕

［一］無《傳》。穀，齊地，今濟北穀城縣〔二〕。

〔一〕 平地水出 “水出”，興國軍本作“出水”，阮刻本同。

〔二〕 今濟北穀城縣 “濟”，原作“齊”，據興國軍本改。

莊公八年

〔莊經·八·一〕

八年春王正月，師次于郎，以俟陳人、蔡人。[一]

［一］無《傳》。期共伐郕，陳、蔡不至，故駐師于郎以待之。

〔莊經·八·二〕

甲午，治兵。[一]

［一］治兵於廟，習號令將以圍郕。

（莊傳·八·一）

八年春，治兵于廟，禮也。

〔莊經·八·三〕

夏，師及齊師圍郕，郕降于齊師。[一]

［一］二國同討而齊獨納郕。

（莊傳·八·二）

夏，師及齊師圍郕，郕降于齊師。仲慶父請伐齊師，[一]公曰："不可。我實不德，齊師何罪？罪我之由。《夏書》曰：'皋陶邁種德，[二]德乃降。'姑務脩德以待時乎。"[三]秋，師還。君子是以善魯莊公。[四]

［一］齊不與魯共其功，故欲伐之。

［二］《夏書》，逸《書》也。稱皋陶能勉種德。邁，勉也。

［三］言苟有德，乃爲人所降服。姑，且也。

［四］《傳》言《經》所以即用舊史之文。

〔莊經·八·四〕

秋，師還。[一]

[一]時史善公克己復禮，全軍而還，故特書“師還”。

〔莊經·八·五〕

冬十有一月癸未，齊無知弒其君諸兒。[一]

[一]稱臣，臣之罪也。

(莊傳·八·三)

齊侯使連稱、管至父戍葵丘。[一]瓜時而往，曰“及瓜而代”。期戍，公問不至。[二]請代，弗許，故謀作亂。僖公之母弟曰夷仲年，生公孫無知，有寵於僖公，衣服禮秩如適，[三]襄公絀之。二人因之以作亂。[四]連稱有從妹在公宮，無寵，使間公，[五]曰：“捷，吾以女爲夫人。”[六]

[一]連稱、管至父，皆齊大夫。戍，守也。葵丘，齊地，臨淄縣西有地名葵丘。

[二]問，命也。

[三]適，大子。

[四]二人，連稱、管至父。

[五]伺公之間隙。

[六]捷，克也。宣無知之言。

冬十二月，齊侯游于姑棼，遂田于貝丘。[一]見大豕，從者曰：“公子彭生也。”[二]公怒曰：“彭生敢見！”射之，豕人立而啼。公懼，隊于車，傷足，喪屨。反，誅屨於徒人費。[三]弗得，鞭之，見血。走出，遇賊于門，劫而束之。費曰:“我奚御哉!”袒而示之背,信之。費請先入,[四]伏公而出,鬬,死于門中。石之紛如死于階下。[五]遂入,殺孟陽于牀。[六]曰:“非君也,不類。”見公之足于户下,遂弑之而立無知。[七]初,襄公立無常,[八]鮑叔牙曰:“君使民慢,亂將作矣。”奉公子小白出奔莒。[九]亂作,管夷吾、召忽奉公子糾來奔。[一〇]

[一]姑棼、貝丘,皆齊地。田,獵也。樂安博昌縣南有地名貝丘。

[二]公見大豕,而從者見彭生,皆妖鬼。

[三]誅,責也。

[四]詐欲助賊。

[五]石之紛如,齊小臣,亦鬬死。

[六]孟陽,亦小臣,代公居牀。

[七]《經》書“十一月癸未”,《長曆》推之月六日也。《傳》云“十二月”,《傳》誤。

[八]政令無常。

[九]鮑叔牙,小白傅。小白,僖公庶子。

[一〇]管夷吾、召忽,皆子糾傅也。子糾,小白庶兄。來不書,皆非卿也。爲九年公伐齊納子糾、齊小白入于齊《傳》。

〔左氏附〕

(莊傳·八·四)

初,公孫無知虐于雍廩。[一]

[一]雍廩,齊大夫。爲殺無知《傳》。

莊公九年

〔莊經·九·一〕

九年春，齊人殺無知。[一]

[一] 無知弒君而立，未列於會，故不書爵，例在成十六年。

(莊傳·九·一)

九年春，雍廩殺無知。

〔莊經·九·二〕

公及齊大夫盟于蔇。[一]

[一] 齊亂，無君，故大夫得敵於公，蓋欲迎子糾也。來者非一人，故不稱名。蔇，魯地，琅邪繒縣北有蔇亭。

(莊傳·九·二)

公及齊大夫盟于蔇，齊無君也。

〔莊經·九·三〕

夏，公伐齊，納子糾。

(莊傳·九·三)

夏，公伐齊，納子糾。

〔莊經·九·四〕

齊小白入于齊。[一]

[一] 二公子各有黨，故雖盟而迎子糾，當須伐乃得入，又出在小白之後。小白稱"入"，從國逆之文，本無位。

（莊傳·九·四）

桓公自莒先入。[一]

［一］桓公，小白。

〔莊經·九·五〕

秋七月丁酉，葬齊襄公。[一]

［一］無《傳》。九月乃葬，亂故。

〔莊經·九·六〕

八月庚申，及齊師戰于乾時，我師敗績。[一]

［一］小白既定，而公猶不退師，歷時而戰，戰遂大敗。不稱公戰，公敗諱之。乾時，齊地。時水在樂安界，岐流旱則竭涸，故曰“乾時”。

（莊傳·九·五）

秋，師及齊師戰于乾時，我師敗績。公喪戎路，傳乘而歸。[一]秦子、梁子以公旗辟于下道，[二]是以皆止。[三]

［一］戎路，兵車。傳乘，乘他車。

［二］二子，公御及戎右也。以誤齊師。

［三］止，獲也。

〔莊經·九·七〕

九月，齊人取子糾殺之。[一]

［一］公子爲賊亂，則書。齊實告殺而書齊取殺者，時史惡齊志在譎以求管仲，非不忍其親，故極言之。

(莊傳·九·六)

鮑叔帥師來言曰:“子糾,親也,請君討之。[一]管、召,讎也,請受而甘心焉。”[二]乃殺子糾于生竇。[三]召忽死之,管仲請囚,鮑叔受之,及堂阜而稅之。[四]歸而以告曰:“管夷吾治於高傒,[五]使相可也。”公從之。

[一]鮑叔乘勝而進軍,志在生得管仲,故託不忍之辭。

[二]管仲射桓公,故曰“讎”。甘心,言欲快意戮殺之。

[三]生竇,魯地。

[四]堂阜,齊地,東莞蒙陰縣西北有夷吾亭。或曰,鮑叔解夷吾縛於此,因以爲名。

[五]高傒,齊卿高敬仲也。言管仲治理政事之才多於敬仲。

〔莊經·九·八〕

冬,浚洙。[一]

[一]無《傳》。洙水在魯城北,下合泗,浚深之,爲齊備。

莊公十年

〔莊經・十・一〕

十年春王正月，公敗齊師于長勺。[一]

[一] 齊人雖成列，魯以權譎稽之，列成而不得用，故以未陳爲文，例在十一年。長勺，魯地。

(莊傳・十・一)

十年春，齊師伐我。[一] 公將戰，曹劌請見。[二] 其鄉人曰："肉食者謀之，又何間焉？"[三] 劌曰："肉食者鄙，未能遠謀。"乃入見。問："何以戰？"公曰："衣食所安，弗敢專也，必以分人。"對曰："小惠未徧，民弗從也。"[四] 公曰："犧牲玉帛，弗敢加也，必以信。"[五] 對曰："小信未孚，神弗福也。"[六] 公曰："小大之獄，雖不能察，必以情。"[七] 對曰："忠之屬也，[八] 可以一戰，戰則請從。"公與之乘，[九] 戰于長勺。公將鼓之，劌曰："未可。"齊人三鼓，劌曰："可矣。"齊師敗績。公將馳之，劌曰："未可。"下視其轍，[一〇] 登軾而望之，曰："可矣。"遂逐齊師。既克，公問其故，對曰："夫戰，勇氣也。一鼓作氣，再而衰，三而竭。彼竭我盈，故克之。夫大國，難測也，懼有伏焉。[一一] 吾視其轍亂，望其旗靡，故逐之。"[一二]

[一] 不書侵伐，齊背蒢之盟，我有辭。

[二] 曹劌，魯人。

[三] 肉食，在位者。間，猶與也。

[四] 分公衣食，所惠不過左右，故曰"未徧"。

［五］祝辭不敢以小爲大，以惡爲美。

［六］孚，大信也。

［七］必盡己情察審也。

［八］上思利民忠也。

［九］共乘兵車。

［一〇］視車跡也。

［一一］恐詐奔。

［一二］旗靡轍亂，怖遽。

〔莊經·十·二〕

二月，公侵宋。[一]

［一］無《傳》。侵，例在二十九年。

〔莊經·十·三〕

三月，宋人遷宿。[一]

［一］無《傳》。宋强遷之，而取其地，故文異於邢遷。

〔莊經·十·四〕

夏六月，齊師、宋師次于郎。[一]**公敗宋師于乘丘。**[二]

［一］不言侵伐，齊爲兵主，背蔇之盟，義與長勺同。

［二］乘丘，魯地。

（莊傳·十·二）

夏六月，齊師、宋師次于郎。公子偃曰："宋師不整，可敗也。[一]宋敗，齊必還，請擊之。"公弗許。自雩門竊出，蒙臯比而先犯之。[二]公從之。大敗宋師于乘丘，齊師乃還。

［一］公子偃，魯大夫。

［二］雩門，魯南城門。皋比，虎皮。

〔莊經·十·五〕

秋九月，荆敗蔡師于莘，[一] **以蔡侯獻舞歸。**[二]

［一］荆，楚本號，後改爲楚。楚辟陋在夷，於此始通上國，然告命之辭猶未合典禮，故不稱將帥。莘，蔡地。

［二］獻舞，蔡季〔一〕。

（莊傳·十·三）

蔡哀侯娶于陳，息侯亦娶焉。息嬀將歸，過蔡，蔡侯曰："吾姨也。"[一] 止而見之，弗賓。[二] 息侯聞之，怒，使謂楚文王曰："伐我，吾求救於蔡而伐之。"楚子從之。秋九月，楚敗蔡師于莘，以蔡侯獻舞歸。

［一］妻之姊妹曰姨。

［二］不禮敬也。

〔莊經·十·六〕

冬十月，齊師滅譚，[一] **譚子奔莒。**[二]

［一］譚國在濟南平陵縣西南。《傳》曰："譚無禮。"此直釋所以見滅。《經》無義例。他皆放此。滅，例在文十五年。

［二］不言出奔，國滅無所出。

（莊傳·十·四）

齊侯之出也，過譚，譚不禮焉。及其入也，諸侯皆

〔一〕蔡季　"蔡"，阮刻本作"祭"。

賀，譚又不至。[一] 冬，齊師滅譚，譚無禮也。譚子奔莒，同盟故也。[二]

[一] 以九年入。

[二]《傳》言譚不能及遠，所以亡。

莊公十一年

〔莊經·十一·一〕

十有一年春王正月。[一]

[一] 無《傳》。

〔莊經·十一·二〕

夏五月戊寅，公敗宋師于鄑。[一]

[一] 鄑，魯地。《傳》例曰："敵未陳曰敗某師。"

(莊傳·十一·一)

十一年夏，宋爲乘丘之役故，侵我。公禦之，宋師未陳而薄之，敗諸鄑。凡師，敵未陳曰敗某師，[一]皆陳曰戰，[二]大崩曰敗績，[三]得儁曰克，[四]覆而敗之曰取某師，[五]京師敗曰王師敗績于某。[六]

[一] 通謂設權譎變詐以勝敵，彼我不得成列，成列而不得用，故以未陳獨敗爲文。

[二] 堅而有備，各得其所，成敗決於志力者也。

[三] 師徒橈敗，若沮岸崩山，喪其功績，故曰"敗績"。

[四] 謂若大叔段之比，才力足以服衆，威權足以自固，進不成爲外寇强敵，退復狡壯，有二君之難而實非二君，克而勝之，則不言彼敗績，但書所克之名。

[五] 覆謂威力兼備，若羅網所掩覆，一軍皆見禽制，故以取爲文。

[六] 王者無敵於天下，天下非所得與戰者。然春秋之世，據有其

事，事列於《經》，則不得不因申其義。有時而敗，則以自敗爲文，明天下莫之得校。

〔莊經 · 十一 · 三〕

秋，宋大水。[一]

［一］公使弔之，故書。

(莊傳 · 十一 · 二)

秋，宋大水。公使弔焉，曰："天作淫雨，害於粢盛。若之何不弔？"[一]對曰："孤實不敬，天降之災，又以爲君憂，拜命之辱。"[二]臧文仲曰："宋其興乎？[三]禹、湯罪己，其興也悖焉。[四]桀、紂罪人，其亡也忽焉。[五]且列國有凶稱孤，禮也。[六]言懼而名禮，其庶乎？"[七]既而聞之，曰："公子御説之辭也。"[八]臧孫達曰："是宜爲君。有恤民之心。"

［一］不爲天所愍弔。

［二］謝辱厚命。

［三］臧文仲，魯大夫。

［四］悖，盛貌。

［五］忽，速貌。

［六］列國，諸侯。無凶則常稱寡人。

［七］言懼，罪己。名禮，稱孤。其庶，庶幾於興。

［八］宋莊公子。

〔莊經 · 十一 · 四〕

冬，王姬歸于齊。[一]

［一］魯主昏，不書齊侯逆，不見公。

（莊傳·十一·三）

冬，齊侯來逆共姬。[一]

［一］齊桓公也。

〔左氏附〕

（莊傳·十一·四）

乘丘之役，[一]公以金僕姑射南宮長萬，[二]公右歂孫生搏之，[三]宋人請之，宋公靳之，[四]曰："始吾敬子，今子魯囚也，吾弗敬子矣。"病之。[五]

［一］在十年。

［二］金僕姑，矢名。南宮長萬，宋大夫。

［三］搏，取也。不書獲，萬時未爲卿。

［四］戲而相愧曰靳。魯聽其得還。

［五］萬不以爲戲而以爲己病，爲宋萬弒君《傳》。

莊公十二年

〔莊經·十二·一〕

十有二年春王三月，紀叔姬歸于酅。[一]

［一］無《傳》。紀侯去國而死，叔姬歸魯，紀季自定於齊而後歸之，全守節義以終婦道，故繫之紀而以初嫁爲文，賢之也。來歸不書，非寧，且非大歸。

〔莊經·十二·二〕

夏四月。

〔莊經·十二·三〕

秋八月甲午，宋萬弒其君捷及其大夫仇牧。[一]

［一］捷，閔公。不書葬，亂也。萬及仇牧皆宋卿。仇牧稱名，不警而遇賊，無善事可褒。

（莊傳·十二·一）

十二年秋，宋萬弒閔公于蒙澤。[一]遇仇牧于門，批而殺之。[二]遇大宰督于東宮之西，又殺之。[三]立子游。[四]群公子奔蕭，公子御説奔亳。[五]南宮牛、猛獲帥師圍亳。[六]

［一］蒙澤，宋地，梁國有蒙縣〔一〕。

［二］手批之。

［三］殺督不書，宋不以告。

〔一〕 梁國有蒙縣 "有"，原作"在"，據興國軍本改。

［四］子游，宋公子。

［五］蕭，宋邑，今沛國蕭縣。亳，宋邑，蒙縣西北有亳城。

［六］牛，長萬之子。猛獲，其黨。

〔莊經·十二·四〕

冬十月，宋萬出奔陳。[一]

［一］奔，例在宣十年。

(莊傳·十二·二)

冬十月，蕭叔大心[一]及戴、武、宣、穆、莊之族[二]以曹師伐之，殺南宮牛于師，殺子游于宋，立桓公。[三]猛獲奔衛，南宮萬奔陳，以乘車輦其母，一日而至。[四]宋人請猛獲于衛，衛人欲勿與。石祁子曰："不可。[五]天下之惡，一也，惡於宋而保於我，保之何補？得一夫而失一國，與惡而棄好，非謀也。"[六]衛人歸之。亦請南宮萬于陳以賂。陳人使婦人飲之酒，而以犀革裹之。比及宋，手足皆見，宋人皆醢之。[七]

［一］叔，蕭大夫名。

［二］宋五公之子孫。

［三］桓公，御説。

［四］乘車，非兵車。駕人曰輦。宋去陳二百六十里，言萬之多力。

［五］石祁子，衛大夫。

［六］宋、衛本同好國。

［七］醢，肉醬。并醢猛獲，故言皆。

莊公十三年

〔莊經·十三·一〕

十有三年春，齊侯、宋人、陳人、蔡人、邾人會于北杏。[一]

［一］北杏，齊地。

（莊傳·十三·一）

十三年春，會于北杏，以平宋亂。[一]遂人不至。

［一］宋有弑君之亂，齊桓欲脩霸業。

〔莊經·十三·二〕

夏六月，齊人滅遂。[一]

［一］遂國在濟北蛇丘縣東北。

（莊傳·十三·二）

夏，齊人滅遂而戍之。[一]

［一］戍，守也。

〔莊經·十三·三〕

秋七月。

〔莊經·十三·四〕

冬，公會齊侯，盟于柯。[一]

［一］此柯今濟北東阿，齊之阿邑，猶祝柯今爲祝阿。

（莊傳·十三·三）

冬，盟于柯，始及齊平也。[一]

［一］始與齊桓通好。

〔左氏附〕

（莊傳·十三·四）

宋人背北杏之會。

莊公十四年

〔莊經·十四·一〕

十有四年春，齊人、陳人、曹人伐宋。[一]

［一］背北杏會故。

（莊傳·十四·一）

十四年春，諸侯伐宋。齊請師于周。[一]

［一］齊欲崇天子，故請師，假王命以示大順。《經》書“人”，《傳》言“諸侯”者[一]，摠衆國之辭。

〔莊經·十四·二〕

夏，單伯會伐宋。[一]

［一］既伐宋，單伯乃至，故曰“會伐宋”。單伯，周大夫。

（莊傳·十四·二）

夏，單伯會之，取成于宋而還。

〔左氏附〕

（莊傳·十四·三）

鄭厲公自櫟侵鄭，[一]及大陵，獲傅瑕。[二]傅瑕曰：“苟舍我，吾請納君。”與之盟而赦之。六月甲子，傅瑕殺鄭子及其二子而納厲公。[三]初，内蛇與外蛇鬭於鄭南門中，

〔一〕傳言諸侯者　按，阮校曰：“宋本、淳熙本、岳本、纂圖本、足利本‘傳’下有‘言’字。岳本脱‘者’字。”

内蛇死。六年而厲公入。公聞之，問於申繻曰：“猶有妖乎？”對曰：“人之所忌，其氣燄以取之。妖由人興也。[四]人無釁焉，妖不自作。人棄常則妖興，故有妖。”

［一］厲公以桓十五年入櫟，遂居之。

［二］大陵，鄭地。傅瑕，鄭大夫。

［三］鄭子，莊四年稱伯會諸侯。今見殺，不稱君，無謚者，微弱，臣子不以君禮成喪告諸侯。

［四］《尚書·洛誥》：“無若火始燄燄。”未盛而進退之時，以喻人心不堅正。

厲公入，遂殺傅瑕，使謂原繁曰：“傅瑕貳，[一]周有常刑，既伏其罪矣。納我而無二心者，吾皆許之上大夫之事，吾願與伯父圖之。[二]且寡人出，伯父無裏言，[三]入又不念寡人，[四]寡人憾焉。”對曰：“先君桓公命我先人典司宗祏，[五]社稷有主而外其心，其何貳如之？苟主社稷，國内之民，其誰不爲臣？臣無二心，天之制也。子儀在位十四年矣，[六]而謀召君者，庸非貳乎〔一〕？[七]莊公之子猶有八人，若皆以官爵行賂勸貳而可以濟事，君其若之何？臣聞命矣。”乃縊而死。

［一］言有二心於己。

［二］上大夫，卿也。伯父，謂原繁。疑原繁有二心。

［三］無納我之言。

［四］不親附己。

〔一〕庸非貳乎　“貳”，石經同，阮刻本作“二”。

［五］桓公，鄭始受封君也。宗祏，宗廟中藏主石室。言己世爲宗廟守臣。

［六］子儀，鄭子也。

［七］庸，用也。

〔莊經·十四·三〕

秋七月，荆入蔡。[一]

［一］入，例在文十五年。

（莊傳·十四·四）

蔡哀侯爲莘故，繩息嬀以語楚子。[一]楚子如息，以食入享，遂滅息。[二]以息嬀歸，生堵敖及成王焉，未言。[三]楚子問之，對曰："吾一婦人而事二夫，縱弗能死，其又奚言？"楚子以蔡侯滅息，遂伐蔡。[四]秋七月，楚入蔡。君子曰："《商書》所謂'惡之易也，如火之燎于原，不可鄉邇，其猶可撲滅'者，其如蔡哀侯乎？"[五]

［一］莘役在十年[一]。繩，譽也。

［二］僞設享食之具。

［三］未與王言。

［四］欲以説息嬀。

［五］《商書·盤庚》。言惡易長而難滅。

〔莊經·十四·四〕

冬，單伯會齊侯、宋公、衛侯、鄭伯于鄄。[一]

〔一〕莘役在十年　"役"，原作"授"，據興國軍本改。

［一］鄄，衛地，今東郡鄄城也〔一〕。齊桓脩霸業，卒平宋亂。宋人服從，欲歸功天子，故赴以單伯會諸侯爲文。

(莊傳·十四·五)

冬，會于鄄，宋服故也。

〔一〕今東郡鄄城也 "鄄"，原作"甄"，據興國軍本改。

莊公十五年

〔莊經·十五·一〕

十有五年春，齊侯、宋公、陳侯、衛侯、鄭伯會于鄄。

（莊傳·十五·一）

十五年春，復會焉。齊始霸也。[一]

［一］始爲諸侯長。

〔莊經·十五·二〕

夏，夫人姜氏如齊。[一]

［一］無《傳》。夫人，文姜，齊桓公姊妹。父母在則禮有歸寧，沒則使卿寧。

〔莊經·十五·三〕

秋，宋人、齊人、邾人伐郳。[一]

［一］宋主兵，故序齊上。

（莊傳·十五·二）

秋，諸侯爲宋伐郳。[一]

［一］郳，附庸，屬宋而叛，故齊桓爲之伐郳。

〔莊經·十五·四〕

鄭人侵宋。

（莊傳・十五・三）

鄭人間之而侵宋。

〔莊經・十五・五〕

冬十月。

莊公十六年

〔莊經 · 十六 · 一〕

十有六年春王正月。

〔莊經 · 十六 · 二〕

夏，宋人、齊人、衛人伐鄭。[一]

［一］宋主兵也。班序上下以國大小爲次，征伐則以主兵爲先，春秋之常也。他皆放此。

(莊傳 · 十六 · 一)

十六年夏，諸侯伐鄭，宋故也。[一]

［一］鄭侵宋故。

〔莊經 · 十六 · 三〕

秋，荆伐鄭。

(莊傳 · 十六 · 二)

鄭伯自櫟入，[一]緩告于楚。秋，楚伐鄭及櫟，爲不禮故也。

［一］在十四年。

〔左氏附〕

(莊傳 · 十六 · 三)

鄭伯治與於雍糾之亂者。[一]九月，殺公子閼，刖强鉏。[二]公父定叔出奔衛。[三]三年而復之，曰："不可使共

叔無後於鄭。"使以十月入，曰："良月也，就盈數焉。"[四]君子謂："强鉏不能衛其足。"[五]

［一］在桓十五年。

［二］二子，祭仲黨。斷足曰刖。

［三］共叔段之孫。定，謚也。

［四］數滿於十。

［五］言其不能早辟害。

〔莊經·十六·四〕

冬十有二月，會齊侯、宋公、陳侯、衛侯、鄭伯、許男、滑伯、滕子同盟于幽。[一]

［一］書會，魯會之。不書其人，微者也。言同盟，服異也。陳國小，每盟會皆在衛下，齊桓始霸，楚亦始彊，陳侯介於二大國之間而爲三恪之客，故齊桓因而進之，遂班在衛上，終於春秋。滑國都費，河南緱氏縣。幽，宋地。

(莊傳·十六·四)

冬，同盟于幽，鄭成也。

〔莊經·十六·五〕

郲子克卒。[一]

［一］無《傳》。克，儀父名。稱子者，蓋齊桓請王命以爲諸侯，再同盟。

〔左氏附〕

(莊傳·十六·五)

王使虢公命曲沃伯以一軍爲晉侯。[一]

［一］曲沃武公遂并晉國，僖王因就命爲晉侯。小國，故一軍。

〔左氏附〕

（莊傳·十六·六）

初，晉武公伐夷，執夷詭諸，[一]蔿國請而免之。[二]既而弗報，[三]故子國作亂，謂晉人曰："與我伐夷而取其地。"[四]遂以晉師伐夷，殺夷詭諸。周公忌父出奔虢。[五]惠王立而復之。[六]

［一］夷詭諸，周大夫。夷，采地名。

［二］蔿國，周大夫。

［三］詭諸不報施於蔿國。

［四］使晉取夷地。

［五］周公忌父，王卿士。辟子國之難。

［六］魯桓十五年《經》書桓王崩，魯莊三年《經》書葬桓王。自此以來，周有莊王，又有僖王，崩、葬皆不見於《經》《傳》。王室微弱，不能復自通於諸侯，故傳因周公忌父之事而見惠王。惠王立在此年之末。

莊公十七年

〔莊經 · 十七 · 一〕

十有七年春，齊人執鄭詹。[一]

［一］齊桓始霸，鄭既伐宋，又不朝齊，詹爲鄭執政大臣，詣齊見執，不稱行人，罪之也。行人，例在襄十一年。諸執大夫皆稱人以執之，大夫賤故。

(莊傳 · 十七 · 一)

十七年春，齊人執鄭詹，鄭不朝也。

〔莊經 · 十七 · 二〕

夏，齊人殲于遂。[一]

［一］殲，盡也。齊人戍遂，翫而无備，遂人討而盡殺之，故時史因以自盡爲文。

(莊傳 · 十七 · 二)

夏，遂因氏、頜氏、工婁氏、須遂氏饗齊戍，醉而殺之。齊人殲焉。[一]

［一］饗，酒食也。四族，遂之彊宗。齊滅遂戍之在十三年。

〔莊經 · 十七 · 三〕

秋，鄭詹自齊逃來。[一]

［一］無《傳》。詹不能伏節守死以解國患，而遁逃苟免，書"逃"以賤之。

〔莊經·十七·四〕

冬，多麋。[一]

［一］無《傳》。麋多則害五稼，故以災書。

莊公十八年

〔莊經·十八·一〕

十有八年春王三月，日有食之。〔一〕

〔一〕無《傳》。不書日，官失之。

〔左氏附〕

(莊傳·十八·一)

十八年春，虢公、晉侯朝王，王饗醴，命之宥。〔一〕皆賜玉五瑴，馬三匹〔一〕，非禮也。〔二〕王命諸侯，名位不同，禮亦異數，不以禮假人。〔三〕

〔一〕王之覲群后，始則行饗禮，先置醴酒，示不忘古。飲宴則命以幣物。宥，助也，所以助歡敬之意，言備設。

〔二〕雙玉爲瑴。

〔三〕侯而與公同賜，是借人禮。

〔左氏附〕

(莊傳·十八·二)

虢公、晉侯、鄭伯使原莊公逆王后于陳。陳嬀歸于京師，〔一〕實惠后。〔二〕

〔一〕馬三匹　“三”，王引之據《竹書紀年》讀爲“四（亖）”。詳《經義述聞》，南京：江蘇古籍出版社，1985 年，第 403—404 頁。又，陳絜證之以《應侯見工簋》《尹姞鬲》銘。詳氏撰《利用出土文獻校讀典籍二則》，《傳統中國研究集刊》第 11 輯，上海：上海人民出版社，2013 年，第 7 頁。

［一］虢、晉朝王，鄭伯又以齊執其卿，故求王爲援，皆在周，倡義爲王定昏。陳人敬從，得同姓宗國之禮，故《傳》詳其事。不書，不告。

［二］陳媯，後號惠后。寵愛少子，亂周室。事在僖二十四年，故《傳》於此並正其后稱。

〔莊經·十八·二〕

夏，公追戎于濟西。［一］

［一］戎來侵魯，公逐之於濟水之西。

（莊傳·十八·三）

夏，公追戎于濟西，不言其來，諱之也。［一］

［一］戎來侵魯，魯人不知，去乃追之，故諱不言其來。

〔莊經·十八·三〕

秋，有蜮。［一］

［一］蜮，短狐也。蓋以含沙射人爲災。

（莊傳·十八·四）

秋，有蜮，爲災也。

〔莊經·十八·四〕

冬十月。

〔左氏附〕

（莊傳·十八·五）

初，楚武王克權，使鬭緡尹之。［一］以叛，圍而殺之。[二] 遷權於那處，[三] 使閻敖尹之。[四] 及文王即位，與巴人伐申而驚其師，[五] 巴人叛楚而伐那處，取之，遂門于楚。[六] 閻敖游涌而逸。[七] 楚子殺之，其族爲亂。冬，巴人因之以伐楚。

［一］權，國名，南郡當陽縣東南有權城。鬬緡，楚大夫。

［二］緡以權叛。

［三］那處，楚地，南郡編縣東南有那口城。

［四］閻敖，楚大夫。

［五］驚巴師。

［六］攻楚城門。

［七］涌水在南郡華容縣。閻敖既不能守城，又游涌水而走。

莊公十九年

〔莊經·十九·一〕

十有九年春王正月。

〔左氏附〕

（莊傳·十九·一）

十九年春，楚子禦之，大敗於津。[一] 還，鬻拳弗納，遂伐黃，[二] 敗黃師于踖陵。[三] 還及湫，有疾。[四]

［一］禦巴人，爲巴人所敗。津，楚地。或曰江陵縣有津鄉。

［二］鬻拳，楚大閽。黃，嬴姓國，今弋陽縣。

［三］踖陵，黃地。

［四］南郡鄀縣東南有湫城。

〔莊經·十九·二〕

夏四月。

〔左氏附〕

（莊傳·十九·二）

夏六月庚申，卒。鬻拳葬諸夕室。[一] 亦自殺也，而葬於絰皇。[二] 初，鬻拳强諫楚子。楚子弗從，臨之以兵，懼而從之。鬻拳曰："吾懼君以兵，罪莫大焉。"遂自刖也。楚人以爲大閽，謂之大伯，[三] 使其後掌之。[四] 君子曰："鬻拳可謂愛君矣。諫以自納於刑，刑猶不忘納君於善。"[五]

［一］夕室，地名。

［二］經皇，冢前闕，生守門，故死不失職。

［三］若今城門校尉官。

［四］使其子孫常主此官。

［五］言愛君，明非臣法也。楚能盡其忠愛，所以興。

〔莊經·十九·三〕

秋，公子結媵陳人之婦于鄄，遂及齊侯、宋公盟。[一]

［一］無《傳》。公子結，魯大夫。《公羊》《穀梁》皆以爲魯女媵陳侯之婦，其稱陳人之婦，未入國，略言也。大夫出竟，有可以安社稷、利國家者，則專之可也。結在鄄聞齊、宋有會，權事之宜，去其本職，遂與二君爲盟，故備書之。本非魯公意，而又失媵陳之好，故冬各來伐。

〔左氏附〕

（莊傳·十九·三）

初，王姚嬖于莊王，生子頹。[一]子頹有寵，蔿國爲之師，及惠王即位，[二]取蔿國之圃以爲囿。[三]邊伯之宮近於王宮，王取之。[四]王奪子禽、祝跪與詹父田，[五]而收膳夫之秩，[六]故蔿國、邊伯、石速、詹父、子禽、祝跪作亂，因蘇氏。[七]秋，五大夫奉子頹以伐王，[八]不克，出奔溫。[九]蘇子奉子頹以奔衛，衛師、燕師伐周。[一〇]冬，立子頹。

［一］王姚，莊王之妾也。姚，姓。

［二］周惠王，莊王孫。

［三］圃，園也。囿，苑也。

［四］邊伯，周大夫。

［五］三子〔一〕，周大夫。

［六］膳夫，石速也。秩，祿也。

［七］蘇氏，周大夫，桓王奪其十二邑以與鄭，自此以來遂不和。

［八］石速，士也，故不在五大夫數。

［九］溫，蘇氏邑。

［一〇］燕，南燕。

〔莊經·十九·四〕

夫人姜氏如莒。［一］

［一］無《傳》。非父母國而往。書，姦。

〔莊經·十九·五〕

冬，齊人、宋人、陳人伐我西鄙。［一］

［一］無《傳》。幽之盟，魯使微者會，鄄之盟，又使滕臣行，所以受敵。鄙，邊邑。

〔一〕三子 "三"，原作"公"，據興國軍本改。

莊公二十年

〔莊經·二十·一〕

二十年春王二月，夫人姜氏如莒。[一]

［一］無《傳》。

〔左氏附〕

（莊傳·二十·一）

二十年春，鄭伯和王室，不克。[一]執燕仲父。[二]

［一］克，能也。

［二］燕仲父，南燕伯。爲伐周故。

〔莊經·二十·二〕

夏，齊大災。[一]

［一］無《傳》。來告以火，故書。天火曰災，例在宣十六年。

〔左氏附〕

（莊傳·二十·二）

夏，鄭伯遂以王歸。王處于櫟。

〔莊經·二十·三〕

秋七月。

〔莊經·二十·四〕

冬，齊人伐戎。[一]

［一］無《傳》。

〔左氏附〕

（莊傳·二十·三）

秋，王及鄭伯入于鄔。[一] 遂入成周，取其寶器而還。

［一］鄔，王所取鄭邑。

〔左氏附〕

（莊傳·二十·四）

冬，王子頹享五大夫，樂及徧舞。[一] 鄭伯聞之，見虢叔，[二] 曰："寡人聞之，哀樂失時，殃咎必至。今王子頹歌舞不倦，樂禍也。夫司寇行戮，[三] 君爲之不舉，[四] 而況敢樂禍乎？奸王之位，禍孰大焉。臨禍忘憂，憂必及之。盍納王乎？"虢公曰："寡人之願也。"

［一］皆舞六代之樂。

［二］叔，虢公字。

［三］司寇，刑官。

［四］去盛饌。

莊公二十一年

〔莊經·二十一·一〕

二十有一年春王正月。

〔左氏附〕

(莊傳·二十一·一)

二十一年春，胥命于弭。夏，同伐王城。[一]鄭伯將王自圉門入，虢叔自北門入，殺王子頹及五大夫。鄭伯享王于闕西辟，樂備。[二]王與之武公之略，自虎牢以東。[三]原伯曰："鄭伯效尤，其亦將有咎。"[四]

［一］鄭、虢相命。弭，鄭地。

［二］闕，象魏也。樂備，備六代之樂。

［三］略，界也。鄭武公傅平王，平王賜之自虎牢以東，後失其地，故惠王今復與之。虎牢，河南成皋縣。

［四］原伯，原莊公也。言效子頹舞徧樂。

〔莊經·二十一·二〕

夏五月辛酉，鄭伯突卒。[一]

［一］十六年與魯大夫盟于幽。

(莊傳·二十一·二)

五月，鄭厲公卒。王巡虢守。[一]虢公爲王宮于玤，[二]王與之酒泉。[三]鄭伯之享王也，王以后之鞶鑑予之。[四]虢公請器，王予之爵。[五]鄭伯由是始惡於王。[六]

［一］巡守於虢國也。天子省方謂之巡守。

［二］玤，虢地。

［三］酒泉，周邑。

［四］后，王后也。鞶，帶而以鏡爲飾也，今西方羌胡猶然，古之遺服。

［五］爵，飲酒器。

［六］爲僖二十四年鄭執王使張本。

〔莊經 · 二十一 · 三〕

秋七月戊戌，夫人姜氏薨。[一]

［一］無《傳》。薨寢祔姑，赴於諸侯，故具小君禮書之。

〔莊經 · 二十一 · 四〕

冬十有二月，葬鄭厲公。[一]

［一］無《傳》。八月乃葬，緩慢也。

〔左氏附〕

（莊傳 · 二十一 · 三）

冬，王歸自虢。[一]

［一］《傳》言王之偏也。

莊公二十二年

〔莊經·二十二·一〕

二十有二年春王正月，肆大眚。[一]

[一] 無《傳》。赦有罪也。《易》稱"赦過宥罪"，《書》稱"眚災肆赦"，《傳》稱"肆眚圍鄭"，皆放赦罪人，蕩滌衆故，以新其心。有時而用之，非制所常，故書。

〔莊經·二十二·二〕

癸丑，葬我小君文姜。[一]

[一] 無《傳》。反哭成喪，故稱"小君"。

〔莊經·二十二·三〕

陳人殺其公子御寇。[一]

[一] 宣公大子也。陳人惡其殺大子之名，故不稱君父，以國討公子告。

(莊傳·二十二·一)

二十二年春，陳人殺其大子御寇。[一] 陳公子完與顓孫奔齊。[二] 顓孫自齊來奔。[三] 齊侯使敬仲爲卿，[四] 辭曰："羈旅之臣，[五] 幸若獲宥，及於寬政，[六] 赦其不閑於教訓，而免於罪戾，弛於負擔，[七] 君之惠也，所獲多矣。敢辱高位以速官謗？[八] 請以死告。[九]《詩》云：'翹翹車乘，招我以弓。豈不欲往，畏我友朋？'"[一〇] 使爲工正。[一一] 飲桓公酒樂，[一二] 公曰："以火繼之。"辭曰："臣卜其晝，未卜其夜。不敢。”君子曰:“酒以成禮，不繼以淫，義也。[一三] 以君成禮，弗納於淫，仁也。”初，懿氏卜妻敬仲，[一四] 其妻占之，曰:“吉。[一五] 是謂:‘鳳皇于飛，和鳴鏘鏘。[一六] 有嬀之後，將育于姜。[一七] 五世其昌，並于正卿。八世之後，莫之與京。’”[一八]

[一]《傳》稱大子，以實言。

[二]公子完、顓孫，皆御寇之黨。

[三]不書，非卿。

[四]敬仲，陳公子完。

[五]羈，寄也。旅，客也。

[六]宥，赦也。

[七]弛，去離也。

[八]敢，不敢也。

[九]以死自誓。

[一〇]逸《詩》也。翹翹，遠貌。古者聘士以弓，言雖貪顯命，懼爲朋友所譏責。

[一一]掌百工之官。

[一二]齊桓賢之，故就其家會。據主人之辭，故言飲桓公酒。

[一三]夜飲爲淫樂。

[一四]懿氏，陳大夫。龜曰卜。

[一五]懿氏妻。

[一六]雄曰鳳，雌曰皇。雄雌俱飛，相和而鳴鏘鏘然。猶敬仲夫妻相隨，適齊有聲譽。

[一七]嬀，陳姓。姜，齊姓。

[一八]京，大也。

陳厲公，蔡出也。[一]故蔡人殺五父而立之，[二]生敬仲。其少也，周史有以《周易》見陳侯者，[三]陳侯使筮之，[四]遇《觀》䷓[五]之《否》䷋。[六]曰：“是謂‘觀國之光，利用賓于王’。[七]此其代陳有國乎？不在此，其在異國；非此其身，在其子孫。光遠而自他有耀者也。《坤》，土也。《巽》，風也。《乾》，天也。風爲天於土上，山也。[八]有山之材而照之以天光，於是乎居土上。[九]故曰‘觀國之光，利用賓于王’。[一〇]庭實旅百，奉之以玉帛，天地之美具焉，故曰‘利用賓于王’。[一一]猶有觀焉，故曰‘其在後乎’。[一二]風行而著於土，故曰‘其在異國乎’。若在異國，必姜姓也。姜，大嶽之後也。[一三]山嶽則配天，物莫能兩大，陳衰，此其昌乎？”[一四]及陳之初亡也，[一五]陳桓子始大於齊。[一六]其後亡也，[一七]成子得政。[一八]

［一］姊妹之子曰出。

［二］五父，陳佗也。殺陳佗在桓六年。

［三］周大史也。

［四］蓍曰筮。

［五］《坤》下《巽》上，《觀》。

［六］《坤》下《乾》上，《否》。《觀》六四爻變而爲《否》〔一〕。

［七］此《周易·觀》卦六四爻辭，《易》之爲書，六爻皆有變象，又有互體，聖人隨其義而論之。

［八］《巽》變爲《乾》，故曰“風爲天”。自二至四有《艮》象。《艮》爲山。

［九］山則材之所生，上有《乾》，下有《坤》，故言“居土上”，

〔一〕觀六四爻變而爲否　“爻”，原脱，據興國軍本補。

“照之以天光”。

［一〇］四爲諸侯，變而之《乾》，有國朝王之象。

［一一］《艮》爲門庭，《乾》爲金玉，《坤》爲布帛，諸侯朝王陳贄幣之象。旅，陳也。百言物備。

［一二］因《觀》文以博占，故言“猶有觀”。非在己之言，故知在子孫。

［一三］姜姓之先，爲堯四嶽。

［一四］變而象《艮》，故知當興於大嶽之後，得大嶽之權，則有配天之大功，故知陳必衰。

［一五］昭八年楚滅陳。

［一六］桓子，敬仲五世孫陳無宇。

［一七］哀十七年楚復滅陳。

［一八］成子，陳常也，敬仲八世孫。陳完有禮於齊，子孫世不忘德，德協於卜，故《傳》備言其終始。卜筮者，聖人所以定猶豫、決疑似，因生義教者也。《尚書·洪範》通龜筮以同卿士之數。南蒯卜亂而遇元吉，惠伯答以忠信則可。臧會卜僭，遂獲其應。丘明故舉諸縣驗於行事者，以示來世，而君子志其善者、遠者。他皆放此。

〔莊經·二十二·四〕

夏五月。

〔莊經·二十二·五〕

秋七月丙申，及齊高傒盟于防。[一]

［一］無《傳》。高傒，齊之貴卿，而與魯之微者盟，齊桓謙接諸侯，以崇霸業。

〔莊經·二十二·六〕

冬，公如齊納幣。[一]

［一］無《傳》。公不使卿而親納幣，非禮也。母喪未再期而圖昏，二《傳》不見所譏，左氏又無《傳》，失禮明故。

莊公二十三年

〔莊經 · 二十三 · 一〕

二十有三年春，公至自齊。[一]

[一] 無《傳》。

〔莊經 · 二十三 · 二〕

祭叔來聘。[一]

[一] 無《傳》。《穀梁》以祭叔爲祭公，來聘魯。天子内臣不得外交，故不言使，不與其得使聘。

〔莊經 · 二十三 · 三〕

夏，公如齊觀社。[一]

[一] 齊因祭社蒐軍實，故公往觀之。

(莊傳 · 二十三 · 一)

二十三年夏，公如齊觀社，非禮也。曹劌諫曰："不可。夫禮所以整民也，故會以訓上下之則，制財用之節，[一]朝以正班爵之義，帥長幼之序，征伐以討其不然。[二]諸侯有王，[三]王有巡守，[四]以大習之。[五]非是，君不舉矣。君舉必書，[六]書而不法，後嗣何觀？"

[一] 貢賦多少。

[二] 不然不用命。

[三] 從王事。

[四] 省四方。

［五］大習，會朝之禮。

［六］書於策。

〔莊經·二十三·四〕

公至自齊。[一]

［一］無《傳》。

〔左氏附〕

（莊傳·二十三·二）

晉桓、莊之族偪，[一]獻公患之，士蒍曰："去富子[一]，則群公子可謀也已。"[二]公曰："爾試其事。"士蒍與群公子謀，譖富子而去之。[三]

［一］桓叔、莊伯之子孫强盛，偪迫公室。

［二］士蒍，晉大夫。富子，二族之富彊者。

［三］以罪狀誣之，同族惡其富彊，故士蒍得因而間之，用其所親爲譖，則似信，離其骨肉，則黨弱，群公子終所以見滅。

〔莊經·二十三·五〕

荆人來聘。[一]

［一］無《傳》。不書荆子使某來聘，君臣同辭者，蓋楚之始通，未成其禮。

〔一〕按，"富子"，洪亮吉謂"疑富子爲群公子之一。非强族，即係多知術，能爲群公子謀畫者。譖而去之，則群公子失謀主矣。杜以富强解之，恐誤"。見氏著《春秋左傳詁》，北京：中華書局，1987年，第254頁。

〔莊經 · 二十三 · 六〕

公及齊侯遇于穀。[一]

［一］無《傳》。

〔莊經 · 二十三 · 七〕

蕭叔朝公。[一]

［一］無《傳》。蕭，附庸國。叔，名。就穀朝公，故不言來。凡在外朝，則禮不得具，嘉禮不野合。

〔莊經 · 二十三 · 八〕

秋，丹桓宮楹。[一]

［一］桓公廟也。楹，柱也。

(莊傳 · 二十三 · 三)

秋，丹桓宮之楹。

〔莊經 · 二十三 · 九〕

冬十有一月，曹伯射姑卒。[一]

［一］無《傳》。未同盟而赴以名。

〔莊經 · 二十三 · 十〕

十有二月甲寅，公會齊侯盟于扈。[一]

［一］無《傳》。扈，鄭地，在滎陽卷縣西北。

莊公二十四年

〔莊經·二十四·一〕

二十有四年春王三月，刻桓宫桷。[一]

［一］刻，鏤也。桷，椽也。將逆夫人，故爲盛飾。

（莊傳·二十四·一）

二十四年春，刻其桷，皆非禮也。[一]御孫諫曰："臣聞之，儉，德之共也。侈，惡之大也。[二]先君有共德，而君納諸大惡，無乃不可乎？"[三]

［一］并非丹楹，故言皆。

［二］御孫，魯大夫。

［三］以不丹楹、刻桷爲共。

〔莊經·二十四·二〕

葬曹莊公。[一]

［一］無《傳》。

〔莊經·二十四·三〕

夏，公如齊逆女。[一]

［一］無《傳》。親逆，禮也。

〔莊經·二十四·四〕

秋，公至自齊。[一]

［一］無《傳》。

〔莊經·二十四·五〕

八月丁丑，夫人姜氏入。[一]

[一]哀姜也。《公羊傳》以爲姜氏要公，不與公俱入，蓋以孟任故，丁丑入而明日乃朝廟。

(莊傳·二十四·二)

秋，哀姜至。

〔莊經·二十四·六〕

戊寅，大夫、宗婦覿，用幣。[一]

[一]宗婦，同姓大夫之婦。禮，小君至，大夫執贄以見，明臣子之道。莊公欲奢夸夫人，故使大夫、宗婦同贄俱見。

(莊傳·二十四·三)

公使宗婦覿用幣，非禮也。[一]御孫曰："男贄，大者玉帛，[二]小者禽鳥，[三]以章物也。[四]女贄不過榛、栗、棗、脩，以告虔也。[五]今男女同贄，是無别也。男女之别，國之大節也，而由夫人亂之，無乃不可乎？"

[一]《傳》不言大夫，唯舉非常。

[二]公、侯、伯、子、男執玉，諸侯世子、附庸、孤卿執帛。

[三]卿執羔，大夫執鴈，士執雉。

[四]章所執之物，别貴賤。

[五]榛，小栗。脩，脯。虔，敬也。皆取其名以示敬。

〔左氏附〕

(莊傳·二十四·四)

晉士蔿又與群公子謀，使殺游氏之二子。[一]士蔿告晉侯曰："可矣，不過二年，君必無患。"

［一］游氏二子亦桓、莊之族。

〔莊經·二十四·七〕

大水。[一]

［一］無《傳》。

〔莊經·二十四·八〕

冬，戎侵曹。[一]

［一］無《傳》。

〔莊經·二十四·九〕

曹羈出奔陳。[一]

［一］無《傳》。羈，蓋曹世子也。先君既葬而不稱爵者，微弱不能自定，曹人以名赴。

〔莊經·二十四·十〕

赤歸于曹。[一]

［一］無《傳》。赤，曹僖公也。蓋爲戎所納，故曰"歸"。

〔莊經·二十四·十一〕

郭公。[一]

［一］無《傳》。蓋《經》闕誤也。自曹羈以下，《公羊》《穀梁》之説既不了，又不可通之於《左氏》，故不采用。

莊公二十五年

〔莊經·二十五·一〕

二十有五年春，陳侯使女叔來聘。[一]

［一］女叔，陳卿。女，氏。叔，字。

（莊傳·二十五·一）

二十五年春，陳女叔來聘，始結陳好也。嘉之，故不名。[一]

［一］季友相魯，原仲相陳，二人有舊，故女叔來聘。季友冬亦報聘，嘉好接備。卿以字爲嘉，則稱名其常也。

〔莊經·二十五·二〕

夏五月癸丑，衛侯朔卒。[一]

［一］無《傳》。惠公也。書名，十六年與内大夫盟于幽。

〔莊經·二十五·三〕

六月辛未朔，日有食之。鼓，用牲于社。[一]

［一］鼓，伐鼓也。用牲以祭社，《傳》例曰："非常也。"

（莊傳·二十五·二）

夏六月辛未朔，日有食之。鼓，用牲于社，非常也。[一]唯正月之朔，慝未作，[二]日有食之，於是乎用幣于社，伐鼓于朝。[三]

［一］非常鼓之月，《長歷》推之，辛未實七月朔，置閏失所，故致月錯。

［二］正月，夏之四月，周之六月，謂正陽之月。今書六月而《傳》云“唯”者，明此月非正陽月也。慝，陰氣。

［三］日食，歷之常也。然食於正陽之月，則諸侯用幣于社，請救於上。公伐鼓于朝，退而自責，以明陰不宜侵陽，臣不宜掩君，以示大義。

〔莊經·二十五·四〕

伯姬歸于杞。[一]

［一］無《傳》。不書逆女，逆者微。

〔莊經·二十五·五〕

秋，大水。鼓，用牲于社，于門。[一]

［一］門，國門也。《傳》例曰:“亦非常也。”

(莊傳·二十五·三)

秋，大水。鼓，用牲于社，于門，亦非常也。[一]凡天災有幣無牲。[二]非日月之眚，不鼓。[三]

［一］失常禮。

［二］天災，日月食、大水也。祈請而已，不用牲也。

［三］眚，猶災也，月侵日爲眚。陰陽逆順之事，賢聖所重，故特鼓之。

〔莊經·二十五·六〕

冬，公子友如陳。[一]

［一］無《傳》。報女叔之聘，諸魯出朝聘皆書“如”，不果。彼國必成其禮，故不稱朝聘，春秋之常也。公子友，莊公之母

弟。稱“公子”者，史策之通言。母弟至親，異於他臣，其相殺害則稱弟以示義。至於嘉好之事，兄弟篤睦，非例所興，或稱“弟”，或稱“公子”，仍舊史之文也。母弟，例在宣十七年。

〔左氏附〕

(莊傳·二十五·四)

晉士蔿使群公子盡殺游氏之族，乃城聚而處之。[一]

［一］聚，晉邑。

冬，晉侯圍聚，盡殺群公子。[一]

［一］卒如士蔿之計。

莊公二十六年

〔莊經·二十六·一〕

二十有六年春，公伐戎。[一]

［一］無《傳》。

〔左氏附〕

（莊傳·二十六·一）

二十六年春，晉士蔿爲大司空。[一]

［一］大司空，卿官。

〔莊經·二十六·二〕

夏，公至自伐戎。[一]

［一］無《傳》。

〔左氏附〕

（莊傳·二十六·二）

夏，士蔿城絳以深其宫。[一]

［一］絳，晉所都也。今平陽絳邑縣。

〔莊經·二十六·三〕

曹殺其大夫。[一]

［一］無《傳》。不稱名，非其罪，例在文七年。

〔莊經・二十六・四〕

秋，公會宋人、齊人伐徐。[一]

［一］無《傳》。宋序齊上，主兵。

〔左氏附〕

（莊傳・二十六・三）

秋，虢人侵晉。冬，虢人又侵晉。[一]

［一］爲《傳》明年晉將伐虢張本。此年《經》《傳》各自言其事者，或《經》是直文，或策書雖存而簡牘散落，不究其本末，故《傳》不復申解，但言傳事而已。

〔莊經・二十六・五〕

冬十有二月癸亥朔，日有食之。[一]

［一］無《傳》。

莊公二十七年

〔莊經·二十七·一〕

二十有七年春，公會杞伯姬于洮。[一]

[一] 伯姬，莊公女，洮，魯地。

(莊傳·二十七·一)

二十七年春，公會杞伯姬于洮，非事也。[一]天子非展義不巡守，[二]諸侯非民事不舉，卿非君命不越竟。

[一] 非諸侯之事。

[二] 天子巡守，所以宣布德義。

〔莊經·二十七·二〕

夏六月，公會齊侯、宋公、陳侯、鄭伯同盟于幽。

(莊傳·二十七·二)

夏，同盟于幽。陳、鄭服也。[一]

[一] 二十二年，陳亂而齊納敬仲。二十五年，鄭文公之四年，獲成於楚。皆有二心於齊，今始服也。

〔莊經·二十七·三〕

秋，公子友如陳，葬原仲。[一]

[一] 原仲，陳大夫。原，氏。仲，字也。禮，臣既卒，不名，故稱字。季友違禮會外大夫葬，具見其事，亦所以知譏。

(莊傳·二十七·三)

秋，公子友如陳，葬原仲，非禮也。原仲，季友之舊也。

〔莊經·二十七·四〕

冬，杞伯姬來。[一]

[一]《傳》例曰："歸寧。"

(莊傳·二十七·四)

冬，杞伯姬來，歸寧也。[一]凡諸侯之女歸寧曰來，出曰來歸。[二]夫人歸寧曰如某，出曰歸于某。

[一]寧，問父母安否。

[二]歸，不反之辭。

〔莊經·二十七·五〕

莒慶來逆叔姬。[一]

[一]無《傳》。慶，莒大夫。叔姬，莊公女。卿自爲逆則稱字，例在宣五年。

〔莊經·二十七·六〕

杞伯來朝。[一]

[一]無《傳》。杞稱"伯"者，蓋爲時王所黜。

〔莊經·二十七·七〕

公會齊侯于城濮。[一]

[一]無《傳》。城濮，衛地。將討衛也。

〔左氏附〕

(莊傳·二十七·五)

晉侯將伐虢，士蔿曰："不可。虢公驕，若驟得勝於我，必棄其民。[一] 無衆而後伐之，欲禦我，誰與？夫禮樂慈愛，戰所畜也。夫民讓事、樂和、愛親、哀喪，而後可用也。[二] 虢弗畜也，亟戰將饑。”[三]

[一] 棄民不養之。

[二] 上之使民以義、讓、哀、樂爲本，言不可力强。

[三] 言虢不畜義讓而力戰。

〔左氏附〕

（莊傳·二十七·六）

王使召伯廖賜齊侯命。[一] 且請伐衛，以其立子頹也。[二]

[一] 召伯廖，王卿士，賜命爲侯伯。

[一] 立子頹在十九年。

莊公二十八年

〔莊經·二十八·一〕

二十有八年春王三月甲寅，齊人伐衛。衛人及齊人戰，衛人敗績。[一]

［一］齊侯稱"人"者，諱取賂而還，以賤者告。不地者，史失之。

（莊傳·二十八·一）

二十八年春，齊侯伐衛，戰，敗衛師。數之以王命，取賂而還。

〔左氏附〕

（莊傳·二十八·二）

晉獻公娶于賈，無子。[一]烝於齊姜，[二]生秦穆夫人及大子申生。又娶二女於戎，大戎狐姬生重耳，[三]小戎子生夷吾。[四]晉伐驪戎，驪戎男女以驪姬，[五]歸，生奚齊，其娣生卓子。

［一］賈，姬姓國也。

［二］齊姜，武公妾。

［三］大戎，唐叔子孫別在戎狄者。

［四］小戎，允姓之戎。子，女也。

［五］驪戎，在京兆新豐縣，其君姬姓，其爵男也。納女於人曰女。

驪姬嬖，欲立其子，賂外嬖梁五與東關嬖五，[一]使言於公曰："曲沃，君之宗也，[二]蒲與二屈，君之疆也。[三]

不可以無主。宗邑無主則民不威，疆埸無主則啓戎心。戎之生心，民慢其政，國之患也。若使大子主曲沃，而重耳、夷吾主蒲與屈，則可以威民而懼戎，且旌君伐。”[四]使俱曰：“狄之廣莫，於晉爲都，晉之啓土，不亦宜乎？”[五]晉侯説之。夏，使大子居曲沃，重耳居蒲城，夷吾居屈，群公子皆鄙。[六]唯二姬之子在絳，二五卒與驪姬譖群公子而立奚齊。晉人謂之“二五耦”。[七]

［一］姓梁名五，在閨闥之外者。東關嬖五，别在關塞者，亦名五。皆大夫爲獻公所嬖幸，視聽外事。

［二］曲沃，桓叔所封，先君宗廟所在。

［三］蒲，今平陽蒲子縣。二屈，今平陽北屈縣，或云二當爲北。

［四］旌，章也。伐，功也。

［五］廣莫，狄地之曠絶也，即謂蒲與北屈也〔一〕。言遣二公子出都之〔二〕，則晉方當大開土界，獻公未決，故復使二五俱説此美。

［六］鄙，邊邑。

［七］二耜相耦廣一尺，共起一伐。言二人俱共墾傷晉室若此。

〔莊經·二十八·二〕

夏四月丁未，邾子瑣卒。[一]

［一］無《傳》。未同盟而赴以名。

〔莊經·二十八·三〕

秋，荆伐鄭。

〔一〕即謂蒲與北屈也　原作“即謂蒲子北屈也”，難解。按：浦鏜《正誤》：“‘子’作‘與’，是也。‘北’，毛本誤‘比’。”據改。

〔二〕言遣二公子出都之　“遣”，阮刻本作“遺”。

(莊傳·二十八·三)

楚令尹子元欲蠱文夫人，[一] 爲館於其宮側而振《萬》焉。[二] 夫人聞之，泣曰：“先君以是舞也，習戎備也。今令尹不尋諸仇讎，而於未亡人之側，不亦異乎？”[三] 御人以告子元。[四] 子元曰：“婦人不忘襲讎，我反忘之。”

［一］文王夫人息嬀也。子元，文王弟。蠱，惑以淫事。

［二］振，動也。《萬》，舞也。

［三］尋，用也。婦人既寡，自稱未亡人。

［四］御人，夫人之侍人。

秋，子元以車六百乘伐鄭，入于桔柣之門。[一] 子元、鬭御彊、鬭梧、耿之不比爲旆，[二] 鬭班、王孫游、王孫喜殿。[三] 衆車入自純門，及逵市，[四] 縣門不發，楚言而出。子元曰：“鄭有人焉。”[五]

［一］桔柣，鄭遠郊之門也。

［二］子元自與三子特建旆以居。前廣充幅[一]，長尋曰旐，繼旐曰旆。

［三］三子在後爲反禦。

［四］純門，鄭外郭門也。逵市，郭内道上市。

［五］縣門，施於内城門，鄭示楚以閒暇，故不閉城門，出兵而效楚言，故子元畏之不敢進。

〔莊經·二十八·四〕

公會齊人、宋人救鄭。

〔一〕 前廣充幅　尋《正義》文義引《經典釋文》“縿廣充幅”，“廣充幅”前當有“縿”。又，阮校曰：“宋本、淳熙本、岳本、足利本同閩本，明監本、毛本‘廣’上有‘縿’字，與《正義》合。”

（莊傳·二十八·四）

諸侯救鄭，楚師夜遁。鄭人將奔桐丘，[一] 諜告曰："楚幕有烏。"乃止。[二]

［一］許昌縣東北有桐丘城。

［二］諜，間也。幕，帳也。

〔莊經·二十八·五〕

冬，築郿。[一]

［一］郿，魯下邑。《傳》例曰："邑曰築。"

（莊傳·二十八·五）

冬，饑。臧孫辰告糴于齊，禮也。[一]

［一］《經》書"大無麥禾"，《傳》言"饑"。《傳》又先書"饑"在"築郿"上者，説始糴。《經》在下，須得糴。嫌或諱饑，故曰"禮"。

〔莊經·二十八·六〕

大無麥禾。[一] **臧孫辰告糴于齊。**[二]

［一］書於冬者，五穀畢入，計食不足而後書也。

［二］臧孫辰，魯大夫臧文仲。

（莊傳·二十八·六）

築郿，非都也。凡邑，有宗廟先君之主曰都，無曰邑。邑曰築，都曰城。[一]

［一］《周禮》："四縣爲都，四井爲邑。"然宗廟所在，則雖邑曰都，尊之也。言凡邑則他築，非例。

莊公二十九年

〔莊經·二十九·一〕

二十有九年春，新延廄。[一]

［一］《傳》例曰："書，不時。"言"新"者，皆舊物不可用，更造之辭。

(莊傳·二十九·一)

二十九年春，新作延廄。書，不時也。[一]凡馬，日中而出，日中而入。[二]

［一］《經》無"作"字，蓋闕。

［二］日中，春秋分也。治廄當以秋分，因馬向入而脩之。今以春作，故曰"不時"。

〔莊經·二十九·二〕

夏，鄭人侵許。[一]

［一］《傳》例曰：無鍾鼓曰侵。

(莊傳·二十九·二)

夏，鄭人侵許。凡師，有鍾鼓曰伐，[一]無曰侵，[二]輕曰襲。[三]

［一］聲其罪。

［二］鍾鼓無聲。

［三］掩其不備。

〔莊經·二十九·三〕

秋，有蜚。[一]

［一］《傳》例曰："爲災。"

（莊傳·二十九·三）

秋，有蜚，爲災也。凡物不爲災，不書。

〔莊經·二十九·四〕

冬十有二月，紀叔姬卒。[一]

［一］無《傳》。紀國雖滅，叔姬執節守義，故繫之紀，賢而錄之。

〔莊經·二十九·五〕

城諸及防。[一]

［一］諸、防，皆魯邑。《傳》例曰："書，時也。"諸非備難而興作，《傳》皆重云"時"以釋之。他皆放此。諸，今城陽諸縣。

（莊傳·二十九·四）

冬十二月，城諸及防。書，時也。凡土功，龍見而畢務，戒事也。[一]火見而致用，[二]水昏正而栽，[三]日至而畢。[四]

［一］謂今九月，周十一月，龍星、角亢晨見東方，三務始畢，戒民以土功事。

［二］大火，心星，次角亢。見者，致築作之物。

［三］謂今十月，定星昏而中，於是樹板榦而興作。

［四］日南至，微陽始動，故土功息。

〔左氏附〕

（莊傳·二十九·五）

樊皮叛王。[一]

［一］樊皮，周大夫。樊，其采地。皮，名。

莊公三十年

〔莊經 · 三十 · 一〕

三十年春王正月。

〔左氏附〕

(莊傳 · 三十 · 一)

三十年春，王命虢公討樊皮。

〔莊經 · 三十 · 二〕

夏，次于成。[一]

［一］無《傳》。將卑師少，故直言“次”。齊將降郕，故設備。

〔左氏附〕

(莊傳 · 三十 · 二)

夏四月丙辰，虢公入樊，執樊仲皮，歸于京師。

〔左氏附〕

(莊傳 · 三十 · 三)

楚公子元歸自伐鄭，而處王宮。[一]鬬射師諫，則執而梏之。[二]秋，申公鬬班殺子元。[三]鬬穀於菟爲令尹，自毁其家以紓楚國之難。[四]

［一］欲遂蠱文夫人。

［二］射師，鬬廉也。足曰桎，手曰梏。

［三］申，楚縣也。楚僭號，縣尹皆稱公。

［四］鬬穀於菟，令尹子文也。毀，滅。紓，緩也。

〔莊經·三十·三〕

秋七月，齊人降鄣。[一]

［一］無《傳》。鄣，紀附庸國。東平無鹽縣東北有鄣城。小國孤危，不能自固，蓋齊遥以兵威脅使降附。

〔莊經·三十·四〕

八月癸亥，葬紀叔姬。[一]

［一］無《傳》。以賢録也。無臣子，故不作謚。

〔莊經·三十·五〕

九月庚午朔，日有食之。鼓，用牲于社。[一]

［一］無《傳》。

〔莊經·三十·六〕

冬，公及齊侯遇于魯濟。[一]

［一］濟水歷齊、魯界，在齊界爲齊濟，在魯界爲魯濟，蓋魯地。

(莊傳·三十·四)

冬，遇于魯濟，謀山戎也。以其病燕故也。[一]

［一］齊桓行霸，故欲爲燕謀難。燕國，今薊縣。

〔莊經·三十·七〕

齊人伐山戎。〔一〕

［一］山戎，北狄〔一〕。

〔一〕山戎北狄 “狄”，原作“戎”。按：興國軍本、《齊世家集解》引服虔及本年杜解並作“狄”，據改。

莊公三十一年

〔莊經·三十一·一〕

三十有一年春，築臺于郎。[一]

［一］無《傳》。刺奢，且非土功之時。

〔莊經·三十一·二〕

夏四月，薛伯卒。[一]

［一］無《傳》。未同盟。

〔莊經·三十一·三〕

築臺于薛。[一]

［一］無《傳》。薛，魯地。

〔莊經·三十一·四〕

六月，齊侯來獻戎捷。[一]

［一］《傳》例曰："諸侯不相遺俘。"捷，獲也。獻，奉上之辭。齊侯以獻捷禮來，故書以示過〔一〕。

（莊傳·三十一·一）

三十一年夏六月，齊侯來獻戎捷，非禮也。凡諸侯有四夷之功，則獻于王，王以警于夷。[一]中國則否。諸侯不相遺俘。[二]

〔一〕故書以示過　"書"，原作"爲"，據興國軍本改。

［一］以警懼夷狄。

［二］雖夷狄俘，猶不以相遺。

〔莊經·三十一·五〕

秋，築臺于秦。[一]

［一］無《傳》。東平范縣西北有秦亭。

〔莊經·三十一·六〕

冬，不雨。[一]

［一］無《傳》。不書旱，不爲災，例在僖三年。

莊公三十二年

〔莊經·三十二·一〕

三十有二年春，城小穀。[一]

［一］小穀，齊邑，濟北穀城縣城中有管仲井。大都以名通者，則不繫國。

(莊傳·三十二·一)

三十二年春，城小穀，爲管仲也。[一]

［一］公感齊桓之德，故爲管仲城私邑。

〔莊經·三十二·二〕

夏，宋公、齊侯遇于梁丘。[一]

［一］齊善宋之請見，故進其班。梁丘在高平昌邑縣西南。

(莊傳·三十二·二)

齊侯爲楚伐鄭之故，請會于諸侯，[一]宋公請先見于齊侯。夏，遇于梁丘。

［一］楚伐鄭在二十八年，謀爲鄭報楚。

［左氏附］

(莊傳·三十二·三)

秋七月，有神降于莘。[一]惠王問諸内史過曰："是何故也？"[二]對曰："國之將興，明神降之，監其德也；將亡，神又降之，觀其惡也。故有得神以興，亦有以亡。虞、夏、商、周皆有之。"[三]王曰："若之何？"對曰："以其物享焉，其至之日，亦其物也。”[四] 王從之。内史過往，聞虢請命，[五] 反曰：“虢必亡矣。虐而聽於神。”神居莘六月。虢公使祝應、宗區、史嚚享焉。神賜之土田。[六] 史嚚曰：“虢其亡乎？吾聞之，國將興，聽於民。[七] 將亡，聽於神。[八] 神，聰明正直而壹者也，依人而行。[九] 虢多涼德，其何土之能得？”[一〇]

［一］有神聲以接人。莘，虢地。

［二］内史過，周大夫。

［三］亦有神異。

［四］享，祭也。若以甲乙日至，祭先脾，玉用蒼，服上青，以此類祭之。

［五］聞虢請於神，求賜土田之命。

［六］祝，大祝。宗，宗人。史，大史。應、區、嚚，皆名。

［七］政順民心。

［八］求福於神。

［九］唯德是與。

［一〇］涼，薄也，爲僖二年晉滅下陽《傳》。

〔莊經·三十二·三〕

秋七月癸巳，公子牙卒。[一]

［一］牙，慶父同母弟僖叔也。飲酖而死，不以罪告，故得書“卒”。書日者，公有疾，不責公不與小斂。

（莊傳·三十二·四）

初，公築臺臨黨氏，[一] 見孟任，從之。閟，[二] 而以夫人言許之〔一〕，〔三〕割臂盟公，生子般焉。雩，講于梁氏，女公子觀之。〔四〕圉人犖自牆外與之戲。〔五〕子般怒，使鞭之。公曰："不如殺之。是不可鞭，犖有力焉，能投蓋于稷門。"〔六〕公疾，問後於叔牙，對曰："慶父材。"〔七〕問於季友，對曰："臣以死奉般。"〔八〕公曰："鄉者牙曰：'慶父材。'"成季使以君命，命僖叔待于鍼巫氏，〔九〕使鍼季酖之。〔一〇〕曰："飲此則有後於魯國，不然死且無後。"飲之，歸及逵泉而卒。立叔孫氏。〔一一〕

［一］黨氏，魯大夫。築臺不書，不告廟。

［二］孟任，黨氏女。閟，不從公。

［三］許以爲夫人。

［四］雩，祭天也。講，肄也〔二〕。梁氏，魯大夫。女公子，子般妹。

［五］圉人，掌養馬者，以慢言戲之。

［六］蓋，覆也。稷門，魯南城門。走而自投，接其屋之桷，反覆門上。

［七］蓋欲進其同母兄。

［八］季友，莊公母弟，故欲立般。

〔一〕劉文淇《春秋左氏傳舊注疏證》："顧炎武云：'以"夫人言"爲句，公語以立之爲夫人也。"許之"，孟任許公也。'文淇案，顧説是也。杜注云'許以爲夫人'，是謂孟任要立爲夫人，而公許之也，於情事不合。魯世家許立爲夫人，約《傳》文而失其義。"陶鴻慶《左傳别疏》："此文當以'閟而以夫人言'六字爲句。闔者、言者皆謂孟任。《説文·門部》引作'閉門而與之言'，闖篆下引《國語》'闖門而與之言'，皆以六字爲句。《説文》徵引《經》《傳》多約辭舉意（如《口部》引《詩·齊風》'東方明矣，朝既昌矣'，止作'東方昌矣'。《口部》引《大雅》'混夷駾矣，維其喙矣'，止作'犬夷呬矣'，皆此類）。謂孟任闕門而以立爲夫人要言於公也。許之，公許孟任也。顧説未確。"

〔二〕肄也　原作"肆也"，據興國軍本改。按：阮校曰："'肆'當爲'肄'字之誤。宋本、纂圖本、閩本、監本、毛本作'肄'，《正義》同。閩本《正義》'故講爲肄'仍作'肆'。"

［九］成季，季友也。鍼巫氏，魯大夫。

［一〇］酖，鳥名。其羽有毒，以畫酒，飲之則死。

［一一］逵泉，魯地。不以罪誅，故得立後，世其祿。

〔莊經 · 三十二 · 四〕

八月癸亥，公薨于路寢。［一］

［一］路寢，正寢也。公薨皆書其所，詳凶變。

（莊傳 · 三十二 · 五）

八月癸亥，公薨于路寢。子般即位，次于黨氏。［一］

［一］即喪位。次，舍也。

〔莊經 · 三十二 · 五〕

冬十月己未，子般卒。［一］

［一］子般，莊公大子。先君未葬，故不稱爵。不書殺，諱之也。

（莊傳 · 三十二 · 六）

冬十月己未，共仲使圉人犖賊子般于黨氏。［一］成季奔陳。［二］立閔公。［三］

［一］共仲，慶父。

［二］出奔不書，國亂，史失之。

［三］閔公，莊公庶子，於是年八歲。

〔莊經 · 三十二 · 六〕

公子慶父如齊。［一］

［一］無《傳》。慶父既殺子般，季友出奔，國人不與，故懼而適齊，欲以求援。時無君，假赴告之禮而行。

〔莊經·三十二·七〕

狄伐邢。[一]

［一］無《傳》。邢國在廣平襄國縣。

春秋左氏經傳集解閔公第四

春秋左氏經傳集解閔公第四

杜　氏

閔公元年

〔閔經·元·一〕

元年春王正月。

（閔傳·元·一）

元年春，不書即位，亂故也。[一]

[一] 國亂不得成禮。

〔閔經·元·二〕

齊人救邢。

（閔傳·元·二）

狄人伐邢。[一] 管敬仲言於齊侯曰："戎狄豺狼，不可厭也。[二] 諸夏親暱，不可棄也。[三] 宴安酖毒，不可懷也。[四]《詩》云：'豈不懷歸，畏此簡書。'[五] 簡書，同惡相恤之謂也。[六] 請救邢以從簡書。"齊人救邢。

[一] 狄伐邢在往年冬。

[二] 敬仲，管夷吾。

[三] 諸夏，中國也。暱，近也。

[四] 以宴安比之酖毒。

[五]《詩·小雅》也。文王爲西伯，勞來諸侯之詩。

［六］同恤所惡。

〔閔經·元·三〕

夏六月辛酉，葬我君莊公。

（閔傳·元·三）

夏六月，葬莊公。亂故，是以緩。[一]

［一］十一月乃葬。

〔閔經·元·四〕

秋八月，公及齊侯盟于落姑。[一] **季子來歸。**[二]

［一］落姑，齊地。

［二］季子，公子友之字。季子忠於社稷，爲國人所思，故賢而字之。齊侯許納，故曰“歸”。

（閔傳·元·四）

秋八月，公及齊侯盟于落姑，請復季友也。[一] 齊侯許之。使召諸陳，公次于郎以待之。[二] 季子來歸，嘉之也。

［一］閔公初立，國家多難，以季子忠賢，故請霸主而復之。

［二］非師旅之事，故不書次。

〔閔經·元·五〕

冬，齊仲孫來。[一]

［一］仲孫，齊大夫。以事出疆，因來省難，非齊侯命，故不稱使也。還使齊侯務寧魯難，故嘉而字之。來者事實，省難其志也。故《經》但書仲孫之來，而《傳》尋仲孫之志。

(閔傳·元·五)

冬，齊仲孫湫來省難。[一] 書曰“仲孫”，亦嘉之也。仲孫歸曰：“不去慶父，魯難未已。”[二] 公曰：“若之何而去之？”對曰：“難不已，將自斃。[三] 君其待之。”公曰：“魯可取乎？”對曰：“不可，猶秉周禮。周禮，所以本也。臣聞之，國將亡，本必先顛而後枝葉從之。魯不棄周禮，未可動也。君其務寧魯難而親之，親有禮，因重固，[四] 間攜貳，[五] 覆昏亂，[六] 霸王之器也。”[七]

[一] 湫，仲孫名。

[二] 時慶父亦還魯。

[三] 斃，踣也。

[四] 能重能固，則當就成之。

[五] 離而相疑者，則當因而間之。

[六] 覆，敗也。

[七] 霸王所用，故以器爲喻。

〔左氏附〕

(閔傳·元·六)

晉侯作二軍。[一] 公將上軍，大子申生將下軍，趙夙御戎，畢萬爲右。[二] 以滅耿、滅霍、滅魏。[三] 還，爲大子城曲沃。賜趙夙耿，賜畢萬魏，以爲大夫。士蔿曰：“大子不得立矣。分之都城而位以卿，先爲之極，又焉得立？[四] 不如逃之，無使罪至。爲吴大伯不亦可乎？[五] 猶有令名，與其及也。[六] 且諺曰：‘心苟無瑕，何恤乎無家？’天若祚大子，其無晉乎？”[七] 卜偃曰：“畢萬之後必大。[八]

萬，盈數也。魏，大名也。以是始賞，天啓之矣。天子曰兆民，諸侯曰萬民。今名之大，以從盈數，其必有衆。”[九]

[一] 晉本一軍，見莊十六年。

[二] 爲公御右也。夙，趙衰兄。畢萬，魏犨祖父。

[三] 平陽皮氏縣東南有耿鄉。永安縣東北有霍大山。三國皆姬姓。

[四] 位以卿謂將下軍。

[五] 大伯，周大王之適子，知其父欲立季歷，故讓位而適吴。

[六] 言雖去猶有令名，勝於留而及禍。

[七] 爲晉殺申生《傳》。

[八] 卜偃，晉掌卜大夫。

[九] 以魏從萬，有衆象。

初，畢萬筮仕於晉，遇《屯》䷂[一]之《比》䷇。[二]辛廖占之，曰：“吉。[三]《屯》固《比》入，吉孰大焉，其必蕃昌。[四]《震》爲土，[五]車從馬，[六]足居之，[七]兄長之，[八]母覆之，[九]衆歸之，[一〇]六體不易，[一一]合而能固，安而能殺，公侯之卦也。[一二]公侯之子孫，必復其始。”[一三]

[一]《震》下《坎》上，《屯》。

[二]《坤》下《坎》上，《比》。《屯》初九變而爲《比》。

[三] 辛廖，晉大夫。

[四]《屯》險難，所以爲堅固。《比》親密，所以得入。

[五]《震》變爲《坤》。

[六]《震》爲車，《坤》爲馬。

[七]《震》爲足。

[八]《震》爲長男。

[九]《坤》爲母。

[一〇]《坤》爲衆。

[一一] 初一爻變有此六義，不可易也。

[一二]《比》合《屯》固，《坤》安《震》殺，故曰“公侯之卦”。

[一三] 萬，畢公高之後，《傳》爲魏之子孫衆多張本。

閔公二年

〔閔經 · 二 · 一〕

二年春王正月，齊人遷陽。[一]

［一］無《傳》。陽，國名。蓋齊人偪徙之。

〔左氏附〕

（閔傳 · 二 · 一）

二年春，虢公敗犬戎于渭汭。[一] 舟之僑曰："無德而祿，殃也。殃將至矣。"遂奔晉。[二]

［一］犬戎，西戎別在中國者。渭水出隴西，東入河。水之隈曲曰汭。

［二］舟之僑，虢大夫。

〔閔經 · 二 · 二〕

夏五月乙酉，吉禘于莊公。[一]

［一］三年喪畢，致新死者之主於廟，廟之遠主當遷入祧，因是大祭以審昭穆，謂之禘。莊公喪制未闋，時別立廟，廟成而吉祭又不於大廟，故詳書以示譏。

（閔傳 · 二 · 二）

夏，吉禘于莊公，速也。

〔閔經 · 二 · 三〕

秋八月辛丑，公薨。[一]

［一］實弒，書“薨”又不地者，皆史策諱之。

(閔傳·二·三)

初，公傅奪卜齮田，公不禁。[一] 秋八月辛丑，共仲使卜齮賊公于武闈。[二] 成季以僖公適邾。[三] 共仲奔莒，乃入，立之。以賂求共仲于莒。莒人歸之。及密，使公子魚請。[四] 不許，哭而往。共仲曰：“奚斯之聲也。”乃縊。[五]

［一］卜齮，魯大夫也。公即位年八歲，知愛其傅而遂成其意，以奪齮田，齮忿其傅并及公，故慶父因之。

［二］宮中小門謂之闈。

［三］僖公，閔公庶兄，成風之子。

［四］密，魯地，琅邪費縣北有密如亭。公子魚，奚斯也。

［五］慶父之罪雖重，季子推親親之恩，欲同之叔牙，存孟氏之族，故略其罪，不書殺，又不書卒。

〔閔經·二·四〕

九月，夫人姜氏孫于邾。[一]

［一］哀姜外淫，故孫稱“姜氏”。

(閔傳·二·四)

閔公，哀姜之娣叔姜之子也，故齊人立之。共仲通於哀姜，哀姜欲立之。閔公之死也，哀姜與知之，故孫于邾。齊人取而殺之于夷，以其尸歸。[一] 僖公請而葬之。[二]

［一］爲僖元年齊人殺哀姜《傳》。夷，魯地〔一〕。

［二］哀姜之罪已重，而僖公請其喪還者，外欲固齊以居厚，内存母子不絶之義，爲國家之大計。

〔左氏附〕

（閔傳·二·五）

成季之將生也，桓公使卜楚丘之父卜之，[一] 曰："男也。其名曰友，在公之右。[二] 間于兩社，爲公室輔。[三] 季氏亡，則魯不昌。"又筮之，遇《大有》☲☰[四] 之《乾》☰☰，[五] 曰："同復于父，敬如君所。"[六] 及生，有文在其手，曰友，遂以命之。[七]

［一］卜楚丘，魯掌卜大夫。

［二］在右，言用事。

［三］兩社，周社、亳社。兩社之間，朝廷執政所在。

［四］《乾》下《離》上，《大有》。

［五］《乾》下《乾》上，《乾》。《大有》六五變而爲《乾》。

［六］筮者之辭也。《乾》爲君父，《離》變爲《乾》，故曰"同復于父"，見敬與君同。

［七］遂以爲名。

〔閔經·二·五〕

公子慶父出奔莒。[一]

［一］弑閔公故。

〔一〕魯地 "地"，阮刻本作"也"。

〔閔經·二·六〕

冬，齊高子來盟。[一]

［一］無《傳》。蓋高傒也。齊侯使來平魯亂。僖公新立，因遂結盟，故不稱使也。魯人貴之，故不書名。子，男子之美稱。

〔閔經·二·七〕

十有二月，狄入衛。[一]

［一］書“入”，不能有其地，例在襄十三年。

（閔傳·二·六）

冬十二月，狄人伐衛。衛懿公好鶴，鶴有乘軒者。[一]將戰，國人受甲者皆曰：“使鶴。鶴實有祿位，余焉能戰？”公與石祁子玦，與甯莊子矢，使守，[二]曰：“以此贊國，擇利而爲之。”[三]與夫人繡衣，曰：“聽於二子。”[四]渠孔御戎，子伯爲右，黄夷前驅，孔嬰齊殿。[五]及狄人戰于熒澤，衛師敗績，遂滅衛。[六]衛侯不去其旗，是以甚敗。狄人囚史華龍滑與禮孔，以逐衛人。二人曰：“我大史也，實掌其祭。不先，國不可得也。”[七]乃先之，至則告守曰：“不可待也。”[八]夜與國人出，狄入衛，遂從之，又敗諸河。[九]

［一］軒，大夫車。

［二］莊子，甯速也。玦，玉玦。

［三］贊，助也。玦示以當決斷。矢示以禦難。

［四］取其文章順序〔一〕。

〔一〕取其文章順序　“章”，阮刻本作“意”。

［五］《傳》言衛侯失民有素，雖臨事而戒，猶無所及。

［六］此熒澤當在河北。君死國散，《經》不書滅者，狄不能赴，衛之君臣皆盡，無復文告。齊桓爲之告諸侯。言狄已去，言衛之存，故但以"入"爲文。

［七］夷狄畏鬼，故恐言當先白神。

［八］守，石、甯二大夫。

［九］衛將東走渡河，狄復逐而敗之。

初，惠公之即位也少，[一]齊人使昭伯烝於宣姜。不可，强之。[二]生齊子、戴公、文公、宋桓夫人、許穆夫人。文公爲衛之多患也，先適齊。及敗，宋桓公逆諸河，[三]宵濟。[四]衛之遺民男女七百有三十人，益之以共、滕之民，爲五千人，[五]立戴公以廬于曹。[六]許穆夫人賦《載馳》，[七]齊侯使公子無虧帥車三百乘、甲士三千人以戍曹。[八]歸公乘馬，祭服五稱，牛、羊、豕、雞、狗皆三百與門材。[九]歸夫人魚軒，[一〇]重錦三十兩。[一一]

［一］蓋年十五六。

［二］昭伯，惠公庶兄宣公子頑也。昭伯不可。

［三］迎衛敗衆。

［四］夜渡，畏狄。

［五］共及滕，衛别邑。

［六］廬，舍也。曹，衛下邑。戴公名申，立其年卒而立文公。

［七］《載馳》，《詩·衛風》也。許穆夫人痛衛之亡，思歸唁之，不可，故作詩以言志。

［八］無虧，齊桓公子武孟也。車甲之賦異於常，故《傳》别見之。

［九］歸，遺也。四馬曰乘。衣單複具曰稱。門材，使先立門户。

［一〇］魚軒，夫人車，以魚皮爲飾。

［一一］重錦，錦之熟細者，以二丈雙行，故曰“兩”。三十兩，三十匹也。

〔閔經·二·八〕

鄭棄其師。[一]

［一］高克見惡，久不得還，師潰而克奔陳，故克狀其事以告魯也。

（閔傳·二·七）

鄭人惡高克，使帥師次于河上，久而弗召。師潰而歸，高克奔陳。[一] 鄭人爲之賦《清人》。[二]

［一］高克，鄭大夫也。好利而不顧其君，文公惡之而不能遠，故使帥師而不召。

［二］《清人》,《詩·鄭風》也。刺文公退臣不以道，危國亡師之本。

〔左氏附〕

（閔傳·二·八）

晉侯使大子申生伐東山皋落氏。[一] 里克諫曰：“大子奉冢祀社稷之粢盛，[二] 以朝夕視君膳者也，[三] 故曰‘冢子’。君行則守，有守則從，從曰撫軍，守曰監國，古之制也。夫帥師專行謀，[四] 誓軍旅，[五] 君與國政之所圖也，非大子之事也。[六] 師在制命而已。[七] 稟命則不威，專命則不孝，故君之嗣適不可以帥師。君失其官，帥師不威，將焉用之？[八] 且臣聞皋落氏將戰，君其舍之？”公曰：“寡人有子，未知其誰立焉？”不對而退。見大子，大子曰：“吾其廢乎？”對曰：“告之以臨民，[九] 教之以軍旅，[一〇] 不共是懼，何故廢乎？且子懼不孝，無懼弗得立，脩己而不責人，則免於難。”

[一] 赤狄別種也。皋落，其氏族。

[二] 里克，晉大夫。冢，大也。

[三] 膳，廚膳。

[四] 帥師者，必專謀軍事。

[五] 宣號令也。

[六] 國政，正卿。

[七] 命，將軍所制。

[八] 大子統師，是失其官也。專命則不孝，是爲帥必不威也。

[九] 謂居曲沃。

[一〇] 謂將下軍。

大子帥師，公衣之偏衣，[一] 佩之金玦。[二] 狐突御戎，先友爲右。[三] 梁餘子養御罕夷，先丹木爲右。[四] 羊舌大夫爲尉。[五] 先友曰：“衣身之偏，[六] 握兵之要，[七] 在此行也。子其勉之。偏躬無慝，[八] 兵要遠災，[九] 親以無災，又何患焉？”狐突歎曰：“時，事之徵也。[一〇] 衣，身之章也。[一一] 佩，衷之旗也。[一二] 故敬其事則命以始，[一三] 服其身則衣之純，[一四] 用其衷則佩之度，[一五] 今命以時卒，閟其事也。[一六] 衣之尨服，遠其躬也。[一七] 佩以金玦，棄其衷也。服以遠之，時以閟之。尨，涼。冬，殺。金，寒。玦，離。胡可恃也？[一八] 雖欲勉之，狄可盡乎？”梁餘子養曰："帥師者，受命於廟，受脤於社，[一九]有常服矣。不獲而尨，命可知也。[二〇]死而不孝，不如逃之。"罕夷曰："尨奇無常，[二一]金玦不復，雖復何爲？君有心矣。"[二二]先丹木曰："是服也，狂夫阻之。[二三]曰'盡敵而反'，[二四]敵可盡乎？雖盡敵，猶有内讒，不如違之。"[二五]狐突欲行，[二六]羊舌大夫曰："不可。違命不孝，棄事不忠，雖知其寒，惡不可取，子其死之。"[二七]

[一] 偏衣，左右異色，其半似公服。

[二] 以金爲玦。

[三] 狐突，伯行、重耳外祖父也。爲申生御，申生以大子將上軍。

[四] 罕夷，晉下軍卿也。梁餘子養爲罕夷御。

[五] 羊舌大夫，叔向祖父也。尉，軍尉。

[六] 偏，半也。

[七] 謂佩金玦，將上軍。

[八] 分身衣之半非惡意也。

[九] 威權在己，可以遠害。

[一〇] 歎以先友爲不知君心。

[一一] 章貴賤。

[一二] 旗，表也。所以表明其中心。

[一三] 賞以春夏。

[一四] 必以純色爲服。

[一五] 衷，中也。佩玉者，士君子常度。

[一六] 冬十二月，閟盡之時。

[一七] 尨，雜色。

［一八］寒、涼、殺、離，言無溫潤，玦如環而缺不連。

［一九］脤，宜社之肉，盛以脤器。

［二〇］韋弁服，軍之常也。尨，偏衣。

［二一］雜色奇怪非常之服。

［二二］有害大子之心。

［二三］阻，疑也。言雖狂夫，猶知有疑。

［二四］曰，公辭。

［二五］違，去也。

［二六］行亦去也。

［二七］寒，薄也。

大子將戰，狐突諫曰："不可。昔辛伯諗周桓公，[一] 云内寵並后、外寵二政、嬖子配適、大都耦國，亂之本也。周公弗從，故及於難。今亂本成矣。[二] 立可必乎？孝而安民，子其圖之。[三] 與其危身以速罪也。"[四]

［一］諗，告也。事在桓十八年。

［二］驪姬爲内寵，二五爲外寵，奚齊爲嬖子，曲沃爲大都，故曰"亂本成矣"。

［三］奉身爲孝，不戰爲安民。

［四］有功益見害，故言孰與危身以召罪。

〔左氏附〕

（閔傳·二·九）

成風聞成季之繇，乃事之，[一] 而屬僖公焉。故成季立之。

［一］成風，莊公之妾，僖公之母也。繇，卦兆之占辭。

〔左氏附〕

（閔傳·二·十）

僖之元年，齊桓公遷邢于夷儀。二年，封衛于楚丘。邢遷如歸，衛國忘亡。[一]

［一］忘其滅亡之困。

〔左氏附〕

（閔傳·二·十一）

衛文公大布之衣，大帛之冠，[一]務材訓農，通商惠工，[二]敬教勸學，授方任能。[三]元年革車三十乘，季年乃三百乘。[四]

［一］大布，麤布。大帛，厚繒。蓋用諸侯諒闇之服。

［二］加惠於百工，賞其利器用。

［三］方，百事之宜也。

［四］衛文公以此年冬立，齊桓公始平魯亂，故《傳》因言齊之所以霸，衛之所由興。革車，兵車。季年在僖二十五年。蓋招懷迸散，故能致十倍之衆。

春秋左氏經傳集解僖公上第五

春秋左氏經傳集解僖公上第五

杜　氏

僖公元年

〔僖經·元·一〕

元年春王正月。

(僖傳·元·一)

元年春，不稱即位，公出故也。[一] 公出復入，不書，諱之也。諱國惡，禮也。[二]

[一] 國亂，身出復入，故即位之禮有闕。

[二] 掩惡揚善，義存君親，故通有諱例，皆當時臣子率意而隱，故無深淺常準〔一〕。聖賢從之以通人理，有時而聽之可也。

〔僖經·元·二〕

齊師、宋師、曹師次于聶北，救邢。[一]

[一] 齊帥諸侯之師救邢。次于聶北者，案兵觀釁以待事也。次，例在莊三年。聶北，邢地。

(僖傳·元·二)

諸侯救邢。[一] 邢人潰，出奔師。[二] 師遂逐狄人，具邢器用而遷之，師無私焉。[三]

〔一〕 故無深淺常準　“淺”，原作“殘”，據興國軍本改。

［一］實大夫而曰“諸侯”，揔衆國之辭。

［二］奔聶北之師也。邢潰不書，不告也。

［三］皆撰具還之，無所私取。

〔僖經·元·三〕

夏六月，邢遷于夷儀。[一]

［一］邢遷如歸，故以自遷爲辭。夷儀，邢地。

（僖傳·元·三）

夏，邢遷于夷儀，諸侯城之，救患也。凡侯伯救患、分災、討罪，禮也。[一]

［一］侯伯，州長也。分穀帛。

〔僖經·元·四〕

齊師、宋師、曹師城邢。[一]

［一］《傳》例曰："救患分災，禮也。"一事而再列三國，於文不可言諸侯師故。

〔僖經·元·五〕

秋七月戊辰，夫人姜氏薨于夷，齊人以歸。[一]

［一］《傳》在閔二年。不言齊人殺，諱之。書地者，明在外薨。

〔僖經·元·六〕

楚人伐鄭。[一]

［一］荆始改號曰楚。

(僖傳·元·四)

秋，楚人伐鄭。鄭即齊故也。

〔僖經·元·七〕

八月，公會齊侯、宋公、鄭伯、曹伯、邾人于檉。[一]

[一] 檉，宋地，陳國陳縣西北有檉城。公及其會而不書盟，還不以盟告。

(僖傳·元·五)

盟于犖，謀救鄭也。[一]

[一] 犖即檉也。地有二名。

〔僖經·元·八〕

九月，公敗邾師于偃。[一]

[一] 偃，邾地。

(僖傳·元·六)

九月，公敗邾師于偃，虛丘之戍將歸者也。[一]

[一] 虛丘，邾地。邾人既送哀姜還，齊人殺之，因戍虛丘，欲以侵魯。公以義求齊，齊送姜氏之喪。邾人懼，乃歸，故公要而敗之。

〔僖經·元·九〕

冬十月壬午，公子友帥師敗莒師于酈，獲莒挐。[一]

[一] 酈，魯地。挐，莒子之弟。不書弟者，非卿。非卿，則不應書。嘉季友之功，故特書其所獲，大夫生死皆曰獲。獲，例在昭二十三年。

(僖傳·元·七)

冬，莒人來求賂。[一] 公子友敗諸酈，獲莒子之弟拏，非卿也，嘉獲之也。[二] 公賜季友汶陽之田及費。[三]

［一］求還慶父之賂〔一〕。

［二］莒既不能爲魯討慶父，受魯之賂而又重來，其求無厭，故嘉季友之獲而書之。

［三］汶陽田，汶水北地。汶水出泰山萊蕪縣，西入濟。

〔僖經·元·十〕

十有二月丁巳，夫人氏之喪至自齊。[一]

［一］僖公請而葬之，故告於廟而書"喪至"也。齊侯既殺哀姜，以其尸歸，絶之於魯。僖公請其喪而還，不稱姜，闕文。

(僖傳·元·八)

夫人氏之喪至自齊，君子以齊人之殺哀姜也，爲已甚矣。女子從人者也。[一]

［一］言女子有三從之義，在夫家有罪，非父母家所宜討也。

〔一〕 求還慶父之賂 "求"，原作"來"，據興國軍本改。

僖公二年

〔僖經·二·一〕

二年春王正月，城楚丘。[一]

［一］楚丘，衛邑。不言城衛，衛未遷。

（僖傳·二·一）

二年春，諸侯城楚丘而封衛焉。[一]不書所會，後也。[二]

［一］君死國滅，故《傳》言“封”。

［二］諸侯既罷而魯後至，諱不及期，故以獨城爲文。

〔僖經·二·二〕

夏五月辛巳，葬我小君哀姜。[一]

［一］無《傳》。反哭成喪，故稱“小君”，例在定十五年。

〔僖經·二·三〕

虞師、晉師滅下陽。[一]

［一］下陽，虢邑，在河東大陽縣。晉於此始赴，見《經》。滅，例在襄十三年。

（僖傳·二·二）

晉荀息請以屈産之乘與垂棘之璧假道於虞以伐虢。[一]公曰：“是吾寶也。”對曰：“若得道於虞，猶外府也。”公曰：“宮之奇存焉。”[二]對曰：“宮之奇之爲人也，懦而不能强諫，[三]且少長於君，君暱之，雖諫，將不聽。”[四]乃使荀息假道於虞，曰：“冀爲不道，入自顛軨，伐鄍三門。[五] 冀之既病，則亦唯君故。[六] 今虢爲不道，保於逆旅，[七] 以侵敝邑之南鄙，敢請假道以請罪于虢。”[八] 虞公許之，且請先伐虢。[九] 宮之奇諫，不聽，遂起師。夏，晉里克、荀息帥師會虞師伐虢，滅下陽。[一〇] 先書虞，賄故也。[一一]

[一] 荀息，荀叔也。屈地生良馬，垂棘出美玉，故以爲名。四馬曰乘。自晉適虢途出於虞，故借道。

[二] 宮之奇，虞忠臣。

[三] 懦，弱也。

[四] 親而狎之，必輕其言。

[五] 前是冀伐虞至鄍。鄍，虞邑，河東大陽縣東北有顛軨坂。

[六] 言虞報伐冀使病，將欲假道，故稱虞彊以説其心。冀，國名，平陽皮氏縣東北有冀亭。

[七] 逆旅，客舍也。虢稍遣人分依客舍，以聚衆抄晉邊邑。

[八] 問虢伐己以何罪。

[九] 喜於厚賂而欲求媚。

[一〇] 晉猶主兵，不信虞。

[一一] 虞非倡兵之首，而先書之，惡貪賄也。

〔僖經·二·四〕

秋九月，齊侯、宋公、江人、黃人盟于貫。[一]

[一] 貫，宋地，梁國蒙縣西北有貰城。貰與貫字相似。江國在汝南安陽縣。

〔僖傳·二·三〕

秋，盟于貫，服江、黃也。[一]

［一］江、黄，楚與國也。始來服齊，故爲合諸侯。

〔左氏附〕

（僖傳·二·四）

齊寺人貂始漏師于多魚。[一]

［一］寺人，内奄官豎貂也。多魚，地名，闕。齊桓多嬖寵，内則如夫人者六人，外則幸豎貂、易牙之等，終以此亂國。《傳》言貂於此始擅貴寵，漏洩桓公軍事，爲齊亂張本。

〔左氏附〕

（僖傳·二·五）

虢公敗戎于桑田。[一] 晉卜偃曰："虢必亡矣，亡下陽不懼，而又有功，是天奪之鑒，[二] 而益其疾也。[三] 必易晉而不撫其民矣，不可以五稔。"[四]

［一］桑田，虢地，在弘農陝縣東北。

［二］鑒，所以自照。

［三］驕則生疾。

［四］稔，熟也。爲下五年晉滅虢張本。

〔僖經·二·五〕

冬十月，不雨。[一]

［一］《傳》在三年。

〔僖經·二·六〕

楚人侵鄭。

（僖傳·二·六）

冬，楚人伐鄭，鬬章囚鄭聃伯。[一]

［一］《經》書“侵”，《傳》言“伐”，本以伐興，權行侵掠，爲後年楚伐鄭，鄭伯欲成張本。

僖公三年

〔僖經 · 三 · 一〕

三年春王正月，不雨。

(僖傳 · 三 · 一)

三年春，不雨。

〔僖經 · 三 · 二〕

夏四月，不雨。[一]

[一] 一時不雨，則書首月。《傳》例曰："不曰旱，不爲災。"

〔僖經 · 三 · 三〕

徐人取舒。[一]

[一] 無《傳》。徐國在下邳僮縣東南。舒國，今廬江舒縣。勝國而不用大師，亦曰"取"，例在襄十三年。

〔僖經 · 三 · 四〕

六月，雨。[一]

[一] 示旱不竟夏。

(僖傳 · 三 · 二)

夏六月，雨[一]。自十月不雨至于五月，不曰旱，不爲災也。[一]

〔一〕 夏六月雨　按：阮校云"夏六月雨。石經'六'作'四'，是也"，北京大學出版社《春秋左傳正義》從之。誤。見楊伯峻:《春秋左傳注 · 凡例（一）》，北京：中華書局，2009 年。

［一］周六月，夏四月。於播種五稼無損[一]。

〔僖經·三·五〕

秋，齊侯、宋公、江人、黄人會于陽穀。[一]

［一］陽穀，齊地，在東平須昌縣北。

（僖傳·三·三）

秋，會于陽穀，謀伐楚也。[一]

［一］二年楚侵鄭故。

〔左氏附〕

（僖傳·三·四）

齊侯爲陽穀之會，來尋盟。

〔僖經·三·六〕

冬，公子友如齊涖盟。[一]

［一］涖，臨也。

（僖傳·三·五）

冬，公子友如齊涖盟。[一]

［一］公時不會陽穀，故齊侯自陽穀遣人詣魯求尋盟[二]。魯使上卿詣齊受盟，謙也。

〔僖經·三·七〕

楚人伐鄭。

〔一〕於播種五稼無損　“五稼”，原作“苗稼”，據興國軍本改。

〔二〕故齊侯……求尋盟　“求”，原作“來”，據興國軍本改。

（僖傳 · 三 · 六）

楚人伐鄭，鄭伯欲成，孔叔不可，曰："齊方勤我，[一]棄德不祥。"[二]

［一］孔叔，鄭大夫。勤，恤鄭難。

［二］祥，善也。

〔左氏附〕

（僖傳 · 三 · 七）

齊侯與蔡姬乘舟于囿，蕩公。[一]公懼，變色，禁之，不可。公怒，歸之，未之絶也。蔡人嫁之。[二]

［一］蔡姬，齊侯夫人。蕩，摇也。囿，苑也。蓋魚池在苑中。

［二］爲明年齊侵蔡《傳》。

僖公四年

〔僖經·四·一〕

四年春王正月，公會齊侯、宋公、陳侯、衛侯、鄭伯、許男、曹伯侵蔡。蔡潰，[一] **遂伐楚，次于陘。**[二]

［一］民逃其上曰潰，例在文三年。

［二］遂，兩事之辭。楚强，齊欲綏之以德，故不速進而次陘。陘，楚地，潁川召陵縣南有陘亭。

(僖傳·四·一)

四年春，齊侯以諸侯之師侵蔡。蔡潰，遂伐楚。楚子使與師言曰："君處北海，寡人處南海，唯是風馬牛不相及也。[一] 不虞君之涉吾地也，何故？"管仲對曰："昔召康公命我先君大公[二] 曰：'五侯九伯，女實征之，以夾輔周室。'[三] 賜我先君履，東至于海，西至于河，南至于穆陵，北至于無棣。[四] 爾貢包茅不入，王祭不共，無以縮酒，寡人是徵。[五] 昭王南征而不復，寡人是問。"[六] 對曰："貢之不入，寡君之罪也。敢不共給。昭王之不復，君其問諸水濱。"[七] 師進，次于陘。[八]

［一］楚界猶未至南海，因齊處北海，遂稱所近。牛馬風逸，蓋末界之微事，故以取喻。

［二］召康公，周大保召公奭也。

［三］五等諸侯，九州之伯，皆得征討其罪。齊桓因此命以夸楚。

［四］穆陵、無棣，皆齊竟也。履，所踐履之界。齊桓又因以自言其盛。

［五］包，裹束也。茅，菁茅也。束茅而灌之以酒爲縮酒。《尚書》："包匭菁茅。"茅之爲異未審。

［六］昭王，成王之孫。南巡守涉漢，船壞而溺，周人諱而不赴，諸侯不知其故，故問之。

［七］昭王時漢非楚竟，故不受罪。

［八］楚不服罪，故復進師。

〔僖經·四·二〕

夏，許男新臣卒。[一]

［一］未同盟而赴以名。

〔僖經·四·三〕

楚屈完來盟于師，盟于召陵。[一]

［一］屈完，楚大夫也。楚子遣完如師以觀齊。屈完覩齊之盛，因而求盟，故不稱使，以"完來盟"爲文。齊桓退舍以禮楚，故盟召陵。召陵，潁川縣也。

(僖傳·四·二)

夏，楚子使屈完如師。[一]師退，次于召陵。[二]齊侯陳諸侯之師，與屈完乘而觀之。[三]齊侯曰："豈不穀是爲？先君之好是繼。與不穀同好如何？"[四]對曰："君惠徼福於敝邑之社稷，辱收寡君，寡君之願也。"齊侯曰："以此衆戰，誰能禦之？以此攻城，何城不克？"對曰："君若以德綏諸侯，誰敢不服？君若以力，楚國方城以爲城，漢水以爲池，[五]雖衆，無所用之。"屈完及諸侯盟。

［一］如陘之師觀强弱。

［二］完請盟故。

［三］乘，共載。

［四］言諸侯之附從非爲己，乃尋先君之好，謙而自廣，因求與楚同好。孤、寡、不穀，諸侯謙稱。

［五］方城山在南陽葉縣南，以言竟土之遠。漢水出武都，至江夏南入江。言其險固以當城池。

〔僖經·四·四〕

齊人執陳轅濤塗。［一］

［一］轅濤塗，陳大夫。

（僖傳·四·三）

陳轅濤塗謂鄭申侯曰："師出於陳、鄭之間，國必甚病。［一］若出於東方，觀兵於東夷，循海而歸，其可也。"［二］申侯曰："善。"濤塗以告，齊侯許之。［三］申侯見曰："師老矣。若出於東方而遇敵，懼不可用也。若出於陳、鄭之間，共其資糧屝屨，其可也。"［四］齊侯説，與之虎牢，［五］執轅濤塗。

［一］申侯，鄭大夫。當有共給之費故。

［二］東夷，郯、莒、徐夷也。觀兵示威。

［三］許出東方。

［四］屝，草屨。

［五］還以鄭邑賜之。

〔僖經·四·五〕

秋，及江人、黄人伐陳。[一]

［一］受齊命討陳之罪，而以與謀爲文者，時齊不行，使魯爲主。與謀，例在宣七年。

(僖傳·四·四)

秋，伐陳，討不忠也。[一]

［一］以濤塗爲誤軍道。

〔僖經·四·六〕

八月，公至自伐楚。[一]

［一］無《傳》。告于廟。

〔僖經·四·七〕

葬許穆公。

(僖傳·四·五)

許穆公卒于師，葬之以侯，禮也。[一]凡諸侯薨于朝會，加一等，[二]死王事，加二等，[三]於是有以衮斂。[四]

［一］男而以侯禮，加一等。

［二］諸侯命有三等：公爲上等，侯、伯中等，子、男爲下等。

［三］謂以死勤事。

［四］衮衣，公服也，謂加二等。

〔僖經·四·八〕

冬十有二月，公孫兹帥師會齊人、宋人、衛人、鄭人、許

人、曹人侵陳。[一]

[一] 公孫茲，叔牙子，叔孫戴伯。

（僖傳·四·六）

冬，叔孫戴伯帥師，會諸侯之師侵陳。陳成，歸轅濤塗。[一]

[一] 陳服罪，故歸其大夫。戴，謚也。

〔左氏附〕

（僖傳·四·七）

初，晉獻公欲以驪姬爲夫人，卜之不吉，筮之吉。公曰："從筮。"卜人曰："筮短龜長，不如從長。[一]且其繇曰：'專之渝，攘公之羭，[二]一薰一蕕，十年尚猶有臭。'[三]必不可。"弗聽，立之。生奚齊，其娣生卓子。及將立奚齊，既與中大夫成謀，姬謂大子曰："君夢齊姜，必速祭之。"[四]大子祭于曲沃，歸胙于公。[五]公田，姬寘諸宮六日。公至，毒而獻之。[六]公祭之地，地墳；與犬，犬斃；與小臣，小臣亦斃。姬泣曰："賊由大子。"大子奔新城，[七]公殺其傅杜原款。

[一] 物生而後有象，象而後有滋，滋而後有數。龜象筮數，故象長數短。

[二] 繇，卜兆辭。渝，變也。攘，除也。羭，美也。言變乃除公之美。

[三] 薰，香草。蕕，臭草。十年有臭，言善易消，惡難除。

[四] 齊姜，大子母。言求食。

［五］胙，祭之酒肉。

［六］毒酒經宿輒敗，而經六日，明公之惑。

［七］新城，曲沃。

或謂大子：“子辭，君必辯焉。”[一] 大子曰：“君非姬氏，居不安，食不飽。我辭，姬必有罪。君老矣，吾又不樂。”[二] 曰：“子其行乎？”大子曰：“君實不察其罪，被此名也以出，人誰納我？”十二月戊申，縊于新城。姬遂譖二公子曰：“皆知之。”重耳奔蒲，夷吾奔屈。[三]

［一］以六日之狀自理。

［二］吾自理則姬死，姬死則君必不樂，不樂爲由吾也。

［三］二子時在朝，爲明年晉殺申生《傳》。

僖公五年

〔左氏附〕

(僖傳·五·一)

五年春王正月辛亥朔，日南至。[一]公既視朔，遂登觀臺以望。而書，禮也。[二]凡分、至、啓、閉，必書雲物，[三]爲備故也。[四]

［一］周正月，今十一月。冬至之日，日南極。

［二］視朔，親告朔也。觀臺，臺上構屋，可以遠觀者也。朔旦冬至，歷數之所始，治歷者因此則可以明其術數，審别陰陽，敘事訓民。魯君不能常脩此禮，故善公之得禮。

［三］分，春、秋分也。至，冬、夏至也。啓，立春、立夏。閉，立秋、立冬。雲物，氣色災變也。《傳》重申周典。不言公者，日官掌其職。

［四］素察妖祥，逆爲之備。

〔僖經·五·一〕

五年春，晉侯殺其世子申生。[一]

［一］稱晉侯，惡用讒。書"春"，從告。

〔左氏附〕

(僖傳·五·二)

晉侯使以殺大子申生之故來告。[一]初，晉侯使士蔿爲二公子築蒲與屈，不慎，寘薪焉。[二]夷吾訴之，公使讓之。[三]士蔿稽首而對曰："臣聞之，無喪而慼，憂必讎焉。[四]無戎而城，讎必保焉。[五]寇讎之保又何慎焉？守官廢命，不敬。固讎之保，不忠。失忠與敬，何以事君？《詩》云：‘懷德惟寧，宗子惟城。’[六]君其脩德而固宗子，何城如之？[七]三年將尋師焉，焉用慎？”[八]退而賦曰：“狐裘尨茸，一國三公，吾誰適從？”[九]及難，公使寺人披伐蒲。重耳曰：“君父之命不校。”乃徇曰：“校者，吾讎也。”踰垣而走。披斬其袪，遂出奔翟。[一〇]

［一］釋《經》必須告乃書。

［二］不謹慎。

［三］譴讓之。

［四］讎，猶對也。

［五］保而守之。

［六］《詩·大雅》。懷德以安，則宗子之固若城。

［七］言城不如固宗子。

［八］尋，用也。

［九］士蔿自作詩也。尨茸，亂貌。公與二公子爲三，言城不堅，則爲公子所訴，爲公所讓；堅之，則爲固讎不忠，無以事君，故不知所從。

［一〇］袪，袂也。

〔僖經·五·二〕

杞伯姬來，朝其子。[一]

［一］無《傳》。伯姬來寧，寧成風也。朝其子者，時子年在十歲左右，因有諸侯，子得行朝義而卒不成朝禮，故繫於母而曰“朝其子”。

〔僖經·五·三〕

夏，公孫兹如牟。[一]

[一] 叔孫戴伯娶於牟。卿非君命不越竟，故奉公命聘於牟，因自爲逆。

（僖傳·五·三）

夏，公孫兹如牟，娶焉。[一]

[一] 因聘而娶，故《傳》實其事。

〔僖經·五·四〕

公及齊侯、宋公、陳侯、衛侯、鄭伯、許男、曹伯會王世子于首止。[一]

[一] 惠王大子鄭也。不名而殊會，尊之也。首止，衛地，陳留襄邑縣東南有首鄉。

（僖傳·五·四）

會于首止，會王大子鄭，謀寧周也。[一]

[一] 惠王以惠后故，將廢大子鄭而立王子帶，故齊桓帥諸侯會王大子以定其位。

〔左氏附〕

（僖傳·五·五）

陳轅宣仲怨鄭申侯之反己於召陵〔一〕，[一] 故勸之城其賜邑，[二] 曰："美城之，大名也，子孫不忘。吾助子請。"乃爲之請於諸侯而城之，美。[三] 遂譖諸鄭伯曰："美城其賜

〔一〕 陳轅宣仲……於召陵 "陳"，原作"齊"，據石經改。

邑，將以叛也。”申侯由是得罪。[四]

［一］宣仲，轅濤塗。

［二］齊桓所賜虎牢。

［三］樓櫓之備美設。

［四］爲七年鄭殺申侯《傳》。

〔僖經·五·五〕

秋八月，諸侯盟于首止。[一]

［一］間無異事，復稱諸侯者，王世子不盟故也。王之世子，尊與王同。齊桓行霸，翼戴天子，尊崇王室，故殊貴世子。

（僖傳·五·六）

秋，諸侯盟。

〔僖經·五·六〕

鄭伯逃歸，不盟。[一]

［一］逃其師而歸也。逃，例在文三年。

（僖傳·五·七）

王使周公召鄭伯曰：“吾撫女以從楚，輔之以晉，可以少安。”[一]鄭伯喜於王命，而懼其不朝於齊也，故逃歸不盟。孔叔止之曰：“國君不可以輕，輕則失親，[二]失親患必至，病而乞盟，所喪多矣，君必悔之。”弗聽。逃其師而歸。

［一］周公，宰孔也。王恨齊桓定大子之位，故召鄭伯使叛齊也。晉、楚不服於齊，故以鎮安鄭。

［二］孔叔，鄭大夫親黨援也。

〔僖經·五·七〕

楚人滅弦，弦子奔黄。[一]

［一］弦國在弋陽軑縣東南。

（僖傳·五·八）

楚鬭穀於菟滅弦，弦子奔黄。於是，江、黄、道、柏方睦於齊，皆弦姻也。[一]弦子恃之而不事楚，又不設備，故亡。

［一］姻，外親也。道國，在汝南安陽縣南。柏，國名，汝南西平縣有柏亭。

〔僖經·五·八〕

九月戊申朔，日有食之。[一]

［一］無《傳》。

〔左氏附〕

（僖傳·五·九）

晉侯復假道於虞以伐虢。宫之奇諫曰："虢，虞之表也。虢亡，虞必從之。晉不可啓，寇不可翫。[一]一之謂甚，其可再乎？[二]諺所謂'輔車相依，脣亡齒寒'者，其虞、虢之謂也。"[三]公曰："晉，吾宗也，豈害我哉？"對曰："大伯、虞仲，大王之昭也。大伯不從，是以不嗣。[四]虢仲、虢叔，王季之穆也。[五]爲文王卿士，勳在王室，藏於盟府。[六]將虢是滅，何愛於虞？且虞能親於桓、莊乎？其愛之也，桓、莊之族何罪？而以爲戮，不唯偪乎？[七]親以寵偪，猶尚害之，況以國乎？"公曰："吾享祀豐絜，神必據我。”[八] 對曰：“臣聞之，鬼神非人實親，惟德是依。故《周書》曰：‘皇天無親，惟德是輔。’[九] 又曰：‘黍稷非馨，明德惟馨。’[一〇] 又曰：‘民不易物，惟德緊物。’[一一] 如是，則非德民不和，神不享矣。神所馮依，將在德矣。若晉取虞而明德以薦馨香，神其吐之乎？”弗聽，許晉使。宮之奇以其族行，[一二] 曰：“虞不臘矣，[一三] 在此行也，晉不更舉矣。”[一四]

[一] 翫，習也。

[二] 爲二年假晉道滅下陽。

[三] 輔，頰輔。車，牙車。

[四] 大伯、虞仲，皆大王之子，不從父命，俱讓適吴。仲雍支子別封西吴，虞公其後也。穆生昭，昭生穆，以世次計，故大伯、虞仲於周爲昭。

[五] 王季者，大伯、虞仲之母弟也。虢仲、虢叔，王季之子，文王之母弟也。仲、叔，皆虢君字。

[六] 盟府，司盟之官。

[七] 桓叔、莊伯之族，晉獻公之從祖昆弟，獻公患其偪，盡殺之。事在莊二十五年。

[八] 據，猶安也。

[九]《周書》，逸《書》。

[一〇] 馨，香之遠聞。

[一一] 黍稷牲玉，無德則不見饗，有德則見饗，言物一而異用。

[一二] 行，去也。

[一三] 臘，歲終祭衆神之名。

[一四] 不更舉兵。

〔僖經·五·九〕

冬，晉人執虞公。[一]

[一] 虞公貪璧馬之寶，距絶忠諫。稱人以執，同於無道於其民之例，例在成十五年。所以罪虞，且言易也。晉侯脩虞之祀，而歸其職貢於王，故不以滅同姓爲譏。

(僖傳·五·十)

八月甲午，晉侯圍上陽。[一]問於卜偃曰："吾其濟乎？"對曰："克之。"公曰："何時？"對曰："童謡云'丙之晨，龍尾伏辰。[二]均服振振，取虢之旂。[三]鶉之賁賁，天策焞焞，火中成軍，虢公其奔'。[四]其九月、十月之交乎？[五]丙子旦，日在尾，月在策，[六]鶉火中，必是時也。"

[一] 上陽，虢國都，在弘農陝縣東南。

[二] 龍尾，尾星也。日月之會曰辰，日在尾，故尾星伏不見。

[三] 戎事上下同服。振振，盛貌。旂，軍之旌旗。

[四] 鶉鶉，火星也。賁賁，鳥星之體也。天策，傅説星，時近日，星微焞焞，無光耀也。言丙子平旦，鶉火中，軍事有成功也。此已上皆童謡言也。童齓之子，未有念慮之感，而會成嬉戲之言，似若有馮者，其言或中或否。博覽之士，能懼思之人，兼而志之，以爲鑒戒，以爲將來之驗，有益於世教。

[五] 以星驗推之，知九月、十月之交，謂夏之九月、十月也。交，晦朔交會。

[六] 是夜日月合朔於尾，月行疾，故至旦而過在策。

冬十二月丙子朔，晉滅虢，虢公醜奔京師。[一]師還，館于虞，遂襲虞，滅之。執虞公及其大夫井伯，以媵秦穆姬。[二] 而脩虞祀，且歸其職貢於王。[三] 故書曰：“晉人執虞公。”罪虞，且言易也。

［一］不書，不告也。周十二月，夏之十月。

［二］秦穆姬，晉獻公女。送女曰媵，以屈辱之。

［三］虞所命祀。

僖公六年

〔僖經·六·一〕

六年春王正月。

〔左氏附〕

（僖傳·六·一）

六年春，晉侯使賈華伐屈，夷吾不能守，盟而行。[一]將奔狄，郤芮曰："後出同走，罪也。[二]不如之梁，梁近秦而幸焉。"乃之梁。[三]

［一］賈華，晉大夫。非不欲校，力不能守，言不如重耳之賢。

［二］嫌與重耳同謀而相隨。

［三］以梁爲秦所親幸，秦既大國，且穆姬在焉，故欲因以求入。

〔僖經·六·二〕

夏，公會齊侯、宋公、陳侯、衛侯、曹伯伐鄭，圍新城。[一]

［一］新城，鄭新密，今滎陽密縣。

（僖傳·六·二）

夏，諸侯伐鄭，以其逃首止之盟故也。[一]圍新密，鄭所以不時城也。[二]

［一］首止盟在五年。

［二］實新密而《經》言"新城"者，鄭以非時興土功，齊桓聲其罪以告諸侯。

〔僖經·六·三〕

秋，楚人圍許。[一] **諸侯遂救許。**[二]

［一］楚子不親圍，以圍者告。

［二］皆伐鄭之諸侯，故不復更敘。

（僖傳·六·三）

秋，楚子圍許以救鄭。諸侯救許，乃還。

〔僖經·六·四〕

冬，公至自伐鄭。[一]

［一］無《傳》。

〔左氏附〕

（僖傳·六·四）

冬，蔡穆侯將許僖公以見楚子於武城。[一] 許男面縛銜璧，大夫衰絰，士輿櫬。[二] 楚子問諸逢伯。[三] 對曰："昔武王克殷，微子啓如是。[四] 武王親釋其縛，受其璧而祓之。[五] 焚其櫬〔一〕，禮而命之，使復其所。"楚子從之。

［一］楚子退舍武城，猶有忿志，而諸侯各罷兵，故蔡將許君歸楚。武城，楚地，在南陽宛縣北。

［二］縛手於後，唯見其面。以璧爲贄，手縛，故銜之。櫬，棺也。將受死，故衰絰。

［三］逢伯，楚大夫。

［四］微子啓，紂庶兄，宋之祖也。

［五］祓，除凶之禮。

〔一〕焚其櫬 "櫬"，阮刻本誤作"襯"。

僖公七年

〔僖經·七·一〕

七年春，齊人伐鄭。

(僖傳·七·一)

七年春，齊人伐鄭。孔叔言於鄭伯曰："諺有之曰：'心則不競，何憚於病。'[一]既不能彊，又不能弱，所以斃也。國危矣，請下齊以救國。"公曰："吾知其所由來矣。姑少待我。"[二]對曰："朝不及夕，何以待君。"

［一］競，彊也〔一〕。憚，難也。

［二］欲以申侯說。

〔僖經·七·二〕

夏，小邾子來朝。[一]

［一］無《傳》。郳犂來始得王命而來朝也。邾之別封，故曰"小邾"。

〔僖經·七·三〕

鄭殺其大夫申侯。[一]

［一］申侯，鄭卿。專利而不厭，故稱名以殺，罪之也，例在文六年。

(僖傳·七·二)

夏，鄭殺申侯以說于齊，且用陳轅濤塗之譖也。[一]初，

〔一〕彊也 "彊"，原作"疆"，興國軍本作"强"。據殿本及《傳》文改。

申侯，申出也，[二]有寵於楚文王。文王將死，與之璧，使行，曰："唯我知女，女專利而不厭，予取予求，不女疵瑕也。[三]後之人將求多於女，[四]女必不免。我死，女必速行，無適小國，將不女容焉。"[五]既葬，出奔鄭，又有寵於厲公。子文聞其死也，曰："古人有言曰'知臣莫若君'，弗可改也已。"

[一]濤塗譖在五年。

[二]姊妹之子爲出。

[三]從我取，從我求，我不以女爲罪釁。

[四]謂嗣君也。求多，以禮義大望責之。

[五]政狹法峻。

〔僖經·七·四〕

秋七月，公會齊侯、宋公、陳世子款、鄭世子華，盟于甯母。[一]

[一]高平方與縣東有泥母亭。音如甯。

（僖傳·七·三）

秋，盟于甯母，謀鄭故也。管仲言於齊侯曰："臣聞之，招攜以禮，懷遠以德。[一]德禮不易，無人不懷。"齊侯脩禮於諸侯，諸侯官受方物。[二]

[一]攜，離也。

[二]諸侯官司，各於齊受其方所當貢天子之物。

鄭伯使大子華聽命於會，言於齊侯曰："洩氏、孔氏、子人氏三族，實違君命，[一] 君若去之以爲成〔一〕，我以鄭爲内臣，君亦無所不利焉。”[二] 齊侯將許之。管仲曰：“君以禮與信屬諸侯，而以姦終之，無乃不可乎？子父不奸之謂禮，守命共時之謂信。[三] 違此二者，姦莫大焉。”公曰：“諸侯有討於鄭，未捷。今苟有釁，從之，不亦可乎？”[四] 對曰：“君若綏之以德，加之以訓辭，而帥諸侯以討鄭，鄭將覆亡之不暇，豈敢不懼？若摠其罪人以臨之，[五] 鄭有辭矣，何懼？[六] 且夫合諸侯以崇德也，會而列姦，何以示後嗣？[七] 夫諸侯之會，其德刑禮義，無國不記，記姦之位，[八] 君盟替矣。[九] 作而不記，非盛德也。[一〇] 君其勿許，鄭必受盟。夫子華既爲大子而求介於大國以弱其國，亦必不免。[一一] 鄭有叔詹、堵叔、師叔三良爲政，未可間也。”齊侯辭焉，子華由是得罪於鄭。

［一］三族，鄭大夫。

［二］以鄭事齊，如封内臣。

［三］守君命，共時事。

［四］子華犯父命，是其釁隙。

［五］摠，將領也。子華奸父之命，即罪人。

［六］以大義爲辭。

［七］列姦，用子華。

［八］位，會位也。子華爲姦人而列在會位，將爲諸侯所記。

［九］替，廢也。

［一〇］君舉必書，雖復齊史隱諱，亦損盛德。

［一一］介，因也。

〔一〕君若去之以爲成　“君若”，原作“若君”，據石經正。

〔僖經·七·五〕

曹伯班卒。[一]

［一］無《傳》。五年同盟于首止。

〔僖經·七·六〕

公子友如齊。[一]

［一］無《傳》。罷盟而聘，謝不敏也。

〔僖經·七·七〕

冬，葬曹昭公。[一]

［一］無《傳》。

〔左氏附〕

（僖傳·七·四）

冬，鄭伯使請盟于齊。[一]

［一］以齊侯不聽子華故。

〔左氏附〕

（僖傳·七·五）

閏月，惠王崩。襄王惡大叔帶之難，[一]懼不立，不發喪而告難于齊。[二]

［一］襄王，惠王大子鄭也。大叔帶，襄王弟、惠后之子也。有寵於惠后。惠后欲立之，未及而卒。

［二］爲八年盟洮《傳》。

僖公八年

〔僖經 · 八 · 一〕

八年春王正月，公會王人、齊侯、宋公、衛侯、許男、曹伯、陳世子款盟于洮。[一] **鄭伯乞盟。**[二]

［一］王人與諸侯盟，不譏者，王室有難故。洮，曹地。

［二］新服未與會，故不序列，别言“乞盟”。

（僖傳 · 八 · 一）

八年春，盟于洮，謀王室也。鄭伯乞盟，請服也。襄王定位而後發喪。[一]

［一］王人會洮，還而後王位定。

〔左氏附〕

（僖傳 · 八 · 二）

晉里克帥師，梁由靡御，虢射爲右，以敗狄于采桑。[一] 梁由靡曰：“狄無耻，從之，必大克。”[二] 里克曰：“懼之而已，無速衆狄。”[三] 虢射曰：“期年狄必至。示之弱矣。”

［一］《傳》言前年事也。平陽北屈縣西南有采桑津。

［二］不耻走，故可逐。

［三］恐怨深而群黨來報。

〔僖經 · 八 · 二〕

夏，狄伐晉。

(僖傳·八·三)

夏，狄伐晉，報采桑之役也。復期月。[一]

[一] 明期年之言驗。

〔僖經·八·三〕

秋七月，禘于大廟，用致夫人。[一]

[一] 禘，三年大祭之名。大廟，周公廟。致者，致新死之主於廟，而列之昭穆。夫人淫而與弑，不薨於寢，於禮不應致，故僖公疑其禮。歷三禘，今果行之，嫌異常，故書之。

(僖傳·八·四)

秋，禘而致哀姜焉，非禮也。凡夫人不薨于寢，不殯于廟，不赴于同，不祔于姑，則弗致也。[一]

[一] 寢，小寢。同，同盟。將葬，又不以殯過廟。據《經》哀姜薨葬之文，則爲殯廟、赴同、祔姑。今當以不薨于寢，不得致也。

〔僖經·八·四〕

冬十有二月丁未，天王崩。[一]

[一] 實以前年閏月崩，以今年十二月丁未告。

(僖傳·八·五)

冬，王人來告喪。難故也，是以緩。[一]

[一] 有大叔帶之難。

〔左氏附〕

（僖傳·八·六）

宋公疾，大子茲父固請曰："目夷長且仁，君其立之。"[一] 公命子魚，子魚辭曰："能以國讓，仁孰大焉，臣不及也，且又不順。"[二] 遂走而退。

［一］茲父，襄公也。目夷，茲父庶兄子魚也。

［二］立庶不順禮。

僖公九年

〔僖經·九·一〕

九年春王三月丁丑，宋公御説卒。[一]

［一］四同盟。

(僖傳·九·一)

九年春，宋桓公卒。未葬而襄公會諸侯，故曰子。凡在喪，王曰小童，公、侯曰子。[一]

［一］在喪，未葬也。小童者，童蒙幼末之稱。子者，繼父之辭。公、侯位尊，上連王者，下絶伯、子、男。周康王在喪稱“予一人釗”。禮稱亦不言小童，或所稱之辭各有所施，此謂王自稱之辭，非諸下所得書〔一〕，故《經》無其事，《傳》通取舊典之文以事相接。

〔僖經·九·二〕

夏，公會宰周公、齊侯、宋子、衛侯、鄭伯、許男、曹伯于葵丘。[一]

［一］周公，宰孔也。宰，官。周，采地。天子三公不字。宋子，襄公也。《傳》例曰：“在喪，公、侯曰子。”陳留外黄縣東有葵丘。

(僖傳·九·二)

夏，會于葵丘，尋盟且脩好，禮也。王使宰孔賜齊侯

〔一〕非諸下所得書　“下”，原作“夏”，據興國軍本改。

胙。[一] 曰：“天子有事于文、武，[二] 使孔賜伯舅胙。”[三] 齊侯將下拜，孔曰：“且有後命。天子使孔曰：‘以伯舅耋老，加勞，賜一級，無下拜。’”[四] 對曰：“天威不違顏咫尺，[五] 小白余敢貪天子之命無下拜！[六] 恐隕越于下，[七] 以遺天子羞，敢不下拜。”下拜，登受。[八]

［一］胙，祭肉，尊之比二王後。

［二］有祭事也。

［三］天子謂異姓諸侯曰伯舅。

［四］七十曰耋。級，等也。

［五］言天鑒察不遠，威嚴常在顏面之前。八寸曰咫。

［六］小白，齊侯名。余，身也。

［七］隕越，顛墜也。據天王居上，故言恐顛墜于下。

［八］拜堂下，受胙於堂上。

〔僖經·九·三〕

秋七月乙酉，伯姬卒。[一]

［一］無《傳》。《公羊》《穀梁》曰，未適人，故不稱國。已許嫁，則以成人之禮書，不復殤也。婦人許嫁而笄，猶丈夫之冠。

〔僖經·九·四〕

九月戊辰，諸侯盟于葵丘。[一]

［一］夏會葵丘，次伯姬卒，文不相比，故重言“諸侯”。宰孔先歸，不與盟。

（僖傳·九·三）

秋，齊侯盟諸侯于葵丘，曰：“凡我同盟之人，既盟之後，言歸于好。"[一]宰孔先歸，[二]遇晉侯曰："可無會也，[三]齊侯不務德而勤遠略，故北伐山戎，[四]南伐楚，[五]西爲此會也。東略之不知，西則否矣。[六]其在亂乎？君務靖亂，無勤於行。"[七]晉侯乃還。[八]

［一］義取脩好，故《傳》顯其盟辭。

［二］既會，先諸侯去。

［三］晉侯欲來會葵丘。

［四］在莊三十一年。

［五］在四年。

［六］言或向東必不能復西略。

［七］在，存也。微戒獻公，言晉將有亂。

［八］不復會齊。

〔僖經·九·五〕

甲子，晉侯佹諸卒。[一]

［一］未同盟而赴以名。甲子，九月十一日。戊辰，十五日也。書在盟後，從赴。

(僖傳·九·四)

九月，晉獻公卒。里克、丕鄭欲納文公，故以三公子之徒作亂。[一]初，獻公使荀息傅奚齊，公疾，召之曰："以是藐諸孤，[二]辱在大夫，其若之何？"[三]稽首而對，曰："臣竭其股肱之力，加之以忠貞。其濟，君之靈也。不濟，則以死繼之。"公曰："何謂忠、貞？"對曰："公家之利，知無不爲，忠也；送往事居，耦俱無猜，貞也。"[四]及里克將殺奚齊，先告荀息曰："三怨將作，[五]秦、晉輔之，子將何如？”荀息曰：“將死之。”里克曰：“無益也。”荀叔曰：“吾與先君言矣，不可以貳。能欲復言而愛身乎？[六]雖無益也，將焉辟之。且人之欲善，誰不如我？我欲無貳，而能謂人已乎？”[七]

[一]丕鄭，晉大夫。三公子，申生、重耳、夷吾。

[二]言其幼賤，與諸子縣藐。

[三]欲屈辱荀息使保護之。

[四]往，死者。居，生者。耦，兩也。送死事生，兩無疑恨，所謂正也。

[五]三公子之徒。

[六]荀叔，荀息也。復言，言可復也。

[七]言不能止里克，使不忠於申生等。

〔僖經·九·六〕

冬，晉里克殺其君之子奚齊。[一]

[一]獻公未葬，奚齊未成君，故稱“君之子”。奚齊受命繼位，無罪，故里克稱名。

(僖傳·九·五)

冬十月，里克殺奚齊于次。[一]書曰“殺其君之子”，未葬也。荀息將死之，人曰：“不如立卓子而輔之。”荀息立公子卓以葬。十一月，里克殺公子卓于朝。荀息死之。君子曰：“《詩》所謂‘白圭之玷，尚可磨也。斯言之玷，不可爲也’，[二]荀息有焉。”[三]

[一]次，喪寢。

[二]《詩·大雅》。言此言之缺難治，甚於白圭。

［三］有此詩人重言之義。

〔左氏附〕

（僖傳·九·六）

齊侯以諸侯之師伐晉，及高梁而還，討晉亂也。[一]令不及魯，故不書。[二]

［一］高梁，晉地，在平陽縣西南。

［二］前已發不書例，今復重發，嫌霸者異於凡諸侯。

〔左氏附〕

（僖傳·九·七）

晉郤芮使夷吾重賂秦以求入，[一]曰："人實有國，我何愛焉。[二]入而能民，土於何有？"從之。[三]齊隰朋帥師會秦師，納晉惠公。[四]秦伯謂郤芮曰："公子誰恃？"對曰："臣聞亡人無黨，有黨必有讎。[五]夷吾弱不好弄，[六]能鬭不過，[七]長亦不改，不識其他。"公謂公孫枝曰："夷吾其定乎？"[八]對曰："臣聞之，唯則定國。《詩》曰'不識不知，順帝之則'，文王之謂也。[九]又曰：'不僭不賊，鮮不爲則。'[一〇]無好無惡，不忌不克之謂也。今其言多忌克，[一一]難哉！"[一二]公曰："忌則多怨，又焉能克？是吾利也。"[一三]

［一］郤芮，郤克祖父，從夷吾者。

［二］言國非己之有，何愛而不以賂秦。

［三］能得民不患無土。

［四］隰朋，齊大夫。惠公，夷吾。

［五］言夷吾無黨，無黨則無讎，易出易入，以微勸秦。

［六］弄，戲也。

［七］有節制。

［八］公孫枝，秦大夫子桑也。

［九］《詩·大雅》。帝，天也。則，法也。言文王闇行自然，合天之法。

［一〇］僭，過差也。賊，傷害也。皆忌克也。能不然，則可爲人法則。

［一一］既僭而賊。

［一二］言能自定難。

［一三］其言雖多忌，適足以自害，不能勝人也。秦伯慮其還害己，故曰“是吾利”。

〔左氏附〕

（僖傳·九·八）

宋襄公即位，以公子目夷爲仁，使爲左師以聽政，於是宋治。故魚氏世爲左師。

僖公十年

〔僖經·十·一〕

十年春王正月，公如齊。[一]

［一］無《傳》。

〔僖經·十·二〕

狄滅溫，溫子奔衛。[一]

［一］蓋中國之狄，滅而居其土地。

(僖傳·十·一)

十年春，狄滅溫，蘇子無信也。蘇子叛王即狄，又不能於狄，狄人伐之。王不救，故滅。蘇子奔衛。[一]

［一］蘇子，周司寇蘇公之後也。國於溫，故曰"溫子"。叛王事在莊十九年。

〔僖經·十·三〕

晉里克弒其君卓及其大夫荀息。[一]

［一］弒卓在前年，而以今春書者，從赴也。獻公既葬，卓已免喪，故稱君也。荀息稱名者，雖欲復言，本無遠謀，從君於昏。

〔僖經·十·四〕

夏，齊侯、許男伐北戎。[一]

[一] 無《傳》。北戎〔一〕，山戎。

〔左氏附〕

（僖傳·十·二）

夏四月，周公忌父、王子黨會齊隰朋，立晉侯。[一]

[一] 周公忌父，周卿士。王子黨，周大夫。

〔僖經·十·五〕

晉殺其大夫里克。[一]

[一] 奚齊者，先君所命，卓子又以在國嗣位，罪未爲無道，而里克親爲三怨之主，累弑二君，故稱名以罪之。

（僖傳·十·三）

晉侯殺里克以說。[一] 將殺里克，公使謂之曰："微子，則不及此。雖然，子弑二君與一大夫，爲子君者，不亦難乎？"對曰："不有廢也，君何以興？欲加之罪，其無辭乎？[二] 臣聞命矣。"伏劍而死。於是丕鄭聘于秦，且謝緩賂，故不及。[三]

[一] 自解説不篡。

[二] 言欲加己罪，不患無辭。

[三] 丕鄭，里克黨，以在秦，故不及里克俱死。

〔左氏附〕

（僖傳·十·四）

晉侯改葬共大子。[一]

〔一〕北戎 "戎"，原作"伐"，據興國軍本改。又按：阮校曰："宋本、淳熙本、纂圖本、監本、毛本'伐'作'戎'。不誤。"

［一］共大子，申生也。

〔僖經·十·六〕

秋七月。

〔左氏附〕

（僖傳·十·五）

秋，狐突適下國，[一] 遇大子，大子使登僕，[二] 而告之曰："夷吾無禮，余得請於帝矣。[三] 將以晉畀秦，秦將祀余。"對曰："臣聞之，神不歆非類，民不祀非族。君祀無乃殄乎？[四] 且民何罪，失刑乏祀，君其圖之〔一〕。"君曰："諾。吾將復請。七日新城西偏，將有巫者而見我焉。"[五] 許之，遂不見。[六] 及期而往，告之曰："帝許我罰有罪矣，敝於韓。"[七]

［一］下國，曲沃新城。

［二］忽如夢而相見，狐突本爲申生御，故復使登車爲僕。

［三］請罰夷吾。

［四］歆，饗也。殄，絶也。

［五］新城，曲沃也。將因巫而見。

［六］狐突許其言，申生之象亦没。

［七］敝，敗也。韓，晉地。獨敝惠公，故言"罰有罪"，明不復以晉畀秦。夷吾忌克多怨，終於失國。雖改葬加謚，申生猶忿。《傳》言鬼神所馮有時而信。

〔一〕君其圖之　興國軍本該句後有夾注"乏祀，爲無主祭也"。按：阮校曰："《考文》引足利本有此七字，在'君其圖之'句下。盧文弨挍本'爲'疑'謂'。"

〔左氏附〕

（僖傳·十·六）

丕鄭之如秦也，言於秦伯曰："呂甥、郤稱、冀芮實爲不從，若重問以召之，[一]臣出晉君，君納重耳，蔑不濟矣。"[二]

［一］三子，晉大夫。不從，不與秦賂。問，聘問之幣。

［二］蔑，無也。

〔僖經·十·七〕

冬，大雨雪。[一]

［一］無《傳》。平地尺爲大雪。

〔左氏附〕

（僖傳·十·七）

冬，秦伯使泠至報問，且召三子。[一]郤芮曰："幣重而言甘，誘我也。"遂殺丕鄭、祁舉[二]及七輿大夫。[三]左行共華、右行賈華、叔堅、騅歂、纍虎、特宮、山祁，皆里、丕之黨也。[四]丕豹奔秦，[五]言於秦伯曰："晉侯背大主而忌小怨，民弗與也，伐之必出。"[六]公曰："失衆，焉能殺？[七]違禍，誰能出君？"[八]

［一］泠至，秦大夫。

［二］祁舉，晉大夫。

［三］侯、伯七命，副車七乘。

［四］七子，七輿大夫。

［五］丕豹，丕鄭之子。

［六］大主，秦也。小怨，里、丕。

［七］謂殺里、丕之黨。

［八］謂豹辟禍也。爲明年晉殺丕鄭《傳》。

僖公十一年

〔僖經·十一·一〕

十有一年春，晉殺其大夫丕鄭父。[一]

［一］以私怨謀亂國，書名，罪之。書“春”，從告。

（僖傳·十一·一）

十一年春，晉侯使以丕鄭之亂來告。[一]

［一］釋《經》書在今年。

〔左氏附〕

（僖傳·十一·二）

天王使召武公[一]、内史過賜晉侯命。[一]受玉惰。過歸，告王曰："晉侯其無後乎？王賜之命而惰於受瑞，先自棄也已，其何繼之有？禮，國之幹也。敬，禮之輿也。不敬則禮不行，禮不行則上下昏，何以長世？"[二]

［一］天王，周襄王。召武公，周卿士。内史過，周大夫。諸侯即位，天子賜之命圭爲瑞。

［二］爲惠公不終張本。

〔僖經·十一·二〕

夏，公及夫人姜氏會齊侯于陽穀。[一]

［一］無《傳》。婦人送迎不出門，見兄弟不踰閾。與公俱會齊侯，非禮。

〔一〕天王使召武公　“武”，原作“成”，石經漫漶，據杜注及興國軍本改。

〔左氏附〕

（僖傳·十一·三）

夏，揚、拒、泉、皋、伊、雒之戎同伐京師，入王城，焚東門。[一] 王子帶召之也。[二] 秦、晉伐戎以救周。

［一］揚、拒、泉、皋，皆戎邑，及諸雜戎居伊水、雒水之間者，今伊闕北有泉亭。

［二］王子帶，甘昭公也。召戎欲因以篡位。

〔僖經·十一·三〕

秋八月，大雩。[一]

［一］無《傳》。過時，故書。

〔左氏附〕

（僖傳·十一·四）

秋，晉侯平戎于王。[一]

［一］爲二十四年天王出居鄭《傳》。

〔僖經·十一·四〕

冬，楚人伐黄。

（僖傳·十一·五）

黄人不歸楚貢。冬，楚人伐黄。[一]

［一］黄人恃齊故。

僖公十二年

〔僖經·十二·一〕

十有二年春王三月庚午，日有食之。[一]

［一］無《傳》。不書朔，官失之。

〔左氏附〕

（僖傳·十二·一）

十二年春，諸侯城衛楚丘之郛，懼狄難也。[一]

［一］楚丘，衛國都。郛，郭也。爲明年春狄侵衛《傳》。

〔僖經·十二·二〕

夏，楚人滅黄。

（僖傳·十二·二）

黄人恃諸侯之睦于齊也，不共楚職，曰："自郢及我九百里，焉能害我？"夏，楚滅黄。[一]

［一］郢，楚都。

〔左氏附〕

（僖傳·十二·三）

王以戎難故，討王子帶。[一]

［一］子帶前年召戎伐周。

〔僖經·十二·三〕

秋七月。

〔左氏附〕

（僖傳·十二·四）

秋，王子帶奔齊。

〔僖經·十二·四〕

冬十有二月丁丑，陳侯杵臼卒。[一]

［一］無《傳》。遣世子與僖公同盟甯母及洮。

〔左氏附〕

（僖傳·十二·五）

冬，齊侯使管夷吾平戎于王，使隰朋平戎于晉。[一]王以上卿之禮饗管仲。管仲辭曰："臣賤有司也，有天子之二守國、高在。[二]若節春秋，來承王命，何以禮焉？[三]陪臣敢辭。"[四]王曰："舅氏，[五]余嘉乃勳，應乃懿德，謂督不忘，往踐乃職，無逆朕命。"[六]管仲受下卿之禮而還。[七]君子曰："管氏之世祀也宜哉！讓不忘其上。《詩》曰：'愷悌君子，神所勞矣。'"[八]

［一］平，和也。前年晉救周伐戎，故戎與周、晉不和。

［二］國子、高子，天子所命爲齊守臣，皆上卿也。莊二十二年高傒始見《經》。僖二十八年國歸父乃見《傳》。歸父之父曰懿仲。高傒之子曰莊子。不知今當誰世。

［三］節，時也。

［四］諸侯之臣曰陪臣。

［五］伯舅之使，故曰“舅氏”。

［六］功勳美德，可謂正而不可忘者。不言位而言職者，管仲位卑而執齊政，故欲以職尊之。

［七］管仲不敢以職自高，卒受本位之禮。

［八］《詩·大雅》。愷，樂也。悌，易也。言樂易君子，爲神所勞來，故世祀也。管仲之後於齊没不復見，《傳》亦舉其無驗。

僖公十三年

〔僖經·十三·一〕

十有三年春，狄侵衛。[一]

［一］《傳》在前年春。

〔左氏附〕

（僖傳·十三·一）

十三年春，齊侯使仲孫湫聘于周，且言王子帶。[一]事畢，不與王言。[二]歸，復命曰："未可。王怒未怠，其十年乎？不十年，王弗召也。"

［一］前年王子帶奔齊，言欲復之。

［二］不言子帶事。

〔僖經·十三·二〕

夏四月，葬陳宣公。[一]

［一］無《傳》。

〔僖經·十三·三〕

公會齊侯、宋公、陳侯、衛侯、鄭伯、許男、曹伯于鹹。[一]

［一］鹹，衛地，東郡濮陽縣東南有鹹城。

（僖傳·十三·二）

夏，會于鹹，淮夷病杞故，且謀王室也。

〔僖經·十三·四〕

秋九月，大雩。[一]

[一] 無《傳》。書過。

〔左氏附〕

(僖傳·十三·三)

秋，爲戎難故，諸侯戍周。齊仲孫湫致之。[一]

[一] 戍，守也。致諸侯戍卒于周。

〔僖經·十三·五〕

冬，公子友如齊。[一]

[一] 無《傳》。

〔左氏附〕

(僖傳·十三·四)

冬，晉荐饑，[一]使乞糴于秦。秦伯謂子桑："與諸乎？"對曰："重施而報，君將何求？[二]重施而不報，其民必攜，攜而討焉，無衆必敗。"[三]謂百里："與諸乎？"[四]對曰："天災流行，國家代有。救災恤鄰，道也。行道有福。"丕鄭之子豹在秦，請伐晉。[五]秦伯曰："其君是惡，其民何罪？"秦於是乎輸粟于晉，自雍及絳相繼，[六]命之曰"汎舟之役"。[七]

[一] 麥禾皆不熟。

[二] 言不損秦。

[三] 不義，故民離。

［四］百里，秦大夫。

［五］欲爲父報怨。

［六］雍，秦國都。絳，晉國都。

［七］從渭水運入河、汾。

僖公十四年

〔僖經 · 十四 · 一〕

十有四年春，諸侯城緣陵。[一]

[一] 緣陵，杞邑。辟淮夷，遷都於緣陵。

(僖傳 · 十四 · 一)

十四年春，諸侯城緣陵，而遷杞焉。不書其人，有闕也。[一]

[一] 闕，謂器用不具，城池未固而去，爲惠不終也。澶淵之會，既而無歸，大夫不書，而國别稱人。今此揔曰諸侯君臣之辭，不言城杞，杞未遷也。

〔僖經 · 十四 · 二〕

夏六月，季姬及鄫子遇于防，使鄫子來朝。[一]

[一] 季姬，魯女，鄫夫人也。鄫子本無朝志，爲季姬所召而來，故言"使鄫子來朝"。鄫國，今琅邪鄫縣。

(僖傳 · 十四 · 二)

鄫季姬來寧，公怒止之，以鄫子之不朝也。[一] 夏，遇于防而使來朝。

[一] 來寧不書，而後年書歸鄫，更嫁之文也。明公絶鄫昏，既來朝而還。

〔僖經 · 十四 · 三〕

秋八月辛卯，沙鹿崩。[一]

［一］沙鹿，山名，平陽元城縣東有沙鹿土山，在晉地。災害繫於所災所害，故不繫國。

（僖傳·十四·三）

秋八月辛卯，沙鹿崩。晉卜偃曰："期年將有大咎，幾亡國。"[一]

［一］國主山川，山崩川竭，亡國之徵。

〔僖經·十四·四〕

狄侵鄭。[一]

［一］無《傳》。

〔僖經·十四·五〕

冬，蔡侯肸卒。[一]

［一］無《傳》。未同盟而赴以名。

〔左氏附〕

（僖傳·十四·四）

冬，秦饑，使乞糴于晉。晉人弗與。慶鄭曰："背施無親，[一]幸災不仁，貪愛不祥，怒鄰不義。四德皆失，何以守國？"虢射曰："皮之不存，毛將安傅？"[二]慶鄭曰："棄信背鄰，患孰恤之？無信患作，失援必斃。是則然矣。"虢射曰："無損於怨，而厚於寇，不如勿與。"[三]慶鄭曰："背施幸災，民所棄也。近猶讎之，況怨敵乎？"弗聽。退曰："君其悔是哉！"

［一］慶鄭，晉大夫。

［二］虢射，惠公舅也。皮以喻所許秦城，毛以喻糴，言既背秦施，爲怨以深，雖與之糴，猶無皮而施毛。

［三］言與秦粟不足解怨，適足使秦强。

僖公十五年

〔僖經 · 十五 · 一〕

十有五年春王正月，公如齊。[一]

［一］無《傳》。諸侯五年再相朝，禮也，例在文十五年。

〔僖經 · 十五 · 二〕

楚人伐徐。

（僖傳 · 十五 · 一）

十五年春，楚人伐徐，徐即諸夏故也。

〔僖經 · 十五 · 三〕

三月，公會齊侯、宋公、陳侯、衛侯、鄭伯、許男、曹伯，盟于牡丘，[一]**遂次于匡。**[二]**公孫敖帥師及諸侯之大夫救徐。**[三]

［一］牡丘，地名，闕。

［二］匡，衛地，在陳留長垣縣西南。

［三］公孫敖，慶父之子。諸侯既盟，次匡，皆遣大夫將兵救徐，故不復具列國別也。

（僖傳 · 十五 · 二）

三月，盟于牡丘，尋葵丘之盟，且救徐也。[一]孟穆伯帥師及諸侯之師救徐，諸侯次于匡以待之。

［一］葵丘盟在九年。

〔僖經·十五·四〕

夏五月，日有食之。

（僖傳·十五·三）

夏五月，日有食之。不書朔與日，官失之也。

〔僖經·十五·五〕

秋七月，齊師、曹師伐厲。[一]

[一]厲，楚與國，義陽隨縣北有厲鄉。

（僖傳·十五·四）

秋，伐厲以救徐也。

〔僖經·十五·六〕

八月，螽。[一]

[一]無《傳》。爲災。

〔僖經·十五·七〕

九月，公至自會。[一]

[一]無《傳》。

〔左氏附〕

（僖傳·十五·五）

晉侯之入也，秦穆姬屬賈君焉，[一]且曰："盡納群公子。"[二]晉侯烝於賈君，又不納群公子，是以穆姬怨之。晉侯許賂中大夫，[三]既而皆背之。賂秦伯以河外列城五，東盡虢略，南及華山，内及解梁城，既而不與。[四]晉饑，秦輸之粟。[五]秦饑，晉閉之糴。[六]故秦伯伐晉。卜徒父筮之，吉。[七]“涉河，侯車敗”。詰之，[八]對曰：“乃大吉也。三敗，必獲晉君。其卦遇《蠱》☶☴，[九]曰：‘千乘三去，三去之餘，獲其雄狐。’夫狐蠱，必其君也。[一〇]《蠱》之貞，風也。其悔，山也。[一一]歲云秋矣，我落其實，而取其材，所以克也。[一二]實落材亡，不敗何待？”

［一］晉侯入在九年。穆姬，申生姊，秦穆夫人。賈君，晉獻公次妃賈女也。

［二］群公子，晉武、獻之族。宣二年《傳》曰：驪姬之亂，詛無畜群公子。

［三］中大夫，國内執政里、丕等。

［四］河外，河南也。東盡虢略，從河南而東盡虢界也。解梁城，今河東解縣也。華山在弘農華陰縣西南。

［五］在十三年。

［六］在十四年。

［七］徒父，秦之掌龜卜者。卜人而用筮，不能通三《易》之占，故據其所見雜占而言之。

［八］秦伯之軍涉河，則晉侯車敗也。秦伯不解，謂敗在己，故詰之。

［九］《巽》下《艮》上，《蠱》。

［一〇］於《周易》：“利涉大川，往有事也。”亦秦勝晉之卦也。今此所言，蓋卜筮書雜辭，以狐蠱爲君，其義欲以喻晉惠公，其象未聞。

［一一］内卦爲貞，外卦爲悔，《巽》爲風，秦象。《艮》爲山，晉象。

［一二］周九月，夏之七月，孟秋也。艮爲山，山有木，今歲已秋，風吹落山木之實，則材爲人所取。

三敗，及韓。[一]晉侯謂慶鄭曰：“寇深矣，若之何？”對曰：“君實深之，可若何？”公曰：“不孫。”卜右，慶鄭吉，弗使，[二]步揚御戎，家僕徒爲右。[三]乘小駟，鄭入也。[四]慶鄭曰：“古者大事必乘其産，生其水土而知其人心，安其教訓而服習其道。唯所納之，無不如志。今乘異産以從戎事，及懼而變，將與人易。[五]亂氣狡憤，陰血周作，張脉僨興，外彊中乾。[六]進退不可，周旋不能，君必悔之。”弗聽。

［一］晉侯車三壞。

［二］惡其不孫，不以爲車右，此夷吾之多忌。

［三］步揚，郤犨之父。

［四］鄭所獻馬名“小駟”。

［五］變易人意。

［六］狡，戾也。憤，動也。氣狡憤於外，則血脉必周身而作，隨氣張動，外雖有彊形，而內實乾竭。

九月，晉侯逆秦師，使韓簡視師。[一]復曰：“師少於我，鬭士倍我。”公曰：“何故？”對曰：“出因其資，[二]入用其寵，[三]饑食其粟，三施而無報，是以來也。今又擊之，我怠秦奮，倍猶未也。”公曰：“一夫不可狃，況國乎？”[四]遂使請戰，曰：“寡人不佞，能合其衆而不能離也。君若不還，無所逃命。”秦伯使公孫枝對曰：“君之未入，寡人懼之，入而未定列，猶吾憂也。[五]苟列定矣，敢不承命。”韓簡退曰：“吾幸而得囚。”[六]

［一］韓簡，晉大夫韓萬之孫。

［二］謂奔梁求秦。

［三］爲秦所納。

［四］狃，忕也。言辟秦則使忕來。

［五］列，位也。

［六］得囚爲幸，言必敗。

壬戌，戰于韓原。[一]晉戎馬還，濘而止。[二]公號慶鄭。慶鄭曰："愎諫違卜，[三]固敗是求，又何逃焉？"遂去之。梁由靡御韓簡，虢射爲右，輅秦伯，將止之。[四]鄭以救公誤之，遂失秦伯。秦獲晉侯以歸。[五]晉大夫反首拔舍，從之。[六]秦伯使辭焉，曰："二三子何其慼也？寡人之從君而西也，亦晉之妖夢是踐，豈敢以至？"[七]晉大夫三拜稽首，曰："君履后土而戴皇天，皇天后土，實聞君之言，群臣敢在下風。"穆姬聞晉侯將至，以大子罃、弘與女簡璧登臺而履薪焉。[八]使以免服衰絰逆，且告[九]曰："上天降災，使我兩君匪以玉帛相見，而以興戎。若晉君朝以入，則婢子夕以死。夕以入，則朝以死。唯君裁之。"乃舍諸靈臺。[一〇]

［一］九月十三日。

［二］濘，泥也。還，便旋也。小駟不調，故隋泥中。

［三］愎，戾也。

［四］輅，迎也。止，獲也。

［五］《經》書十一月壬戌，十四日。《經》從赴。

［六］反首，亂頭髮，反下垂也。拔草舍止，壞形毀服。

［七］狐突不寐而與神言，故謂之"妖夢"。申生言帝許罰有罪，今將晉君而西，以厭息此語。踐，厭也。

［八］罃，康公名。弘，其母弟也。簡璧，罃、弘姊妹。古之宫閉

者，皆居之臺以抗絶之。穆姬欲自罪，故登臺而荐之以薪，左右上下者，皆履柴乃得通。

［九］免、衰、絰，遭喪之服，令行人服此服迎秦伯，且告將以恥辱自殺。

［一〇］在京兆鄠縣，周之故臺。亦所以抗絶，令不得通外内。

大夫請以入，公曰："獲晉侯以厚歸也。既而喪歸，焉用之？[一]大夫其何有焉？[二]且晉人慼憂以重我，[三]天地以要我。不圖晉憂，重其怒也。我食吾言，背天地也。[四]重怒難任，背天不祥，必歸晉君。"[五]公子縶曰："不如殺之，無聚慝焉。"[六]子桑曰："歸之而質其大子，必得大成。晉未可滅，而殺其君，衹以成惡〔一〕，[七]且史佚有言曰：'無始禍，[八]無怙亂，[九]無重怒。'重怒難任，陵人不祥。"乃許晉平。

［一］若將晉侯入，則夫人或自殺。

［二］何有，猶何得。

［三］謂反首拔舍。

［四］食，消也。

［五］任，當也。

［六］公子縶，秦大夫。恐夷吾歸，復相聚爲惡。

［七］衹，適也。

［八］史佚，周武王時大史，名佚。

［九］恃人亂爲己利。

〔一〕衹以成惡　"衹"，原作"祇"，據字書正。注同。（襄傳・二七・三）、（昭傳・二十五・八）同。

晉侯使郤乞告瑕呂飴甥，且召之。[一]子金教之言，曰：“朝國人而以君命賞，[二]且告之曰：‘孤雖歸，辱社稷矣。其卜貳圉也。’”[三]衆皆哭。[四]晉於是乎作爰田。[五]呂甥曰：“君亡之不恤，而群臣是憂，惠之至也。將若君何？”衆曰：“何爲而可？”對曰：“征繕以輔孺子。[六]諸侯聞之，喪君有君，群臣輯睦，甲兵益多，好我者勸，惡我者懼，庶有益乎？”衆説。晉於是乎作州兵。[七]

［一］郤乞，晉大夫也。瑕呂飴甥，即呂甥也，蓋姓瑕呂，名飴甥，字子金。晉侯聞秦將許之平，故告呂甥召使迎己。

［二］恐國人不從，故先賞之於朝。

［三］貳，代也。圉，惠公大子懷公。

［四］哀君不還國。

［五］分公田之税應入公者，爰之於所賞之衆。

［六］征，賦也。繕，治也。孺子，大子圉。

［七］五黨爲州，州二千五百家也。因此又使州長各繕甲兵。

〔左氏附〕

（僖傳・十五・六）

初，晉獻公筮嫁伯姬於秦，遇《歸妹》䷵[一]之《睽》䷥。[二]史蘇占之曰：“不吉。[三]其繇曰：‘士刲羊，亦無衁也。女承筐，亦無貺也。’[四]西鄰責言，不可償也。[五]《歸妹》之《睽》，猶無相也。[六]《震》之《離》，亦《離》之《震》。[七]爲雷爲火，爲嬴敗姬。[八]車説其輹，火焚其旗，不利行師，敗于宗丘。[九]《歸妹》《睽》孤，寇張之弧。[一〇]姪其從姑，[一一]六年其逋，逃歸其國，而棄其家，[一二]明年其死於高梁之虚。”[一三]及惠公在秦，曰：“先君若從史蘇之占，吾不及此夫。”韓簡侍曰：“龜，象也。筮，數也。物生而後有象，象而後有滋，滋而後有數，先君之敗德，及可數乎？史蘇是占，勿從何益？[一四]《詩》曰：‘下民之孽，匪降自天。僔沓背憎，職競由人。’”[一五]

[一]《兑》下《震》上，《歸妹》。

[二]《兑》下《離》上，《睽》。《歸妹》上六變而爲《睽》。

[三]史蘇，晉卜筮之史。

[四]《周易·歸妹》上六《爻辭》也。衁，血也。貺，賜也。刲羊，士之功。承筐，女之職。上六無應，所求不獲，故下刲無血，上承無實，不吉之象也。《離》爲中女，《震》爲長男，故稱士、女。

[五]將嫁女於西，而遇不吉之卦，故知有責讓之言，不可報償。

[六]《歸妹》，女嫁之卦。《睽》，乖離之象。故曰“無相”。相，助也。

[七]二卦變而氣相通。

[八]嬴，秦姓。姬，晉姓。《震》爲雷，《離》爲火，火動熾而害其母，女嫁反害其家之象，故曰“爲嬴敗姬”。

[九]輹，車下縛也。丘猶邑也。《震》爲車，《離》爲火，上六爻在《震》則無應，故車脱輹。在《離》則失位，故火焚旗。言皆失車火之用也。車敗旗焚，故不利行師，火還害母，故敗不出國，近在宗邑。

[一〇]此《睽》上九爻辭也。處《睽》之極，故曰“《睽》孤”。失位孤絶，故遇寇難而有弓矢之警。皆不吉之象。

[一一]《震》爲木，《離》爲火，火從木生，《離》爲《震》妹，

於火爲姑，謂我姪者，我謂之姑。謂子圉質秦。

［一二］逋，亡也。家謂子圉婦懷嬴。

［一三］惠公死之明年，文公入，殺懷公于高梁。高梁，晉地，在平陽楊氏縣西南。凡筮者用《周易》，則其象可推，非此而往，則臨時占者，或取於象，或取於氣，或取於時日王相，以成其占。若盡附會以爻象，則構虛而不經，故略言其歸趣。他皆倣此。

［一四］言龜以象示，筮以數告，象數相因而生，然後有占，占所以知吉凶，不能變吉凶。故先君敗德，非筮數所生，雖復不從史蘇，不能益禍。

［一五］《詩·小雅》。言民之有邪惡，非天所降。僔沓面語，背相憎疾，皆人競所主作，因以諷諫惠公，有以召此禍也。

〔僖經·十五·八〕

季姬歸于鄫。[一]

［一］無《傳》。來寧不書，此書者，以明中絶。

〔僖經·十五·九〕

己卯晦，震夷伯之廟。[一]

［一］夷伯，魯大夫展氏之祖父。夷，謚。伯，字。震者，雷電擊之。大夫既卒，書字。

（僖傳·十五·七）

震夷伯之廟，罪之也。於是展氏有隱慝焉。[一]

［一］隱惡非法所得，尊貴罪所不加，是以聖人因天地之變，自然之妖，以感動之。知達之主，則識先聖之情以自厲。中下之

主，亦信妖祥以不妄。神道助教，唯此爲深。

〔僖經·十五·十〕

冬，宋人伐曹。

（僖傳·十五·八）

冬，宋人伐曹，討舊怨也。[一]

［一］莊十四年，曹與諸侯伐宋。

〔僖經·十五·十一〕

楚人敗徐于婁林。[一]

［一］婁林，徐地。下邳僮縣東南有婁亭。

（僖傳·十五·九）

楚敗徐于婁林，徐恃救也。[一]

［一］恃齊救。

〔僖經·十五·十二〕

十有一月壬戌，晉侯及秦伯戰于韓，獲晉侯。[一]

［一］例，得大夫曰獲。晉侯背施無親，愎諫違卜，故貶絶，下從衆臣之例而不言以歸。不書敗績，晉師不大崩。

（僖傳·十五·十）

十月，晉陰飴甥會秦伯盟于王城。[一]秦伯曰："晉國和乎？"對曰："不和。小人耻失其君而悼喪其親，[二]不憚征繕以立圉也，曰'必報讎，寧事戎狄'。君子愛其君而知其罪，不憚征繕以待秦命，曰'必報德，有死無二'。以此不和。"秦伯曰："國謂君何？"對曰："小人慼，謂之不免。

君子怨，以爲必歸。小人曰：‘我毒秦，秦豈歸君？’[三]君子曰：‘我知罪矣。秦必歸君，貳而執之，服而舍之，德莫厚焉，刑莫威焉，服者懷德，貳者畏刑，此一役也，[四]秦可以霸。納而不定，廢而不立，以德爲怨，秦不其然。’”秦伯曰：“是吾心也。”改館晉侯，饋七牢焉。[五]

［一］陰飴甥即呂甥也。食采於陰，故曰“陰飴甥”。王城，秦地，馮翊臨晉縣東有王城，今名武鄉。

［二］痛其親爲秦所殺。

［三］毒謂三施不報。

［四］言還惠公使諸侯威服，復可當一事之功。

［五］牛、羊、豕各一爲一牢。

蛾析謂慶鄭曰：“盍行乎？”[一]對曰：“陷君於敗，[二]敗而不死，又使失刑，非人臣也。臣而不臣，行將焉入？”十一月，晉侯歸。丁丑，殺慶鄭而後入。[三]是歲，晉又饑，秦伯又餼之粟，曰：“吾怨其君，而矜其民。且吾聞唐叔之封也，箕子曰：‘其後必大。’晉其庸可冀乎？[四]姑樹德焉，以待能者。”於是秦始征晉河東，置官司焉。[五]

［一］蛾析，晉大夫也。

［二］謂呼不往，誤晉師，失秦伯。

［三］丁丑，月二十九日。

［四］唐叔，晉始封之君，武王之子。箕子，殷王帝乙之子，紂之庶兄。

［五］征，賦也。

春秋左氏經傳集解僖公中第六

春秋左氏經傳集解僖公中第六[一]

杜　氏

僖公十六年

〔僖經·十六·一〕

十有六年春王正月戊申朔，隕石于宋五。[一]

［一］隕，落也。聞其隕，視之石，數之五，各隨其聞見先後而記之。莊七年，星隕如雨，見星之隕而隊於四遠，若山若水，不見在地之驗；此則見在地之驗，而不見始隕之星。史各據事而書。

（僖傳·十六·一）

十六年春，隕石于宋五，隕星也。[一]

［一］但言星，則嫌星使石隕，故重言“隕星”。

〔僖經·十六·二〕

是月，六鷁退飛，過宋都。[一]

［一］是月，隕石之月。重言“是月”，嫌同日。鷁，水鳥。高飛遇風而退。宋人以爲災，告於諸侯，故書。

〔一〕原卷標題“僖”字後闕“公”字，據本書體例補。

(僖傳·十六·二)

六鷁退飛過宋都，風也。[一]周内史叔興聘于宋，宋襄公問焉，曰：“是何祥也？吉凶焉在？”[二]對曰：“今兹魯多大喪，[三]明年齊有亂，君將得諸侯而不終。”[四]退而告人曰：“君失問。是陰陽之事，非吉凶所生也〔一〕。[五]吉凶由人，吾不敢逆君故也。”[六]

[一] 六鷁遇迅風而退飛，風高不爲物害，故不記風之異〔二〕。

[二] 祥，吉凶之先見者。襄公以爲石隕、鷁退能爲禍福之始，故問其所在。

[三] 今兹，此歲。

[四] 魯喪、齊亂、宋襄不終，别以政刑吉凶他占知之。

[五] 言石、鷁陰陽錯逆所爲〔三〕，非人所生，襄公不知陰陽而問人事，故曰“君失問”。叔興自以對非其實，恐爲有識所譏，故退而告人。

[六] 積善餘慶，積惡餘殃，故曰“吉凶由人”。君問吉凶，不敢逆之，故假他占以對。

〔僖經·十六·三〕

三月壬申，公子季友卒。[一]

[一] 無《傳》。稱字者，貴之。公與小斂，故書日。

〔一〕 非吉凶所生也 “生”，原作“在”，據石經改。

〔二〕 故不記風之異 “故”，原脱，據興國軍本補。

〔三〕 言石鷁陰陽錯逆所爲 “石鷁”，興國軍本作“石隕鷁退”。

〔僖經 · 十六 · 四〕

夏四月丙申，鄫季姬卒。[一]

［一］無《傳》。

〔左氏附〕

（僖傳 · 十六 · 三）

夏，齊伐厲，不克，救徐而還。[一]

［一］十五年齊伐厲以救徐。

〔僖經 · 十六 · 五〕

秋七月甲子，公孫茲卒。[一]

［一］無《傳》。

〔左氏附〕

（僖傳 · 十六 · 四）

秋，狄侵晉，取狐厨、受鐸，涉汾，及昆都，因晉敗也。[一]

［一］狐厨、受鐸、昆都，晉三邑。平陽臨汾縣西北有狐谷亭。汾水出大原，南入河。

〔左氏附〕

（僖傳 · 十六 · 五）

王以戎難，告于齊，齊徵諸侯而戍周〔一〕。[一]

［一］十一年戎伐京師以來，遂爲王室難。

〔一〕 齊徵諸侯而戍周　按：阮校曰："石經無'而'字。"

〔左氏附〕

（僖傳·十六·六）

冬十一月乙卯，鄭殺子華。[一]

［一］終管仲之言，事在七年。

〔僖經·十六·六〕

冬十有二月，公會齊侯、宋公、陳侯、衛侯、鄭伯、許男、邢侯、曹伯于淮。[一]

［一］臨淮郡左右。

（僖傳·十六·七）

十二月，會于淮，謀鄫，且東略也。[一]城鄫，役人病。有夜登丘而呼曰："齊有亂。"不果城而還。[二]

［一］鄫爲淮夷所病故。

［二］役人遇厲氣，不堪久駐，故作妖言。

僖公十七年

〔僖經 · 十七 · 一〕

十有七年春，齊人、徐人伐英氏。

（僖傳 · 十七 · 一）

十七年春，齊人爲徐伐英氏，以報婁林之役也。[一]

［一］英氏，楚與國。婁林役在十五年。

〔左氏附〕

（僖傳 · 十七 · 二）

夏，晉大子圉爲質於秦，秦歸河東而妻之。[一] 惠公之在梁也，梁伯妻之。梁嬴孕，過期，[二] 卜招父與其子卜之。[三] 其子曰："將生一男一女。" 招曰："然。男爲人臣，女爲人妾。" 故名男曰圉，女曰妾。[四] 及子圉西質，妾爲宦女焉。[五]

［一］秦征河東置官司在十五年。

［二］過十月不産。懷子曰孕。

［三］卜招父，梁大卜。

［四］圉，養馬者。不聘曰妾。

［五］宦，事秦爲妾。

〔僖經 · 十七 · 二〕

夏，滅項。[一]

［一］項國今汝陰項縣。公在會，别遣師滅項，不言師，諱之。

(僖傳·十七·三)

師滅項。[一]淮之會，公有諸侯之事，未歸，而取項。[二]齊人以爲討而止公。[三]

[一]師，魯師。

[二]淮會在前年冬。諸侯之事，會同講禮之事。

[三]内諱執，皆言止。

〔僖經·十七·三〕

秋，夫人姜氏會齊侯于卞。[一]

[一]卞，今魯國卞縣。

(僖傳·十七·四)

秋，聲姜以公故，會齊侯于卞。[一]

[一]聲姜，僖公夫人，齊女。

〔僖經·十七·四〕

九月，公至自會。[一]

[一]公既見執于齊，猶以會致者，諱之。

(僖傳·十七·五)

九月，公至。書曰“至自會”，猶有諸侯之事焉，且諱之也。[一]

[一]恥見執，故託會以告廟。

〔僖經·十七·五〕

冬十有二月乙亥，齊侯小白卒。[一]

［一］與僖公八同盟〔一〕，赴以名。

（僖傳·十七·六）

齊侯之夫人三，王姬、徐嬴、蔡姬，皆無子。齊侯好內，多內寵，內嬖如夫人者六人：長衛姬生武孟，［一］少衛姬生惠公，［二］鄭姬生孝公，［三］葛嬴生昭公，［四］密姬生懿公，［五］宋華子生公子雍。［六］公與管仲屬孝公於宋襄公以爲大子。雍巫有寵於衛共姬，因寺人貂以薦羞於公，［七］亦有寵，公許之立武孟。［八］管仲卒，五公子皆求立。冬十月乙亥，齊桓公卒。［九］易牙入，與寺人貂因內寵以殺群吏，［一〇］而立公子無虧。孝公奔宋。十二月乙亥，赴。辛巳，夜殯。［一一］

［一］武孟，公子無虧。

［二］公子元。

［三］公子昭。

［四］公子潘。

［五］公子商人。

［六］華氏之女，子姓。

［七］雍巫，雍人，名巫，即易牙。

［八］易牙既有寵於公，爲長衛姬請立武孟。

［九］乙亥，月八日。

［一〇］內寵，內官之有權寵者。

［一一］六十七日乃殯。

〔一〕與僖公八同盟　"八"，原作"入"，興國軍本、阮刻本同。據疏義改。

僖公十八年

〔僖經·十八·一〕

十有八年春王正月，宋公、曹伯、衛人、邾人伐齊。[一]

［一］納孝公。

（僖傳·十八·一）

十八年春，宋襄公以諸侯伐齊。三月，齊人殺無虧。[一]

［一］以說宋。

〔左氏附〕

（僖傳·十八·二）

鄭伯始朝于楚，[一]楚子賜之金，既而悔之，與之盟曰："無以鑄兵。"[二]故以鑄三鍾。[三]

［一］中國無霸故。

［二］楚金利故。

［三］古者以銅爲兵，《傳》言楚無霸者遠略。

〔僖經·十八·二〕

夏，師救齊。[一]

［一］無《傳》。

〔僖經·十八·三〕

五月戊寅，宋師及齊師戰于甗，齊師敗績。[一]

［一］無虧既死，曹、衛、邾先去，魯亦罷歸，故宋師獨與齊戰。

不稱宋公，不親戰也。大崩曰敗績。甗，齊地。

（僖傳·十八·三）

齊人將立孝公，不勝四公子之徒，遂與宋人戰。[一]夏五月，宋敗齊師于甗，立孝公而還。

［一］無虧已死，故曰“四公子”。

〔僖經·十八·四〕

狄救齊。[一]

［一］無《傳》。救四公子之徒。

〔僖經·十八·五〕

秋八月丁亥，葬齊桓公。[一]

［一］十一月而葬，亂故。八月無丁亥，日誤。

（僖傳·十八·四）

秋八月，葬齊桓公。[一]

［一］孝公立而後得葬。

〔僖經·十八·六〕

冬，邢人、狄人伐衛。[一]

［一］狄稱“人”者，史異辭。《傳》無義例。

（僖傳·十八·五）

冬，邢人、狄人伐衛，圍菟圃。衛侯以國讓父兄子弟及朝衆，曰：“苟能治之，燬請從焉。”[一]衆不可，[二]而後師于訾婁，[三]狄師還。[四]

［一］燬，衛文公名。

［二］不聽衛侯讓。

［三］陳師訾婁。訾婁，衛邑。

［四］獨言狄還，則邢留距衛。言邢所以終爲衛所滅。

〔左氏附〕

（僖傳·十八·六）

梁伯益其國而不能實也，[一]命曰新里，秦取之。

［一］多築城邑而無民以實之。

僖公十九年

〔左氏附〕

（僖傳 · 十九 · 一）

十九年春，遂城而居之。[一]

［一］承前年《傳》取新里，故不復言秦也。爲此冬梁亡《傳》。

〔僖經 · 十九 · 一〕

十有九年春王三月，宋人執滕子嬰齊。[一]

［一］稱“人”以執，宋以罪及民告，例在成十五年。《傳》例不以名爲義，書名及不書名，皆從赴。

（僖傳 · 十九 · 二）

宋人執滕宣公。

〔僖經 · 十九 · 二〕

夏六月，宋公、曹人、邾人盟于曹南。[一]

［一］無《傳》。曹雖與盟而猶不服，不肯致餼，無地主之禮，故不以國地，而曰“曹南”，所以及秋而見圍。

〔僖經 · 十九 · 三〕

鄫子會盟于邾。[一] **己酉，邾人執鄫子，用之。**[二]

［一］不及曹南之盟，諸侯既罷，鄫乃會之於邾，故不言如會。

［二］稱人以執，宋以罪及民告也。鄫雖失大國會盟之信，然宋用之，爲罰已虐，故直書用之，言若用畜産也。不書社，赴不

及也。不書宋使邾而以邾自用爲文，南面之君，善惡自專，不得託之於他命。

(僖傳·十九·三)

夏，宋公使邾文公用鄫子于次睢之社，欲以屬東夷。[一]司馬子魚曰："古者六畜不相爲用，[二]小事不用大牲，而況敢用人乎？祭祀以爲人也，民，神之主也。用人，其誰饗之？齊桓公存三亡國以屬諸侯，[三]義士猶曰薄德。[四]今一會而虐二國之君，[五]又用諸淫昏之鬼，[六]將以求霸，不亦難乎？得死爲幸。"[七]

[一] 睢水受汴，東經陳留梁、譙、沛、彭城縣入泗，此水次有妖神，東夷皆社祀之，蓋殺人而用祭。

[二] 司馬子魚，公子目夷也。六畜不相爲用，謂若祭馬先不用馬。

[三] 三亡國，魯、衛、邢。

[四] 謂欲因亂取魯，緩救邢、衛。

[五] 宋公三月以會，召諸侯執滕子，六月而會盟，其月二十二日執鄫子，故云"一會而虐二國之君"。

[六] 非周社故。

[七] 恐其亡國。

〔僖經·十九·四〕

秋，宋人圍曹。

(僖傳·十九·五)

宋人圍曹，討不服也。[一]子魚言於宋公曰："文王聞崇德亂而伐之，軍三旬而不降，[二]退脩教而復伐之，因壘而降。[三]《詩》曰：'刑于寡妻，至于兄弟，以御于家邦。'[四]今君德無乃猶有所闕，而以伐人，若之何？盍姑内省德乎？無闕而後動。”

［一］曹南盟，不脩地主之禮故。

［二］崇，崇侯虎。

［三］復往攻之，備不改前而崇自服。

［四］《詩·大雅》。言文王之教，自近及遠。寡妻，嫡妻，謂大姒也。刑，法也。

〔僖經·十九·五〕

衛人伐邢。[一]

［一］伐邢在圍曹前，《經》書在後，從赴。

（僖傳·十九·四）

秋，衛人伐邢，以報菟圃之役〔一〕。[一]於是衛大旱，卜有事於山川，不吉。[二]甯莊子曰：“昔周饑，克殷而年豐。今邢方無道，諸侯無伯，[三]天其或者欲使衛討邢乎？”從之，師興而雨。

［一］邢不速退，所以獨見伐。

［二］有事，祭也。

［三］伯，長也。

〔僖經·十九·六〕

冬，會陳人、蔡人、楚人、鄭人盟于齊。[一]

［一］地於齊，齊亦與盟。

〔一〕以報菟圃之役　“報”，原作“執”，據興國軍本改。

(僖傳 · 十九 · 六)

陳穆公請脩好於諸侯，以無忘齊桓之德。冬，盟于齊，脩桓公之好也。[一]

[一] 宋襄暴虐，故思齊桓。

〔僖經 · 十九 · 七〕

梁亡。[一]

[一] 以自亡爲文，非取者之罪，所以惡梁。

(僖傳 · 十九 · 七)

梁亡，不書其主，自取之也。[一]初，梁伯好土功，亟城而弗處，民罷而弗堪，則曰："某寇將至。"乃溝公宮，[二]曰："秦將襲我。"民懼而潰。秦遂取梁。

[一] 不書取梁者主名。

[二] 溝，壍。

僖公二十年

〔僖經 · 二十 · 一〕

二十年春，新作南門。[一]

［一］魯城南門也。本名稷門，僖公更高大之，今猶不與諸門同，改名高門也。言新以易舊，言作以興事，皆更造之文也。

（僖傳 · 二十 · 一）

二十年春，新作南門。書，不時也。[一]凡啓塞從時。[二]

［一］失土功之時。

［二］門户道橋謂之啓，城郭牆塹謂之塞，皆官民之開閉，不可一日而闕，故特隨壞時而治之。今僖公脩飾城門，非開閉之急，故以土功之制譏之。《傳》嫌啓塞皆從土功之時，故别起從時之例。

〔左氏附〕

（僖傳 · 二十 · 二）

滑人叛鄭而服於衛。

〔僖經 · 二十 · 二〕

夏，郜子來朝。[一]

［一］無《傳》。郜，姬姓國。

〔僖經 · 二十 · 三〕

五月乙巳，西宫災。[一]

［一］無《傳》。西宫，公別宫也。天火曰災，例在宣十六年。

〔僖經·二十·四〕

鄭人入滑。[一]

［一］入，例在襄十三年。

（僖傳·二十·三）

夏，鄭公子士、洩堵寇帥師入滑。[一]

［一］公子士，鄭文公子。洩堵寇，鄭大夫。

〔僖經·二十·五〕

秋，齊人、狄人盟于邢。

（僖傳·二十·四）

秋，齊、狄盟于邢，爲邢謀衛難也。於是衛方病邢。

〔僖經·二十·六〕

冬，楚人伐隨。

（僖傳·二十·五）

隨以漢東諸侯叛楚。冬，楚鬬穀於菟帥師伐隨，取成而還。君子曰："隨之見伐，不量力也。量力而動，其過鮮矣。善敗由己，而由人乎哉！《詩》曰：'豈不夙夜，謂行多露。'"[一]

［一］《詩·召南》。言豈不欲早暮而行，懼多露之濡己，以喻違禮而行，必有汙辱，是亦量宜相時而動之義。

〔左氏附〕

（僖傳·二十·六）

宋襄公欲合諸侯，臧文仲聞之曰："以欲從人，則可。[一]以人從欲，鮮濟。"[二]

[一]屈己之欲，從衆之善。

[二]爲明年鹿上盟《傳》。

僖公二十一年

〔僖經·二十一·一〕

二十有一年春，狄侵衛。[一]

［一］無《傳》。爲邢故。

〔僖經·二十一·二〕

宋人、齊人、楚人盟于鹿上。[一]

［一］鹿上，宋地，汝陰有原鹿縣。宋爲盟主，故在齊人上。

（僖傳·二十一·一）

二十一年春，宋人爲鹿上之盟，以求諸侯於楚，楚人許之。公子目夷曰："小國爭盟，禍也，宋其亡乎？幸而後敗。"[一]

［一］謂軍敗。

〔僖經·二十一·三〕

夏，大旱。[一]

［一］雩不獲雨，故書"旱"。自夏及秋，五稼皆不收。

（僖傳·二十一·二）

夏，大旱，公欲焚巫尫。[一]臧文仲曰："非旱備也。脩城郭，貶食省用，務穡勸分，[二]此其務也。巫尫何爲？天欲殺之，則如勿生。若能爲旱，焚之滋甚。"公從之。是歲也，饑而不害。[三]

［一］巫尫，女巫也，主祈禱請雨者。或以爲尫非巫也，瘠病之

人，其面上向，俗謂天哀其病，恐雨入其鼻，故爲之旱，是以公欲焚之。

［二］穡，儉也。勸分，有無相濟。

［三］不傷害民。

〔僖經·二十一·四〕

秋，宋公、楚子、陳侯、蔡侯、鄭伯、許男、曹伯會于盂。[一] **執宋公以伐宋。**[二]

［一］盂，宋地。楚始與中國行會禮，故稱爵。

［二］不言楚執宋公者，宋無德而爭盟，爲諸侯所疾，故揔見衆國共執之文。

〔僖傳·二十一·三〕

秋，諸侯會宋公于盂，子魚曰："禍其在此乎？君欲已甚，其何以堪之？"於是楚執宋公以伐宋。

〔僖經·二十一·五〕

冬，公伐邾。[一]

［一］無《傳》。爲邾滅須句故。

〔僖經·二十一·六〕

楚人使宜申來獻捷。[一]

［一］無《傳》。獻宋捷也。不言宋者，秋伐宋，冬來獻捷，事不異年，從可知。不稱楚子，使來不稱君命行禮。

〔僖經·二十一·七〕

十有二月癸丑，公會諸侯盟于薄，釋宋公。[一]

［一］諸侯既與楚共伐宋，宋服，故爲薄盟以釋之。公本無會期，聞盟而往，故書“公會諸侯”。

（僖傳·二十一·四）

冬，會于薄以釋之。子魚曰：“禍猶未也，未足以懲君。”[一]

［一］爲二十二年戰泓《傳》。

〔左氏附〕

（僖傳·二十一·五）

任、宿、須句、顓臾，風姓也，實司大皞與有濟之祀，[一]以服事諸夏。[二]邾人滅須句，須句子來奔，因成風也。[三]成風爲之言於公曰：“崇明祀，保小寡，周禮也。[四]蠻夷猾夏，周禍也。[五]若封須句，是崇皞、濟，而脩祀紓禍也。”[六]

［一］司，主也。大皞，伏羲。四國伏羲之後，故主其祀。任，今任城縣也。顓臾在泰山南武陽縣東北。須句在東平須昌縣西北。四國封近於濟，故世祀之。

［二］與諸夏同服王事。

［三］須句，成風家。

［四］明祀，大皞、有濟之祀。保，安也。

［五］此邾滅須句而曰“蠻夷”。昭二十三年，叔孫豹曰：“邾又夷也。”然則邾雖曹姓之國，迫近諸戎，雜用夷禮，故極言之。猾夏，亂諸夏。

［六］紓，解也。爲明年伐邾《傳》。

僖公二十二年

〔僖經 · 二十二 · 一〕

二十有二年春，公伐邾，取須句。[一]

［一］須句雖别國，而削弱不能自通，爲魯私屬，若顓臾之比。魯謂之社稷之臣，故滅、奔及反其君，皆略不備書，惟書“伐邾，取須句”。

（僖傳 · 二十二 · 一）

二十二年春，伐邾，取須句，反其君焉，禮也。[一]

［一］得恤寡小之禮。

〔左氏附〕

（僖傳 · 二十二 · 二）

三月，鄭伯如楚。

〔僖經 · 二十二 · 二〕

夏，宋公、衛侯、許男、滕子伐鄭。

（僖傳 · 二十二 · 三）

夏，宋公伐鄭，子魚曰：“所謂禍在此矣。”[一]

［一］怒鄭至楚，故伐之，爲下泓戰起。

〔左氏附〕

（僖傳 · 二十二 · 四）

初，平王之東遷也，[一]辛有適伊川，見被髮而祭於野

者，[二]曰：“不及百年，此其戎乎？其禮先亡矣。”[三]秋，秦、晉遷陸渾之戎于伊川。[四]

［一］周幽王爲犬戎所滅，平王嗣位，故東遷洛邑。

［二］辛有，周大夫。伊川，周地，伊水也。

［三］被髮而祭，有象夷狄。

［四］允姓之戎，居陸渾，在秦、晉西北，二國誘而徙之伊川，遂從戎號，至今爲陸渾縣也。計此去辛有過百年，而云“不及百年”，《傳》舉其事驗，不必其年信。

〔左氏附〕

（僖傳·二十二·五）

晉大子圉爲質於秦，將逃歸，謂嬴氏曰：“與子歸乎？”[一]對曰：“子，晉大子，而辱於秦，子之欲歸，不亦宜乎？寡君之使婢子侍執巾櫛，[二]以固子也。從子而歸，棄君命也。不敢從，亦不敢言。”遂逃歸。[三]

［一］嬴氏，秦所妻子圉懷嬴也。

［二］婢子，婦人之卑稱也。

［三］《傳》終史蘇之占。

〔左氏附〕

（僖傳·二十二·六）

富辰言於王曰：“請召大叔。[一]《詩》曰：‘協比其鄰，昏姻孔云。’[二]吾兄弟之不協，焉能怨諸侯之不睦？”王説。王子帶自齊復歸于京師，王召之也。[三]

［一］富辰，周大夫。大叔，王子帶，十二年奔齊。

［二］《詩·小雅》。言王者爲政先和協近親，則昏姻甚相歸附也。鄰，猶近也。孔，甚也。云，旋也。

［三］《傳》終仲孫湫之言也，爲二十四年天王出居于鄭起。

〔僖經·二十二·三〕

秋八月丁未，及邾人戰于升陘。［一］

［一］升陘，魯地。邾人縣公胄于魚門，故深恥之。不言公，又不言師敗績。

（僖傳·二十二·七）

邾人以須句故出師。公卑邾，不設備而禦之。［一］臧文仲曰："國無小，不可易也。無備，雖衆不可恃也。《詩》曰：'戰戰兢兢，如臨深淵，如履薄冰。'［二］又曰：'敬之敬之，天惟顯思，［三］命不易哉！'［四］先王之明德，猶無不難也，無不懼也，況我小國乎？君其無謂邾小，蠭蠆有毒，而況國乎？"弗聽。八月丁未，公及邾師戰于升陘，我師敗績，邾人獲公胄，縣諸魚門。［五］

［一］卑，小也。

［二］《詩·小雅》。言常戒懼。

［三］顯，明也。思，猶辭也。

［四］《周頌》。言有國宜敬戒，天明臨下，奉承其命甚難。

［五］胄，兜鍪。魚門，邾城門。

〔僖經·二十二·四〕

冬十有一月己巳朔，宋公及楚人戰于泓，宋師敗績。［一］

［一］泓，水名。宋伐鄭，楚救之，故戰也。楚告命不以主帥人數，故略稱人。

（僖傳·二十二·八）

楚人伐宋以救鄭。宋公將戰，大司馬固諫曰：“天之棄商久矣，君將興之，弗可赦也已。”[一] 弗聽。冬十一月己巳朔，宋公及楚人戰于泓。宋人既成列，楚人未既濟，[二] 司馬曰：[三] “彼衆我寡，及其未既濟也，請擊之。”公曰：“不可。”既濟，而未成列，又以告。公曰：“未可。”既陳而後擊之，宋師敗績，公傷股，門官殲焉。[四]

［一］大司馬固，莊公之孫公孫固也。言君興天所棄，必不可，不如赦楚，勿與戰。

［二］未盡渡泓水。

［三］子魚也。

［四］門官，守門者，師行則在君左右。殲，盡也。

國人皆咎公。公曰：“君子不重傷，不禽二毛。[一] 古之爲軍也，不以阻隘也。[二] 寡人雖亡國之餘，[三] 不鼓不成列。”[四] 子魚曰：“君未知戰。勍敵之人，隘而不列，天贊我也。[五] 阻而鼓之，不亦可乎？猶有懼焉。[六] 且今之勍者，皆吾敵也，雖及胡耇，獲則取之，何有於二毛？[七] 明耻教戰，求殺敵也。[八] 傷未及死，如何勿重？[九] 若愛重傷，則如勿傷。愛其二毛，則如服焉。[一〇] 三軍以利用也，[一一] 金鼓以聲氣也。[一二] 利而用之，阻隘可也。聲盛致志，鼓儳可也。”[一三]

［一］二毛，頭白有二色。

［二］不因阻隘以求勝。

［三］宋，商紂之後。

［四］耻以詐勝。

［五］勍，强也。言楚在險隘不得陳列，天所以佐宋。

［六］雖因阻擊之，猶恐不勝。

［七］今之勍者，謂與吾競者。胡耇，元老之稱。

［八］明設刑戮，以耻不果。

［九］言尚能害己。

［一〇］言苟不欲傷殺敵人，則本可不須鬭。

［一一］爲利興。

［一二］鼓以佐士衆之聲氣。

［一三］儳巖未整陳。

〔左氏附〕

（僖傳·二十二·九）

丙子晨，鄭文夫人芈氏、姜氏勞楚子於柯澤。[一]楚子使師縉示之俘馘。[二]君子曰："非禮也。婦人送迎不出門，見兄弟不踰閾，[三]戎事不邇女器。"[四]

［一］楚子還，過鄭。鄭文公夫人芈氏，楚女；姜氏，齊女也。柯澤，鄭地。

［二］師縉，楚樂師也。俘，所得囚。馘，所截耳。

［三］閾，門限。

［四］邇，近也。器，物也。言俘馘非近婦人之物。

丁丑，楚子入饗于鄭。[一]九獻，[二]庭實旅百，[三]加籩豆六品。[四]饗畢，夜出。文芈送于軍，取鄭二姬以歸。[五]叔詹曰："楚王其不没乎？[六]爲禮卒於無别，無别不可謂禮，將何以没？"諸侯是以知其不遂霸也。[七]

[一] 爲鄭所饗。

[二] 用上公之禮，九獻酒而禮畢。

[三] 庭中所陳品數百也。

[四] 食物六品，加於籩豆。籩豆，禮食器。

[五] 二姬，文芈女也。

[六] 不以壽終。

[七] 言楚子所以師敗城濮，終爲商臣所弑。

僖公二十三年

〔僖經·二十三·一〕

二十有三年春，齊侯伐宋，圍緡。[一]

［一］緡，宋邑，高平昌邑縣東南有東緡城。

（僖傳·二十三·一）

二十三年春，齊侯伐宋，圍緡，以討其不與盟于齊也。[一]

［一］十九年盟于齊，以無忘桓公之德，而宋獨不會，復召齊人共盟鹿上，故今討之。

〔僖經·二十三·二〕

夏五月庚寅，宋公兹父卒。[一]

［一］三同盟。

（僖傳·二十三·二）

夏五月，宋襄公卒，傷於泓故也。[一]

［一］終子魚之言，得死爲幸。

〔僖經·二十三·三〕

秋，楚人伐陳。

（僖傳·二十三·三）

秋，楚成得臣帥師伐陳，討其貳於宋也。[一]遂取焦、夷，城頓而還。[二]子文以爲之功，使爲令尹。叔伯曰："子若國何？"[三]對曰："吾以靖國也。夫有大功而無貴仕，[四]

其人能靖者與有幾[一]？”[五]

［一］成得臣，子玉也。

［二］焦，今譙縣也。夷，一名城父，今譙郡城父縣。二地皆陳邑。頓國，今汝陰南頓縣。

［三］叔伯，楚大夫薳呂臣也。以爲子玉不任令尹。

［四］貴仕，貴位。

［五］言必矜功爲亂，不可不賞。

〔左氏附〕

（僖傳·二十三·四）

九月，晉惠公卒。[一]懷公命無從亡人。[二]期，期而不至，無赦。狐突之子毛及偃，從重耳在秦，弗召。[三]冬，懷公執狐突曰：“子來則免。”[四]對曰：“子之能仕，父教之忠，古之制也。策名委質，貳乃辟也。[五]今臣之子，名在重耳，有年數矣。若又召之，教之貳也。父教子貳，何以事君？刑之不濫，君之明也，臣之願也。淫刑以逞，誰則無罪？臣聞命矣。”乃殺之。卜偃稱疾不出，曰：“《周書》有之：‘乃大明服。’[六]己則不明而殺人以逞，不亦難乎？民不見德，而唯戮是聞，其何後之有？”[七]

［一］《經》在明年，從赴。

［二］懷公，子圉。亡人，重耳。

［三］偃，子犯也。

［四］未期而執突，以不召子故。

〔一〕其人能靖者與有幾　《經典釋文》以“其人能靖者與”讀，王引之《經傳釋詞》謂“與”乃語助，“與有幾”三字連續。今從。

［五］名書於所臣之策，屈膝而君事之，則不可以貳。辟，罪也。

［六］《周書·康誥》。言君能大明則民服。

［七］言懷公必無後於晉，爲二十四年殺懷公張本。

〔僖經·二十三·四〕

冬十有一月，杞子卒。[一]

［一］《傳》例曰："不書名，未同盟也。"杞入春秋稱侯，莊二十七年絀稱伯，至此用夷禮貶稱子。

（僖傳·二十三·五）

十一月，杞成公卒。書曰"子"，杞夷也。[一]不書名，未同盟也。凡諸侯同盟，死則赴以名，禮也。[二]赴以名，則亦書之，[三]不然則否，[四]辟不敏也。[五]

［一］成公始行夷禮以終其身，故於卒貶之。杞實稱伯，仲尼以文貶稱子，故《傳》言"書曰'子'"以明之。

［二］隱七年已見，今重發"不書名"者，疑降爵故也。此凡又爲國史承告而書例。

［三］謂未同盟。

［四］謂同盟而不以名告。

［五］敏，猶審也。同盟然後告名，赴者之禮也。承赴然後書策，史官之制也。內外之宜不同，故《傳》重詳其義。

〔左氏附〕

（僖傳·二十三·六）

晉公子重耳之及於難也，晉人伐諸蒲城。[一]蒲城人欲戰，重耳不可，曰："保君父之命而享其生祿，[二]於是乎得人，[三]有人而校，罪莫大焉。[四]吾其奔也。”遂奔狄。從者狐偃、趙衰、[五]顛頡、魏武子、[六]司空季子。[七]狄人伐廧咎如，[八]獲其二女叔隗、季隗，納諸公子。公子取季隗，生伯儵、叔劉，以叔隗妻趙衰，生盾。[九]將適齊，謂季隗曰：“待我二十五年，不來而後嫁。”對曰：“我二十五年矣，又如是而嫁，則就木焉。[一〇]請待子。”處狄十二年而行。[一一]

［一］事在五年。

［二］享，受也。保，猶恃也。

［三］以祿致衆。

［四］校，報也。

［五］衰，趙夙弟。

［六］武子，魏犨。

［七］胥臣，臼季也。時狐毛、賈佗皆從，而獨舉此五人，賢而有大功。

［八］廧咎如，赤狄之別種也，隗姓。

［九］盾，趙宣子。

［一〇］言將死入木，不復成嫁。

［一一］以五年奔狄，至十六年而去。

過衛，衛文公不禮焉。出於五鹿，[一]乞食於野人，野人與之塊，公子怒，欲鞭之。子犯曰：“天賜也。”[二]稽首受而載之。

［一］五鹿，衛地，今衛縣西北有地名五鹿，陽平元城縣東亦有五鹿。

［二］得土，有國之祥，故以爲天賜。

及齊，齊桓公妻之，有馬二十乘，[一]公子安之。從者以爲不可。將行，謀於桑下。[二]蠶妾在其上，以告姜氏。姜氏殺之，[三]而謂公子曰："子有四方之志，其聞之者，吾殺之矣。"公子曰："無之。"姜曰："行也！懷與安，實敗名。"公子不可，姜與子犯謀，醉而遣之，醒以戈逐子犯。[四]

［一］四馬爲乘，八十匹也。

［二］齊桓既卒，知孝公不可恃故。

［三］姜氏，重耳妻，恐孝公怒其去，故殺妾以滅口。

［四］無去志，故怒。

及曹，曹共公聞其駢脅，欲觀其裸。浴，薄而觀之。[一]僖負羈之妻曰："吾觀晉公子之從者，皆足以相國。若以相，[二]夫子必反其國；反其國，必得志於諸侯。得志於諸侯而誅無禮，曹其首也。子盍蚤自貳焉？"[三]乃饋盤飧、寘璧焉。[四]公子受飧，反璧。

［一］薄，迫也。駢脅，合幹。

［二］若遂以爲傅相。

［三］自貳，自别異於曹。

［四］臣無竟外之交，故用盤藏璧飧中，不欲令人見。

及宋，宋襄公贈之以馬二十乘。[一]

［一］贈，送也。

及鄭，鄭文公亦不禮焉。叔詹諫曰：“臣聞天之所啓，人弗及也。[一]晉公子有三焉，天其或者將建諸，君其禮焉。男女同姓，其生不蕃。[二]晉公子，姬出也，而至于今，一也。[三]離外之患，[四]而天不靖晉國，殆將啓之，二也。有三士足以上人，而從之，三也。[五]晉、鄭同儕，[六]其過子弟，固將禮焉，況天之所啓乎？”弗聽。

[一]啓，開也。

[二]蕃，息也。

[三]犬戎狐姬之子〔一〕，故曰“姬出”。

[四]出奔在外。

[五]《國語》：狐偃、趙衰、賈佗三人皆卿才。

[六]儕，等也。

及楚，楚子饗之，曰：“公子若反晉國，則何以報不穀？”對曰：“子女玉帛，則君有之。羽毛齒革，則君地生焉。其波及晉國者，君之餘也。其何以報君？”曰：“雖然，何以報我？”對曰：“若以君之靈，得反晉國，晉、楚治兵，遇於中原，其辟君三舍。若不獲命，[一]其左執鞭弭，右屬櫜鞬，以與君周旋。”[二]子玉請殺之。[三]楚子曰：“晉公子廣而儉，[四]文而有禮，其從者肅而寬，[五]忠而能力。晉侯無親，外内惡之。[六]吾聞姬姓，唐叔之後，其後衰者也，其將由晉公子乎？天將興之，誰能廢之？違天必有大咎。”乃送諸秦。

〔一〕犬戎狐姬之子　“犬戎”，考前文作“大戎”，當據改。又按：阮校曰：“宋本、淳熙本、岳本、足利本‘犬’作‘大’。”

［一］三退不得楚止命也。

［二］弭，弓末無緣者。櫜以受箭，韃以受弓。屬，著也。周旋，相追逐也。

［三］畏其志大。

［四］志廣而體儉。

［五］肅，敬也。

［六］晉侯，惠公也。

秦伯納女五人，懷嬴與焉。[一]奉匜沃盥，既而揮之。[二]怒曰：“秦、晉匹也，何以卑我？”[三]公子懼，降服而囚。[四]他日，公享之。子犯曰：“吾不如衰之文也。[五]請使衰從。”公子賦《河水》，[六]公賦《六月》。[七]趙衰曰：“重耳拜賜。”公子降、拜、稽首，公降一級而辭焉。[八]衰曰：“君稱所以佐天子者命重耳，重耳敢不拜？”[九]

［一］懷嬴，子圉妻。子圉謚懷公，故號爲懷嬴。

［二］匜，沃盥器也。揮，湔也。

［三］匹，敵也。

［四］去上服，自拘囚以謝之。

［五］有文辭也。

［六］《河水》，逸《詩》。義取河水朝宗于海，海喻秦。

［七］《六月》，《詩·小雅》。道尹吉甫佐宣王征伐，喻公子還晉必能匡王國。古者禮會，因古詩以見意，故言“賦《詩》斷章”也。其全稱《詩》篇者，多取首章之義。他皆放此。

［八］下階一級，辭公子稽首。

［九］《詩》首章言匡王國，次章言佐天子，故趙衰因通言之，爲明年秦伯納之張本。

僖公二十四年

〔僖經 · 二十四 · 一〕

二十有四年春王正月。

(僖傳 · 二十四 · 一)

二十四年春王正月。秦伯納之，不書，不告入也。[一]及河，子犯以璧授公子，曰："臣負羈絏從君巡於天下，[二]臣之罪甚多矣。臣猶知之，而況君乎？請由此亡。"公子曰："所不與舅氏同心者，有如白水。"[三]投其璧于河。[四]濟河，圍令狐，入桑泉，取臼衰。[五]

［一］納重耳也。

［二］羈，馬羈。絏，馬繮。

［三］子犯，重耳舅也。言與舅氏同心之明如此白水。猶《詩》言："謂予不信，有如皦日。"

［四］質信於河。

［五］桑泉在河東解縣西。解縣東南有臼城。

〔左氏附〕

(僖傳 · 二十四 · 二)

二月甲午，晉師軍于廬柳，[一]秦伯使公子縶如晉師，師退軍于郇。[二]辛丑，狐偃及秦、晉之大夫盟于郇。壬寅，公子入于晉師。丙午，入于曲沃。丁未，朝于武宮。[三]戊申，使殺懷公于高梁，不書，亦不告也。[四]

［一］懷公遣軍距重耳。

［二］解縣西北有郇城。

［三］文公之祖武公廟。

［四］懷公奔高梁。高梁在平陽楊縣西南。再發不告者，言外諸侯入及見殺，亦皆須告，乃書于策。

〔左氏附〕

（僖傳·二十四·三）

呂、郤畏偪，[一]將焚公宮而弑晉侯。寺人披請見，公使讓之，且辭焉，[二]曰：“蒲城之役，[三]君命一宿，女即至。[四]其後余從狄君以田渭濱，[五]女爲惠公來求殺余，命女三宿，女中宿至。雖有君命，何其速也。夫袪猶在，[六]女其行乎？”對曰：“臣謂君之入也，其知之矣。[七]若猶未也，又將及難。君命無二，古之制也。除君之惡，唯力是視。蒲人、狄人，余何有焉？[八]今君即位，其無蒲、狄乎？齊桓公置射鉤而使管仲相。[九]君若易之，何辱命焉？[一〇]行者甚衆，豈唯刑臣！”[一一]公見之，以難告。[一二]

［一］呂甥、郤芮，惠公舊臣，故畏爲文公所偪害。

［二］辭，不見。

［三］在五年。

［四］即日至。

［五］田，獵。

［六］披所斬文公衣袂也。

［七］知君人之道。

［八］當二君世〔一〕，君爲蒲、狄之人，於我有何義。

［九］乾時之役，管仲射桓公，中帶鈎。

［一〇］言若反齊桓，己將自去，不須辱君命。

［一一］披，奄人，故稱"刑臣"。

［一二］告呂、郤欲焚公宮。

〔左氏附〕

（僖傳·二十四·四）

三月，晉侯潛會秦伯于王城。己丑晦，公宮火，瑕甥、郤芮不獲公，乃如河上，秦伯誘而殺之。晉侯逆夫人嬴氏以歸。[一] 秦伯送衛於晉三千人，實紀綱之僕。[二]

［一］秦穆公女文嬴也。

［二］新有呂、郤之難，國未輯睦，故以兵衛文公。諸門户僕隸之事，皆秦卒共之，爲之紀綱。

初，晉侯之豎頭須，守藏者也。[一] 其出也，竊藏以逃，[二] 盡用以求納之。[三] 及入，求見，公辭焉以沐。謂僕人曰："沐則心覆，心覆則圖反，宜吾不得見也。居者爲社稷之守，行者爲羈紲之僕，其亦可也，何必罪居者？國君而讎匹夫，懼者甚衆矣。"僕人以告，公遽見之。[四] 狄人歸季隗于晉，而請其二子。[五] 文公妻趙衰，生原同、屏括、樓嬰。[六] 趙姬請逆盾與其母，[七] 子餘辭。[八] 姬曰："得寵而忘舊，何以使人？必逆之。"固請，許之。來，以盾爲才，固請于公以爲嫡子，而使其三子下之；以叔隗爲

〔一〕 當二君世 "世"，原作"出"，據興國軍本改。

内子，而己下之。[九]

［一］頭須，一曰里鳧須。豎，左右小吏。

［二］文公出時。

［三］求納文公。

［四］言棄小怨所以能安衆。

［五］二子，伯儵、叔劉。

［六］原、屏、樓，三子之邑。

［七］趙姬，文公女也。盾，狄女叔隗之子。

［八］子餘，趙衰字。

［九］卿之嫡妻爲内子。皆非此年事，蓋因狄人歸季隗，遂終言叔隗。

晉侯賞從亡者，介之推不言禄，禄亦弗及。[一] 推曰："獻公之子九人，唯君在矣。惠、懷無親，外内棄之。天未絶晉，必將有主，主晉祀者，非君而誰？天實置之，而二三子以爲己力，不亦誣乎？竊人之財，猶謂之盗，況貪天之功以爲己力乎〔一〕？下義其罪，上賞其姦，上下相蒙，[二] 難與處矣。"其母曰："盍亦求之？以死，誰懟？"對曰："尤而效之，罪又甚焉。且出怨言，不食其食。"[三] 其母曰："亦使知之，若何？"[四] 對曰："言，身之文也，身將隱，焉用文之？是求顯也。"其母曰："能如是乎？與女偕隱。"[五] 遂隱而死。晉侯求之，不獲，以緜上爲之田，曰："以志吾過，且旌善人。"[六]

［一］介推，文公微臣。之，語助。

〔一〕況貪天之功以爲己力乎　"力"，原作"功"，據石經、興國軍本改。

［二］蒙，欺也。

［三］怨言，謂上下相蒙，難與處。

［四］既不求之，且欲令推達言於文公。

［五］偕，俱也。

［六］旌，表也。西河界休縣南有地名緜上。

〔僖經·二十四·二〕

夏，狄伐鄭。

（僖傳·二十四·五）

鄭之入滑也，滑人聽命。[一]師還，又即衛。鄭公子士、洩堵俞彌帥師伐滑。[二]王使伯服、游孫伯如鄭請滑〔一〕。[三]鄭伯怨惠王之入而不與厲公爵也，[四]又怨襄王之與衛、滑也，[五]故不聽王命而執二子。王怒，將以狄伐鄭。富辰諫曰："不可。臣聞之，大上以德撫民，[六]其次親親以相及也。[七]昔周公弔二叔之不咸，故封建親戚以蕃屏周。[八]管、蔡、郕、霍、魯、衛、毛、聃、郜、雍、曹、滕、畢、原、酆、郇，文之昭也。[九]邘、晉、應、韓，武之穆也。[一〇]凡、蔣、邢、茅、胙、祭，周公之胤也。[一一]召穆公思周德之不類，故糾合宗族于成周而作《詩》，[一二]曰：'常棣之華，鄂不韡韡。[一三]凡今之人，莫如兄弟。'[一四]其四章曰：'兄弟鬩于牆，外禦其侮。'[一五]如是則兄弟雖有小忿，不廢懿親。"[一六]

［一］入滑在二十年。

［二］堵俞彌，鄭大夫。

〔一〕王使伯服游孫伯如鄭請滑　"滑"，原作"盟"，據石經改。

［三］二子，周大夫。

［四］事在莊二十一年。

［五］怨王助衛，爲滑請。

［六］無親疏也。

［七］先親以及疏，推恩以成義。

［八］弔，傷也。咸，同也。周公傷夏、殷之叔世，疏其親戚，以至滅亡，故廣封其兄弟。

［九］十六國皆文王子也。管國在滎陽京縣東北。雍國在河内山陽縣西。畢國在長安縣西北。酆國在始平鄠縣東。

［一〇］四國皆武王子。應國在襄陽城父縣西南。韓國在河東郡界。河内野王縣西北有邘城。

［一一］胤，嗣也。蔣在弋陽期思縣。高平昌邑縣西有茅鄉。東郡燕縣西南有胙亭。

［一二］類，善也。糾，收也。召穆公，周卿士，名虎。召，采地，扶風雍縣東南有召亭。周厲王之時，周德衰微，兄弟道缺，召穆公于東都收會宗族，特作此周公之樂，歌《常棣》。《詩》屬《小雅》。

［一三］常棣，棣也。鄂，鄂然華外發。不韡韡，言韡韡。以喻兄弟和睦，則强盛而有光輝韡韡然。

［一四］言致韡韡之盛，莫如親兄弟。

［一五］鬩，訟争貌。言内雖不和，猶宜外扞異族之侵侮。

［一六］懿，美也。

“今天子不忍小忿以棄鄭親，其若之何？庸勳親親，暱近尊賢，德之大者也。[一] 即聾從昧，與頑用嚚，姦之大者也。棄德崇姦，禍之大者也。[二] 鄭有平、惠之勳，[三] 又有厲、宣之親，[四]棄嬖寵而用三良，[五]於諸姬爲近。[六]四德具矣。耳不聽五聲之和爲聾，目不别五色之章爲昧，心不則德義之經爲頑，口不道忠信之言爲嚚，狄皆則之，四姦具矣。周之有懿德也，猶曰'莫如兄弟'，故封建之。[七]其懷柔天下也，猶懼有外侮，扞禦侮者莫如親親，故以親屏周。召穆公亦云。[八]今周德既衰，於是乎又渝周、召以從諸姦，無乃不可乎？[九]民未忘禍，王又興之，[一〇]其若文、武何？"[一一]王弗聽，使頹叔、桃子出狄師。[一二]

[一]庸，用也。暱，親也。

[二]崇，聚也。

[三]平王東遷，晉、鄭是依。惠王出奔，虢、鄭納之。是其勳也。

[四]鄭始封之祖桓公友，周厲王之子，宣王之母弟。

[五]七年殺嬖臣申侯，十六年殺寵子子華也。三良，叔詹、堵叔、師叔，所謂尊賢。

[六]道近當暱之。

[七]當周公時，故言"周之有懿德"。

[八]周公作詩，召公歌之，故言"亦云"。

[九]變周、召親兄弟之道。

[一〇]前有子頹之亂，中有叔帶召狄，故曰"民未忘禍"。

[一一]言將廢文、武之功業。

[一二]二子，周大夫。

夏，狄伐鄭，取櫟。王德狄人，將以其女爲后。富辰諫曰："不可。臣聞之曰：'報者倦矣，施者未厭。'[一]狄固貪惏，王又啓之，女德無極，婦怨無終，[二] 狄必爲患。”王又弗聽。初，甘昭公有寵於惠后，[三] 惠后將立之，未及而卒。昭公奔齊，[四] 王復之。[五] 又通於隗氏。[六] 王替隗氏，[七] 頹叔、桃子曰：“我實使狄，狄其怨我。”遂奉大叔以狄師攻王。王御士將禦之，[八] 王曰：“先后其謂我何？[九] 寧使諸侯圖之。”王遂出，及坎欿，國人納之。[一〇] 秋，頹叔、桃子奉大叔以狄師伐周，大敗周師，獲周公忌父、原伯、毛伯、富辰。[一一] 王出適鄭，處于氾。[一二] 大叔以隗氏居于溫。

[一] 施，功勞也。有勞則望報過甚。

[二] 婦女之志，近之則不知止足，遠之則忿怨無已。終，猶已也。

[三] 甘昭公，王子帶也。食邑於甘，河南縣西南有甘水。

[四] 奔齊在十二年。

[五] 在二十二年。

[六] 隗氏，王所立狄后。

[七] 替，廢也。

[八]《周禮》：“王之御士十二人。”

[九] 先后，惠后也。誅大叔，恐違先后志。

[一〇] 坎欿，周地，在河南鞏縣東。

[一一] 原、毛，皆采邑。

[一二] 鄭南氾也，在襄城縣南。

〔僖經 · 二十四 · 三〕

秋七月。

〔左氏附〕

（僖傳·二十四·六）

鄭子華之弟子臧出奔宋，[一]好聚鷸冠。[二]鄭伯聞而惡之，[三]使盜誘之。八月，盜殺之于陳、宋之間。君子曰："服之不衷，身之災也。[四]《詩》曰：'彼己之子，不稱其服。'[五]子臧之服不稱也。夫《詩》曰'自詒伊慼'，其子臧之謂矣。[六]《夏書》曰'地平天成'，稱也。"[七]

[一]十六年殺子華故。

[二]鷸，鳥名。聚鷸羽以爲冠，非法之服。

[三]惡其服非法。

[四]衷，猶適也。

[五]《詩·曹風》。刺小人在位，言彼人之德不稱其服。

[六]《詩·小雅》。詒，遺也。慼，憂也。取其自遺憂。

[七]《夏書》，逸《書》。地平其化，天成其施，上下相稱爲宜。

〔左氏附〕

（僖傳·二十四·七）

宋及楚平。宋成公如楚，還，入於鄭。鄭伯將享之，問禮於皇武子。[一]對曰："宋，先代之後也。於周爲客，天子有事膰焉，[二]有喪拜焉，[三]豐厚可也。"鄭伯從之，享宋公有加，禮也。[四]

[一]皇武子，鄭卿。

[二]有事祭宗廟也。膰，祭肉。尊之，故賜以祭胙。

[三]宋弔周喪，王特拜謝之。

[四]禮物事事加厚，善鄭能尊先代。

〔僖經 · 二十四 · 四〕

冬，天王出居于鄭。[一]

［一］襄王也。天子以天下爲家，故所在稱居。天子無外而書“出”者，譏王蔽於匹夫之孝，不顧天下之重，因其辟母弟之難。書“出”，言其自絶於周。

（僖傳 · 二十四 · 八）

冬，王使來告難，曰：“不穀不德，得罪于母弟之寵子帶，鄙在鄭地氾，[一]敢告叔父。”[二]臧文仲對曰：“天子蒙塵于外，敢不奔問官守。”[三]王使簡師父告于晉，使左鄢父告于秦。[四]天子無出，書曰“天王出居于鄭”，辟母弟之難也。[五]天子凶服降名，禮也。[六]

［一］鄙，野也。

［二］天子謂同姓諸侯曰叔父。

［三］官守，王之群臣。

［四］二子，周大夫。

［五］叔帶，襄王同母弟。

［六］凶服，素服。降名，稱不穀。

〔左氏附〕

（僖傳 · 二十四 · 九）

鄭伯與孔將鉏、石甲父、侯宣多省視官具于氾，[一]而後聽其私政，禮也。[二]

［一］三子，鄭大夫。省官司，具器用。

［二］得先君後己之禮。

〔僖經 · 二十四 · 五〕

晉侯夷吾卒。[一]

［一］文公定位而後告，未同盟而赴以名。

〔左氏附〕

（僖傳·二十四·十）

衛人將伐邢，禮至曰："不得其守，國不可得也。[一]我請昆弟仕焉。"乃往，得仕。[二]

［一］禮至，衛大夫。守謂邢正卿國子。

［二］爲明年滅邢《傳》。

僖公二十五年

〔僖經 · 二十五 · 一〕

二十有五年春王正月丙午，衛侯燬滅邢。[一]

［一］衛、邢同姬姓，惡其親親相滅，故稱名罪之。

（僖傳 · 二十五 · 一）

二十五年春，衛人伐邢，二禮從國子巡城，掖以赴外，殺之。正月丙午，衛侯燬滅邢。同姓也，故名。禮至爲銘曰："余掖殺國子，莫余敢止。"[一]

［一］惡其不知耻，詐以滅同姓而反銘功於器。

〔僖經 · 二十五 · 二〕

夏四月癸酉，衛侯燬卒。[一]

［一］無《傳》。五同盟。

〔僖經 · 二十五 · 三〕

宋蕩伯姬來逆婦。[一]

［一］無《傳》。伯姬，魯女，爲宋大夫蕩氏妻也。自爲其子來逆。稱婦，姑存之辭。婦人越竟迎婦，非禮，故書。

〔僖經 · 二十五 · 四〕

宋殺其大夫。[一]

［一］無《傳》。其事則未聞，於例爲大夫，無罪，故不稱名。

〔左氏附〕

（僖傳·二十五·二）

秦伯師于河上，將納王。狐偃言於晉侯曰：“求諸侯，莫如勤王。[一]諸侯信之，且大義也。繼文之業而信宣於諸侯，今爲可矣。”[二]使卜偃卜之，曰：“吉，遇黄帝戰于阪泉之兆。”[三]公曰：“吾不堪也。”[四]對曰：“周禮未改，今之王，古之帝也。”[五]公曰：“筮之。”筮之，遇《大有》䷍[六]之《睽》䷥，[七]曰：“吉。遇‘公用享于天子’之卦。[八]戰克而王饗，吉孰大焉。[九]且是卦也，[一〇]天爲澤以當日，天子降心以逆公，不亦可乎？[一一]《大有》去《睽》而復，亦其所也。”[一二]

［一］勤，納王也。

［二］晉文侯仇爲平王侯伯，匡輔周室。

［三］黄帝與神農之後姜氏戰于阪泉之野，勝之。今得其兆，故以爲吉。

［四］文公自以爲已當此兆，故曰“不堪”。

［五］言周德雖衰，其命未改。今之周王，自當帝兆，不謂晉。

［六］《乾》下《離》上，《大有》。

［七］《兑》下《離》上，《睽》。《大有》九三變而爲《睽》。

［八］《大有》九三爻辭也。三爲三公而得位，變而爲《兑》，《兑》爲説，得位而説，故能爲王所宴饗。

［九］言卜筮協吉。

［一〇］方更揔言二卦之義，不繫於一爻。

［一一］《乾》爲天，《兑》爲澤，《乾》變爲《兑》，而上當《離》，《離》爲日。日之在天，垂曜在澤，天子在上，説心在下，是“降心逆公”之象。

［一二］言去《睽》卦還論《大有》，亦有“天子降心”之象。《乾》尊《離》卑，降尊下卑，亦其義也。

晉侯辭秦師而下。[一]三月甲辰，次于陽樊，右師圍溫，[二]左師逆王。夏四月丁巳，王入于王城，取大叔于溫，殺之于隰城。戊午，晉侯朝王，王饗醴。命之宥。[三]請隧，弗許，[四]曰：“王章也。[五]未有代德而有二王，亦叔父之所惡也。”與之陽樊、溫、原、欑茅之田，晉於是始啓南陽。[六]陽樊不服，圍之。蒼葛呼曰：[七]“德以柔中國，刑以威四夷，宜吾不敢服也。此誰非王之親姻，其俘之也？”乃出其民。[八]

［一］辭讓秦師使還，順流故曰“下”。

［二］大叔在溫故。

［三］既行饗禮，而設醴酒，又加之以幣帛以助歡也。宥，助也。

［四］闕地通路曰隧，王之葬禮也。諸侯皆縣柩而下。

［五］章顯王者與諸侯異。

［六］在晉山南河北，故曰“南陽”。

［七］蒼葛，樊陽人。

［八］取其土而已。

〔僖經·二十五·五〕

秋，楚人圍陳，納頓子于頓。[一]

［一］頓迫於陳，而出奔楚，故楚圍陳以納頓子。不言遂，明一事也。子玉稱人，從告。頓子不言歸，興師見納故。

(僖傳·二十五·三)

秋，秦、晉伐鄀。[一]楚鬬克、屈禦寇以申、息之師戍商密。[二]秦人過析，隈入而係輿人以圍商密，昏而傅焉。[三]宵，坎血加書，僞與子儀、子邊盟者。[四]商密人懼曰:“秦取析矣，戍人反矣。”乃降秦師。秦師囚申公子儀、息公子邊以歸。[五]楚令尹子玉追秦師，弗及，[六]遂圍陳，納頓子于頓。[七]

[一] 鄀本在商密，秦、楚界上小國。其後遷於南郡鄀縣。

[二] 鬬克，申公子儀。屈禦寇，息公子邊。商密，鄀別邑，今南鄉丹水縣。戍，守也。二子屯兵於析，以爲商密援。

[三] 析，楚邑，一名白羽，今南鄉析縣。隈，隱蔽之處。係縛輿人，詐爲克析得其囚俘者。昏而傅城，不欲令商密知囚非析人。

[四] 掘地爲坎，以埋盟之餘血，加盟書其上。

[五] 商密既降，析戍亦敗，故得囚二子。

[六] 不復言晉者，秦爲兵主。

[七] 爲頓圍陳。

〔僖經·二十五·六〕

葬衛文公。[一]

[一] 無《傳》。

〔僖經·二十五·七〕

冬十有二月癸亥，公會衛子、莒慶盟于洮。[一]

[一] 洮，魯地。衛文公既葬，成公不稱爵者，述父之志，降名從未成君，故書子以善之。莒慶不稱氏，未賜族。

（僖傳·二十五·五）

衛人平莒于我。十二月，盟于洮，脩衛文公之好，且及莒平也。[一]

［一］莒以元年酈之役怨魯，衛文公將平之，未及而卒。成公追成父志，降名以行事，故曰"脩文公之好"。

〔左氏附〕

（僖傳·二十五·四）

冬，晉侯圍原，命三日之糧。原不降，命去之。諜出，[一]曰："原將降矣。"軍吏曰："請待之。"公曰："信，國之寶也，民之所庇也。得原失信，何以庇之？所亡滋多。"退一舍而原降，遷原伯貫于冀。[二]趙衰爲原大夫，狐溱爲溫大夫。[三]

［一］諜，間也。

［二］伯貫〔一〕，周守原大夫也。

［三］狐溱，狐毛之子。

〔左氏附〕

（僖傳·二十五·六）

晉侯問原守於寺人勃鞮。[一]對曰："昔趙衰以壺飱從

〔一〕誠按：循本書體例，《傳》文專名綫從杜畫作"遷原伯貫于冀"。考《會箋》云："《昭十二年》有周原伯絞，《十八年》有周原伯魯，皆稱原伯，原伯貫蓋原伯名貫也，不得以伯貫爲二名。《僖二十四年》穨叔桃子大敗周師，獲周公忌父、原伯、毛伯、富辰，疑此原伯貫即桃子所獲原伯之子，周畿内諸侯，故傳云遷之於冀。若是守原大夫，當歸於周，即不歸，傳不必言其所遷焉。"楊注云："原伯貫遷冀後，仍稱原伯，其子孫見《傳》者，《昭十二年》有原伯絞、《十八年》有原伯魯。"另《左傳·宣十六年》有原襄公，則原其氏也，貫或其名。

徑，餒而弗食。"[二] 故使處原。[三]

［一］勃鞮，披也。

［二］言其廉且仁，不忘君也。徑，猶行也。

［三］從披言也。衰雖有大功，猶簡小善以進之，示不遺勞。

僖公二十六年

〔僖經·二十六·一〕

二十有六年春王正月己未，公會莒子、衛甯速盟于向。[一]

［一］向，莒地。甯速，衛大夫莊子也。

（僖傳·二十六·一）

二十六年春王正月，公會莒兹丕公、[一]甯莊子盟于向，尋洮之盟也。[二]

［一］兹丕，時君之號。莒，夷無謚，以號爲稱。

［二］洮盟在前年。

〔僖經·二十六·二〕

齊人侵我西鄙，公追齊師，至酅，弗及。[一]

［一］公逐齊師，遠至齊地，故書之。濟北穀城縣西有地名酅下。

（僖傳·二十六·二）

齊師侵我西鄙，討是二盟也。

〔僖經·二十六·三〕

夏，齊人伐我北鄙。[一]

［一］孝公未入魯竟，先使微者伐之。

〔僖經·二十六·四〕

衛人伐齊。

（僖傳·二十六·三）

夏，齊孝公伐我北鄙。衛人伐齊，洮之盟故也。公使展喜犒師，[一]使受命于展禽。[二]齊侯未入竟，展喜從之，曰："寡君聞君親舉玉趾，將辱於敝邑，使下臣犒執事。"[三]齊侯曰："魯人恐乎？"對曰："小人恐矣，君子則否。"齊侯曰："室如懸罄，野無青草，何恃而不恐？"[四]對曰："恃先王之命。昔周公、大公股肱周室，夾輔成王。成王勞之而賜之盟曰：'世世子孫，無相害也。'載在盟府，[五]大師職之。[六]桓公是以糾合諸侯而謀其不協，彌縫其闕而匡救其災，昭舊職也。及君即位，諸侯之望曰：'其率桓之功。'[七]我敝邑用不敢保聚，[八]曰：'豈其嗣世九年而棄命廢職，其若先君何？'君必不然，恃此以不恐。"齊侯乃還。

［一］勞齊師。

［二］柳下惠。

［三］言"執事"，不敢斥尊。

［四］如，而也。時夏四月，今之二月，野物未成，故言居室而資糧縣盡，在野則無蔬食之物，所以當恐。

［五］載，載書也。

［六］職，主也。大公爲大師，兼主司盟之官。

［七］率，循也。

［八］用此舊盟，故不聚衆保守。

〔僖經·二十六·五〕

公子遂如楚乞師。[一]

［一］公子遂，魯卿也。乞，不保得之辭。

（僖傳·二十六·四）

東門襄仲、臧文仲如楚乞師，[一]臧孫見子玉而道之伐齊、宋，以其不臣也。[二]

［一］襄仲居東門，故以爲氏。臧文仲爲襄仲副使，故不書。

［二］言其不臣事周室，可以此罪責而伐之。

〔僖經·二十六·六〕

秋，楚人滅夔，以夔子歸。[一]

［一］夔，楚同姓國，今建平秭歸縣。夔有不祀之罪，故不譏楚滅同姓。

（僖傳·二十六·五）

夔子不祀祝融與鬻熊，[一]楚人讓之。對曰："我先王熊摯有疾，鬼神弗赦而自竄于夔，[二]吾是以失楚，又何祀焉？"[三]秋，楚成得臣、鬭宜申帥師滅夔，以夔子歸。[四]

［一］祝融，高辛氏之火正，楚之遠祖也。鬻熊，祝融之十二世孫。夔，楚之别封，故亦世紹其祀。

［二］熊摯，楚嫡子，有疾不得嗣位，故别封爲夔子。

［三］廢其常祀而飾辭文過。

［四］成得臣，令尹子玉也。鬭宜申，司馬子西也。

〔僖經·二十六·七〕

冬，楚人伐宋，圍緡。

（僖傳·二十六·六）

宋以其善於晉侯也，[一]叛楚即晉。冬，楚令尹子玉、司馬子西帥師伐宋，圍緡。

［一］重耳之出也，宋襄公贈馬二十乘。

〔僖經·二十六·八〕

公以楚師伐齊，取穀。[一]

［一］《傳》例曰："師能左右之曰以。"

（僖傳·二十六·七）

公以楚師伐齊，取穀。凡師能左右之曰以。[一]寘桓公子雍於穀，易牙奉之以爲魯援。[二]楚申公叔侯戍之。[三]桓公之子七人爲七大夫於楚。[四]

［一］左右，謂進退在己。

［二］雍本與孝公爭立，故使居穀以偪齊。

［三］爲二十八年楚子使申叔去穀張本。

［四］言孝公不能撫公族。

〔僖經·二十六·九〕

公至自伐齊。[一]

［一］無《傳》。

春秋左氏經傳集解僖公下第七

春秋左氏經傳集解僖公下第七〔一〕

杜　氏

僖公二十七年

〔僖經 · 二十七 · 一〕

二十有七年春，杞子來朝。

(僖傳 · 二十七 · 一)

二十七年春，杞桓公來朝，用夷禮，故曰“子”。[一]公卑杞，杞不共也。[二]

［一］杞，先代之後，而迫於東夷，風俗雜壞，言語衣服有時而夷，故杞子卒，《傳》言其夷也。今稱朝者，始於朝禮，終而不全，異於介葛盧，故唯貶其爵。

［二］杞用夷禮，故賤之。

〔僖經 · 二十七 · 二〕

夏六月庚寅，齊侯昭卒。[一]

［一］十九年與魯大夫盟于齊。

(僖傳 · 二十七 · 二)

夏，齊孝公卒，有齊怨，[一]不廢喪紀，禮也。[二]

〔一〕原卷標題“僖”字後闕“公”字，據本書體例補。

［一］前年齊再伐魯。

［二］弔贈之數不有廢。

〔僖經 · 二十七 · 三〕

秋八月乙未，葬齊孝公。［一］

［一］無《傳》。三月而葬，速。

〔僖經 · 二十七 · 四〕

乙巳，公子遂帥師入杞。［一］

［一］弗地曰入。八月無乙巳。乙巳，九月六日。

（僖傳 · 二十七 · 三）

秋，入杞，責禮也。［一］

［一］責不共也。

〔僖經 · 二十七 · 五〕

冬，楚人、陳侯、蔡侯、鄭伯、許男圍宋。［一］

［一］《傳》言楚子使子玉去宋，《經》書“人”者，耻不得志，以微者告，猶序諸侯之上，楚主兵故。

（僖傳 · 二十七 · 四）

楚子將圍宋，使子文治兵於睽。［一］終朝而畢，不戮一人。［二］子玉復治兵於蔿，［三］終日而畢，鞭七人，貫三人耳。國老皆賀子文，子文飲之酒。［四］蔿賈尚幼，後至不賀。［五］子文問之，對曰：“不知所賀。子之傳政於子玉，曰：‘以靖國也。’靖諸内而敗諸外，所獲幾何？子玉之敗，子之舉也。舉以敗國，將何賀焉？子玉剛而無禮，不可以治民。

過三百乘，其不能以入矣。苟入而賀，何後之有？”[六]

[一] 子文時不爲令尹，故云使治兵習號令也。睽，楚邑。

[二] 終朝，自旦及食時也。子文欲委重於子玉，故略其事。

[三] 子玉爲令尹故。蒍，楚邑。

[四] 賀子玉堪其事。

[五] 蒍賈，伯嬴，孫叔敖之父。幼，少也。

[六] 三百乘，二萬二千五百人。

冬，楚子及諸侯圍宋，宋公孫固如晉告急。[一] 先軫曰：“報施救患，取威定霸，於是乎在矣。”[二] 狐偃曰：“楚始得曹而新昏於衛，若伐曹、衛，楚必救之，則齊、宋免矣。”[三] 於是乎蒐于被廬，[四] 作三軍，[五] 謀元帥。[六] 趙衰曰：“郤縠可。臣亟聞其言矣，説禮、樂而敦《詩》《書》。《詩》《書》，義之府也。禮、樂，德之則也。德、義，利之本也。《夏書》曰：‘賦納以言，明試以功，車服以庸。’[七] 君其試之。”乃使郤縠將中軍，郤溱佐之。使狐偃將上軍，讓於狐毛而佐之。[八] 命趙衰爲卿，讓於欒枝、先軫。[九] 使欒枝將下軍，先軫佐之。荀林父御戎，魏犨爲右。[一〇]

[一] 公孫固，宋莊公孫。

[二] 先軫，晉下軍之佐原軫也。報宋贈馬之施。

[三] 前年楚使申叔侯戍穀以偪齊。

[四] 晉常以春蒐禮，改政令，敬其始也。被廬，晉地。

[五] 閔元年晉獻公作二軍，今復大國之禮。

[六] 中軍帥。

[七]《尚書》，《虞》《夏書》也。賦納以言，觀其志也。明試以功，

考其事也。車服以庸，報其勞也。賦，猶取也。庸，功也。

［八］狐毛，偃之兄。

［九］欒枝，貞子也，欒賓之孫。

［一〇］荀林父，中行桓子。

晉侯始入而教其民，二年欲用之。[一] 子犯曰："民未知義，未安其居。"[二] 於是乎出定襄王，[三] 入務利民，民懷生矣，將用之。子犯曰："民未知信，未宣其用。"[四] 於是乎伐原，以示之信。[五] 民易資者不求豐焉，[六] 明徵其辭。[七] 公曰："可矣乎？"子犯曰："民未知禮，未生其共。"於是乎大蒐，以示之禮，[八] 作執秩以正其官，[九] 民聽不惑而後用之。出穀戍，釋宋圍，[一〇] 一戰而霸，文之教也。[一一]

［一］二十四年入。

［二］無義則苟生。

［三］二十五年定襄王，以示事君之義。

［四］宣，明也。未明於見用之信。

［五］伐原在二十五年。

［六］不詐以求多。

［七］重言信。

［八］蒐，順少長，明貴賤。

［九］執秩，主爵秩之官。

［一〇］楚子使申叔去穀，子玉去宋。

［一一］謂明年戰城濮。

〔僖經·二十七·六〕

十有二月甲戌，公會諸侯，盟于宋。[一]

［一］無《傳》。諸侯伐宋，公與楚有好而往會之，非後期，宋方見圍，無嫌於與盟，故直以宋地。

僖公二十八年

〔僖經·二十八·一〕

二十有八年春，晉侯侵曹。晉侯伐衛。[一]

［一］再舉“晉侯”者，曹、衛兩來告。

（僖傳·二十八·一）

二十八年春，晉侯將伐曹，假道于衛。[一]衛人弗許，還自南河濟，[二]侵曹伐衛。正月戊申，取五鹿。[三]二月，晉郤縠卒。原軫將中軍，胥臣佐下軍，上德也。[四]晉侯、齊侯盟于斂盂。[五]衛侯請盟，晉人弗許。衛侯欲與楚，國人不欲，故出其君以說于晉。衛侯出居于襄牛。[六]

［一］曹在衛東故。

［二］從汲郡南渡，出衛南而東。

［三］五鹿，衛地。

［四］先軫以下軍佐超將中軍，故曰“上德”。胥臣，司空季子。

［五］斂盂，衛地。

［六］襄牛，衛地。

〔僖經·二十八·二〕

公子買戍衛，不卒戍，刺之。[一]

［一］公子買，魯大夫子叢也。内殺大夫皆書“刺”，言用周禮三刺之法，示不枉濫也。公實畏晉，殺子叢而誣叢以廢戍之罪，恐不爲遠近所信，故顯書其罪。

(僖傳·二十八·二)

公子買戍衛。[一]

[一] 晉伐衛。衛，楚之昏姻。魯欲與楚，故戍衛。

〔僖經·二十八·三〕

楚人救衛。

(僖傳·二十八·三)

楚人救衛，不克。公懼於晉，殺子叢以說焉。[一] 謂楚人曰："不卒戍也。"[二]

[一] 召子叢而殺之，以謝晉。

[二] 詐告楚人，言子叢不終戍事而歸，故殺之。殺子叢在楚救衛下，《經》在上者，救衛赴晚至。

〔僖經·二十八·四〕

三月丙午，晉侯入曹，執曹伯畀宋人。[一]

[一] 畀，與也。執諸侯當以歸京師，晉欲怒楚使戰，故以與宋，所謂"譎而不正"。

(僖傳·二十八·四)

晉侯圍曹，門焉，多死。[一] 曹人尸諸城上。[二] 晉侯患之，聽輿人之謀曰："稱舍於墓。"[三] 師遷焉。曹人兇懼，[四] 爲其所得者棺而出之，因其兇也而攻之。三月丙午，入曹。數之，以其不用僖負羈而乘軒者三百人也，且曰："獻狀。"[五] 令無入僖負羈之宮而免其族，報施也。[六] 魏犨、顛頡怒曰："勞之不圖，報於何有？"[七] 爇僖負羈氏。[八] 魏犨傷於胸，公欲殺之，而愛其材。[九] 使問，且視之，病，將殺之。魏犨束胸見使者曰：“以君之靈，不有寧也。”[一〇]距躍三百，曲踊三百。[一一]乃舍之。殺顛頡以徇于師，立舟之僑以爲戎右。[一二]

［一］攻曹城門。

［二］磔晉死人於城上。

［三］輿，衆也。舍墓爲將發冢。

［四］遷至曹人墓。兇兇，恐懼聲。

［五］軒，大夫車。言其無德居位者多，故責其功狀。

［六］報飧璧之施。

［七］二子各有從亡之勞。

［八］爇，燒也。

［九］材力。

［一〇］言不以病，故自安寧。

［一一］距躍，超越也。曲踊，跳踊也。百，猶勵也。

［一二］舟之僑，故虢臣，閔二年奔晉。以代魏犨，爲先歸張本。

宋人使門尹般如晉師告急。[一]公曰：“宋人告急，舍之則絶，[二]告楚不許，我欲戰矣，齊、秦未可，若之何？”[三]先軫曰：“使宋舍我而賂齊、秦，[四]藉之告楚，[五]我執曹君，而分曹、衛之田以賜宋人。楚愛曹、衛，必不許也。[六]喜賂怒頑，能無戰乎？”[七]公説。執曹伯，分曹、衛之田以畀宋人。

［一］門尹般，宋大夫。

［二］與晉絶。

［三］未肯戰。

［四］求救於齊、秦。

［五］假借齊、秦，使爲宋請。

［六］不許齊、秦之請。

［七］言齊、秦喜得宋賂而怒楚之頑，必自戰也。不可告請，故曰“頑”。

〔僖經·二十八·五〕

夏四月己巳，晉侯、齊師、宋師、秦師及楚人戰于城濮，楚師敗績。［一］

［一］宋公、齊國歸父、秦小子憖既次城濮，以師屬晉，不與戰也。子玉及陳、蔡之師不書，楚人耻敗，告文略也。大崩曰“敗績”。

(僖傳·二十八·五)

楚子入居于申，［一］使申叔去穀，［二］使子玉去宋，曰：“無從晉師。晉侯在外十九年矣，而果得晉國，［三］險阻艱難，備嘗之矣〔一〕。民之情僞，盡知之矣。天假之年，［四］而除其害。［五］天之所置，其可廢乎？《軍志》曰：‘允當則歸。’［六］又曰：‘知難而退。’又曰：‘有德不可敵。’此三志者，晉之謂矣。”［七］

［一］申在方城内，故曰“入”。

［二］二十六年，申叔戍穀。

［三］晉侯生十八年而亡，亡十九年而反，凡三十六年，至此

〔一〕 備嘗之矣　“嘗”，敦煌卷子作“常”。按：《敦煌經部文獻合集校記》謂：“刊本作‘嘗’。‘嘗’正字，‘常’借字。”張涌泉主編、審訂：《敦煌經部文獻合集·群經類左傳之屬·春秋左氏經傳集解節本（僖公十九—三十年）》，北京：中華書局，2008年，第1325頁。

四十矣。

［四］獻公之子九人，唯文公在，故曰“天假之年”。

［五］除惠、懷、吕、郤。

［六］無求過分。《軍志》，兵書。

［七］謂今與晉遇，當用此三志。

子玉使伯棼請戰，[一]曰：“非敢必有功也，願以間執讒慝之口。”[二]王怒，少與之師，唯西廣、東宫與若敖之六卒實從之。[三]子玉使宛春告於晉師曰：“請復衛侯而封曹，臣亦釋宋之圍。”[四]子犯曰：“子玉無禮哉！君取一，臣取二，[五]不可失矣。”[六]先軫曰：“子與之。定人之謂禮，楚一言而定三國，我一言而亡之，我則無禮，何以戰乎？不許楚言，是棄宋也。救而棄之，謂諸侯何？[七]楚有三施，我有三怨，怨讎已多，將何以戰？不如私許復曹、衛以攜之，[八]執宛春以怒楚，既戰而後圖之。”[九]公説，乃拘宛春於衛，且私許復曹、衛。曹、衛告絶於楚。

［一］伯棼，子越椒也，鬬伯比之孫。

［二］間執，猶塞也。讒慝，若蔿賈之言，謂子玉不能以三百乘入。

［三］楚子還申，遣此兵以就前圍宋之衆。楚有左右廣，又大子有宫甲分取以給之。若敖，楚武王之祖父。葬若敖者，子玉之祖也。六卒，子玉宗人之兵六百人，言不悉師以益之。

［四］衛侯未出竟，曹伯見執在宋，已失位，故言復衛封曹。

［五］君取一以釋宋圍，惠晉侯。臣取二，復曹、衛爲己功。

［六］言可伐。

［七］言將爲諸侯所怪。

［八］私許二國，使告絶于楚而後復之。攜，離也。

［九］須勝負決乃定計。

子玉怒，從晉師。晉師退。軍吏曰：“以君辟臣，辱也。且楚師老矣，何故退？”子犯曰：“師直爲壯，曲爲老，豈在久乎？微楚之惠不及此，[一]退三舍辟之，所以報也。[二]背惠食言，以亢其讎，[三]我曲楚直，其衆素飽，不可謂老。[四]我退而楚還，我將何求。若其不還，君退臣犯，曲在彼矣。”退三舍。楚衆欲止，子玉不可。

［一］重耳過楚，楚成王有贈送之惠。

［二］一舍，三十里。初，楚子云：“若反國，何以報我？”故以退三舍爲報。

［三］亢，猶當也。讎，謂楚也。

［四］直，氣盈飽。

夏四月戊辰，晉侯、宋公、齊國歸父、崔夭、秦小子慭次于城濮。[一]楚師背酅而舍。[二]晉侯患之，聽輿人之誦，[三]曰：“原田每每，舍其舊而新是謀。”[四]公疑焉。[五]子犯曰：“戰也。戰而捷，必得諸侯。若其不捷，表裏山河，必無害也。”[六]公曰：“若楚惠何？”欒貞子曰：“漢陽諸姬，楚實盡之。[七]思小惠而忘大耻，不如戰也。”晉侯夢與楚子搏，[八]楚子伏己而盬其腦，[九]是以懼。子犯曰：“吉。我得天，楚伏其罪，吾且柔之矣。”[一〇]

［一］國歸父、崔夭，齊大夫也。小子慭，秦穆公子也。城濮，衛地。

［二］酅，丘陵險阻名。

［三］恐衆畏險，故聽其歌誦。

［四］高平曰原，喻晉軍美盛〔一〕，若原田之草每每然，可以謀立新功，不足念舊惠。

［五］疑衆謂己背舊謀新。

［六］晉國外河而内山。

［七］貞子，欒枝也。水北曰陽。姬姓之國在漢北者，楚盡滅之。

［八］搏，手搏。

［九］鹽，唼也。

［一〇］晉侯上向，故得天。楚子下向地，故伏其罪。腦所以柔物，子犯審見事宜，故權言以答夢。

子玉使鬭勃請戰，[一] 曰：“請與君之士戲，君馮軾而觀之，得臣與寓目焉。”[二] 晉侯使欒枝對曰：“寡君聞命矣。楚君之惠，未之敢忘，是以在此。爲大夫退，其敢當君乎？既不獲命矣，[三] 敢煩大夫謂二三子，[四] 戒爾車乘，敬爾君事，詰朝將見。”[五] 晉車七百乘，韅、靷、鞅、靽。[六] 晉侯登有莘之虚以觀師，曰：“少長有禮，其可用也。”[七] 遂伐其木以益其兵。[八] 己巳，晉師陳于莘北，胥臣以下軍之佐當陳、蔡。子玉以若敖之六卒將中軍，曰：“今日必無晉矣。”子西將左，子上將右。[九] 胥臣蒙馬以虎皮，先犯陳、蔡，陳、蔡奔，楚右師潰。[一〇] 狐毛設二旆而退之。[一一] 欒枝使興曳柴而僞遁，[一二] 楚師馳之。原軫、郤溱以中軍公族横擊之。[一三] 狐毛、狐偃以上軍夾攻子西，楚左師潰。楚師敗績，子玉收其卒而止，故不敗。[一四]

［一］鬭勃，楚大夫。

〔一〕喻晉軍美盛　“軍”，原作“君”，據興國軍本改。

［二］寓，寄也。

［三］不獲止命。

［四］煩鬭勃令戒敕子玉、子西之屬。

［五］詰朝，平旦。

［六］五萬二千五百人。在背曰韅，在胸曰靷，在腹曰鞅，在後曰靽。言駕乘脩備。

［七］有莘，故國名。少長，猶言大小。

［八］伐木以益攻戰之具，輿曳柴亦是也。

［九］子西，鬭宜申。子上，鬭勃。

［一〇］陳、蔡屬楚右師。

［一一］旆，大旗也。又建二旆而退，使若大將稍卻。

［一二］曳柴起塵，詐爲衆走。

［一三］公族，公所率之軍。

［一四］三軍唯中軍完，是不大崩。

晉師三日館、穀，[一] 及癸酉而還。

［一］館，舍也。食楚軍穀三日。

〔僖經 · 二十八 · 六〕

楚殺其大夫得臣。[一]

［一］子玉違其君命以取敗，稱名以殺，罪之。

(僖傳 · 二十八 · 七)

初，楚子玉自爲瓊弁玉纓，未之服也。[一] 先戰，夢河神謂己曰："畀余，余賜女孟諸之麋。"[二] 弗致也。大心與子西使榮黄諫，[三] 弗聽。榮季曰："死而利國，猶或爲之，況瓊玉乎？是糞土也，而可以濟師，將何愛焉？”[四]弗聽。出告二子曰：“非神敗令尹，令尹其不勤民，實自敗也。”[五]既敗，王使謂之曰：“大夫若入，其若申、息之老何？”[六]子西、孫伯曰：“得臣將死，二臣止之曰：‘君其將以爲戮。’”[七]及連穀而死。[八]晉侯聞之而後喜可知也，[九]曰：“莫余毒也已。蔿呂臣實爲令尹，奉己而已，不在民矣。”[一〇]

[一]弁以鹿子皮爲之。瓊，玉之别名。次之以飾弁及纓。《詩》云：“會弁如星。”

[二]孟諸，宋藪澤。水草之交曰麋。

[三]大心，子玉之子。子西，子玉之族。子玉剛愎，故因榮黄。榮黄，榮季也。

[四]因神之欲，以附百姓之願，濟師之理。

[五]盡心盡力，無所愛惜爲勤。

[六]申、息二邑子弟，皆從子玉而死。言何以見其父老。

[七]孫伯即大心，子玉子也。二子以此答王使，言欲令子玉往就君戮。

[八]至連穀，王無赦命，故自殺也。文十年《傳》曰，城濮之役，王使止子玉曰“無死”，不及。子西亦自殺，縊而縣絶，故得不死。王時别遣追前使。連穀，楚地。殺得臣，《經》在踐土盟上，《傳》在下者，説晉事畢而次及楚，屬文之宜。

[九]喜見於顔色。

[一〇]言其自守無大志。

〔僖經·二十八·七〕

衛侯出奔楚。

〔僖經·二十八·八〕

五月癸丑，公會晉侯、齊侯、宋公、蔡侯、鄭伯、衛子、莒子，盟于踐土。[一]

［一］踐土，鄭地。王子虎臨盟不同歃，故不書。衛侯出奔，其弟叔武攝位受盟，非王命所加從，未成君之禮，故稱子而序鄭伯之下。《經》書“癸丑”，月十八日也。《傳》書“癸亥”，月二十八日。《經》《傳》必有誤。

(僖傳·二十八·六)

甲午，至于衡雍，作王宮于踐土。[一]鄉役之三月，[二]鄭伯如楚，致其師，爲楚師既敗而懼，使子人九行成于晉。[三]晉欒枝入盟鄭伯。五月丙午，晉侯及鄭伯盟于衡雍。丁未，獻楚俘于王，駟介百乘，徒兵千。[四]鄭伯傅王，用平禮也。[五]己酉，王享醴，命晉侯宥。[六]王命尹氏及王子虎、内史叔興父策命晉侯爲侯伯，[七]賜之大輅之服，戎輅之服，[八]彤弓一，彤矢百，玈弓矢千，[九]秬鬯一卣，[一〇]虎賁三百人。曰：“王謂叔父敬服王命，以綏四國，糾逖王慝。”[一一]晉侯三辭，從命，曰：“重耳敢再拜稽首，奉揚天子之丕顯休命。”[一二]受策以出，出入三覲。[一三]

［一］衡雍，鄭地，今熒陽卷縣。襄王聞晉戰勝，自往勞之，故爲作宫。

［二］鄉，猶屬也。城濮役之前三月。

［三］子人，氏。九，名。

［四］駟介，四馬被甲。徒兵，步卒。

［五］傅，相也。以周平王享晉文侯仇之禮享晉侯。

［六］既饗，又命晉侯助以束帛，以將厚意。

［七］以策書命晉侯爲伯也。周禮，九命作伯。尹氏、王子虎，皆王卿士也。叔興父，大夫也。三官命之以寵晉。

［八］大輅，金輅。戎輅，戎車。二輅各有服。

［九］彤，赤弓。玈，黑弓。弓一矢百，則矢千弓十矣。諸侯賜弓矢，然後專征伐。

［一〇］秬，黑黍。鬯，香酒，所以降神。卣，器名。

［一一］逖，遠也。有惡於王者，糾而遠之。

［一二］稽首，首至地。丕，大也。休，美也。

［一三］出入，猶去來也。從來至去，凡三見王。

衛侯聞楚師敗，懼出奔楚，遂適陳，[一]使元咺奉叔武以受盟。[二]癸亥，王子虎盟諸侯于王庭。[三]要言曰："皆獎王室，無相害也。有渝此盟，明神殛之。俾隊其師，無克祚國，[四]及而玄孫，無有老幼。"君子謂是盟也信，[五]謂晉於是役也，能以德攻。[六]

［一］自襄牛出。

［二］奉，使攝君事。

［三］踐土宮之庭。書踐土別於京師。

［四］獎，助也。渝，變也。殛，誅也。俾，使也。隊，隕也。克，能也。

［五］合義信。

［六］以文德教民而後用之。

〔僖經·二十八·九〕

陳侯如會。[一]

［一］無《傳》。陳本與楚，楚敗，懼而屬晉。來不及盟，故曰“如會”。

〔僖經·二十八·十〕

公朝于王所。[一]

［一］無《傳》。王在踐土，非京師，故曰“王所”。

〔僖經·二十八·十一〕

六月，衛侯鄭自楚復歸于衛。[一]**衛元咺出奔晉。**[二]

［一］復其位曰“復歸”。晉人感叔武之賢而復衛侯。衛侯之入由于叔武，故以國逆爲文，例在成十八年。

［二］元咺，衛大夫。雖爲叔武訟訴，失君臣之節[一]，故無賢文。奔，例在宣十年。

（僖傳·二十八·八）

或訴元咺於衛侯曰：“立叔武矣。”其子角從公，公使殺之。[一]咺不廢命，奉夷叔以入守。[二]

［一］角，元咺子。

［二］夷，謚。

六月，晉人復衛侯。[一]甯武子與衛人盟于宛濮，[二]曰：“天禍衛國，君臣不協，以及此憂也。[三]今天誘其衷，[四]

〔一〕失君臣之節　“君”，原作“若”，據興國軍本改。

使皆降心以相從也。不有居者，誰守社稷？不有行者，誰扞牧圉？[五]不協之故，用昭乞盟于爾大神，以誘天衷。自今日以往，既盟之後，行者無保其力，居者無懼其罪，有渝此盟，以相及也。[六]明神先君，是糾是殛。”國人聞此盟也，而後不貳。[七]衛侯先期入，[八]甯子先，長牂守門，以爲使也，與之乘而入。[九]公子歂犬、華仲前驅。[一〇]叔武將沐，聞君至，喜，捉髮走出，前驅射而殺之。公知其無罪也，枕之股而哭之。[一一]歂犬走出，[一二]公使殺之。元咺出奔晉。[一三]

[一] 以叔武受盟於踐土，故聽衛侯歸。

[二] 武子，甯俞也。陳留長垣縣西南有宛亭，近濮水。

[三] 衛侯欲與楚，國人不欲，故不和也。

[四] 衷，中也。

[五] 牛曰牧，馬曰圉。

[六] 以惡相及。

[七]《傳》言叔武之賢，甯俞之忠，衛侯所以書“復歸”。

[八] 不信叔武。

[九] 長牂，衛大夫。甯子患公之欲速，故先入，欲安喻國人。

[一〇] 衛侯遂驅，奄甯子未備。二子，衛大夫。

[一一] 公以叔武尸枕其股。

[一二] 手射叔武故。

[一三] 元咺以衛侯驅入，殺叔武，故至晉愬之。

〔僖經·二十八·十二〕

陳侯款卒。[一]

［一］無《傳》。凡四同盟。

〔僖經·二十八·十三〕

秋，杞伯姬來。[一]

［一］無《傳》。莊公女。歸寧曰來。

〔僖經·二十八·十四〕

公子遂如齊。[一]

［一］無《傳》。聘也。

〔左氏附〕

（僖傳·二十八·九）

城濮之戰，晉中軍風于澤，[一]亡大旆之左旃。[二]祁瞞奸命，[三]司馬殺之，以徇于諸侯，使茅茷代之，師還。壬午，濟河。舟之僑先歸，士會攝右。[四]秋七月丙申，振旅愷以入于晉。[五]獻俘授馘，飲至大賞，[六]徵會討貳。[七]殺舟之僑以徇于國，民於是大服。君子謂："文公其能刑矣，三罪而民服。[八]《詩》云：'惠此中國，以綏四方。'不失賞刑之謂也。"[九]

［一］牛馬因風而走皆失之。

［二］大旆，旗名。繫旐曰旆，通帛曰旃。

［三］掌此二事而不脩，爲奸軍令。

［四］權代舟之僑也。士會，隨武子，士蔿之孫。

［五］愷，樂也。

［六］授，數也。獻楚俘於廟。

［七］徵召諸侯，將冬會于溫。

［八］三罪：顛頡、祁瞞、舟之僑。

［九］《詩·大雅》。言賞刑不失，則中國受惠，四方安靖。

〔僖經·二十八·十五〕

冬，公會晉侯、齊侯、宋公、蔡侯、鄭伯、陳子、莒子、邾子、秦人于溫。[一]

［一］陳共公稱"子"，先君未葬，例在九年。宋襄公稱"子"，自在本班。陳共公稱"子"，降在鄭下。陳懷公稱"子"而在鄭上。《傳》無義例，蓋主會所次，非褒貶也。

〔僖傳·二十八·十〕

冬，會于溫，討不服也。[一]

［一］討衛、許。

〔僖經·二十八·十六〕

天王狩于河陽。[一]

［一］晉地，今河內有河陽縣。晉實召王，爲其辭逆而意順，故《經》以王狩爲辭。

〔僖傳·二十八·十三〕

是會也，晉侯召王，以諸侯見，且使王狩。[一]仲尼曰："以臣召君，不可以訓。"故書曰"天王狩于河陽"，言非其地也，[二]且明德也。[三]

［一］晉侯大合諸侯，而欲尊事天子以爲名義。自嫌强大，不敢朝周，喻王出狩，因得盡群臣之禮，皆譎而不正之事。

［二］使若天王自狩。以失地，故書"河陽"。實以屬晉，非王狩地。

［三］隱其召君之闕，欲以明晉之功德。河陽之狩，趙盾之弑，洩治之罪，皆違凡變例，以起大義危疑之理，故特稱仲尼以明之。

〔僖經·二十八·十七〕

壬申，公朝于王所。［一］

［一］壬申，十月十日。有日而無月，史闕文。

（僖傳·二十八·十四）

壬申，公朝于王所。［一］

［一］執衛侯，《經》在朝王下，《傳》在上者，告執晚。

〔僖經·二十八·十八〕

晉人執衛侯，歸之于京師。［一］

［一］稱人以執，罪及民也，例在成十五年。諸侯不得相治，故歸之京師。

（僖傳·二十八·十一）

衛侯與元咺訟，［一］甯武子爲輔，鍼莊子爲坐，士榮爲大士。［二］衛侯不勝。［三］殺士榮，刖鍼莊子，謂甯俞忠而免之。執衛侯歸之于京師，寘諸深室。［四］甯子職納橐饘焉。［五］

［一］爭殺叔武事。

［二］大士，治獄官也。《周禮》："命夫命婦，不躬坐獄訟。"元咺又不宜與其君對坐，故使鍼莊子爲主，又使衛之忠臣及其獄官質正元咺。《傳》曰，王叔之宰與伯輿之大夫坐獄於王庭，各不身親，蓋今長吏有罪，先驗吏卒之義。

［三］三子辭屈。

［四］深室，別爲囚室。

［五］甯俞以君在幽隘，故親以衣食爲己職。橐，衣囊。饘，糜也。言其忠至，所慮者深。

〔僖經·二十八·十九〕

衛元咺自晉復歸于衛。[一]

［一］元咺與衛侯訟，得勝而歸。從國逆例者，明衛侯無道於民，國人與元咺。

（僖傳·二十八·十二）

元咺歸于衛，立公子瑕。[一]

［一］瑕，衛公子適。

〔僖經·二十八·二十〕

諸侯遂圍許。[一]

［一］會溫諸侯也〔一〕。許比再會不至，故因會共伐之。

〔僖經·二十八·二十一〕

曹伯襄復歸于曹，[一] **遂會諸侯圍許。**[二]

［一］晉感侯獳之言而復曹伯，故從國逆例。

［二］言遂得復而行，不歸國也。

（僖傳·二十八·十五）

丁丑，諸侯圍許。[一] 晉侯有疾，曹伯之豎侯獳貨筮

〔一〕 會溫諸侯也　“會”，原作“晉”，據興國軍本改。

史，[二]使曰："以曹爲解。[三]齊桓公爲會而封異姓，[四]今君爲會而滅同姓。曹叔振鐸，文之昭也。[五]先君唐叔，武之穆也。且合諸侯而滅兄弟，非禮也。與衛偕命，[六]而不與偕復，非信也。同罪異罰，非刑也。[七]禮以行義，信以守禮，刑以正邪，舍此三者，君將若之何？"公說。復曹伯，遂會諸侯于許。

［一］十月十五日，有日無月。

［二］豎，掌通内外者。史，晉史。

［三］以滅曹爲解故。

［四］封邢、衛。

［五］叔振鐸，曹始封君，文王之子。

［六］私許復曹、衛。

［七］衛已復故。

〔左氏附〕

（僖傳 · 二十八 · 十六）

晉侯作三行以禦狄。荀林父將中行，屠擊將右行，先蔑將左行。[一]

［一］晉置上、中、下三軍，今復增置三行，以辟天子六軍之名。三行無佐，疑大夫帥。

僖公二十九年

〔僖經·二十九·一〕

二十有九年春，介葛盧來。[一]

［一］介，東夷國也，在城陽黔陬縣。葛盧，介君名也。不稱朝，不見公，且不能行朝禮。雖不見公，國賓禮之，故書。

（僖傳·二十九·一）

二十九年春，介葛盧來朝，舍于昌衍之上。[一]公在會，饋之芻米，禮也。[二]

［一］魯縣東南有昌平城。

［二］嫌公行不當致饋，故曰“禮也”。

〔僖經·二十九·二〕

公至自圍許。[一]

［一］無《傳》。

〔僖經·二十九·三〕

夏六月，會王人、晉人、宋人、齊人、陳人、蔡人、秦人，盟于翟泉。[一]

［一］翟泉，今洛陽城内大倉西南池水也。魯侯諱盟天子大夫，諸侯大夫又違禮盟公侯，王子虎違禮下盟，故不言公會，又皆稱人。

（僖傳·二十九·二）

夏，公會王子虎、晉狐偃、宋公孫固、齊國歸父、陳轅濤塗、秦小子慭，盟于翟泉，尋踐土之盟，且謀伐鄭

也。[一]卿不書，罪之也。[二]在禮，卿不會公、侯，會伯、子、男可也。[三]

［一］《經》書“蔡人”而《傳》無名氏，即微者。秦小子憖在蔡下者，若宋向戌之後會。

［二］晉侯始霸，翼戴天子，諸侯輯睦，王室無虞，而王子虎下盟列國，以瀆大典，諸侯大夫上敵公侯，虧禮傷教，故貶諸大夫，諱公與盟。

［三］大國之卿，當小國之君，故可以會伯、子、男。諸卿之見貶，亦兼有此闕，故《傳》重發之。

〔僖經·二十九·四〕

秋，大雨雹。

（僖傳·二十九·三）

秋，大雨雹，爲災也。

〔僖經·二十九·五〕

冬，介葛盧來。

（僖傳·二十九·四）

冬，介葛盧來，以未見公故，復來朝。禮之，加燕好。[一]介葛盧聞牛鳴，曰：“是生三犧，皆用之矣。其音云。”問之而信。[二]

［一］燕，燕禮也。好，好貨也。一歲再來，故加之。

［二］《傳》言人聽或通鳥獸之情。

僖公三十年

〔僖經·三十·一〕

三十年春王正月。

〔僖經·三十·二〕

夏，狄侵齊。

（僖傳·三十·一）

三十年春，晉人侵鄭，以觀其可攻與否。狄間晉之有鄭虞也。夏，狄侵齊。[一]

［一］齊、晉與國。

〔僖經·三十·三〕

秋，衛殺其大夫元咺及公子瑕。[一]

［一］咺見殺稱名者，訟君求直，又先歸立公子瑕，非國人所與，罪之也。瑕立經年，未會諸侯，故不稱君。

（僖傳·三十·二）

晉侯使醫衍酖衛侯。[一]甯俞貨醫，使薄其酖，不死。[二]公爲之請，納玉於王與晉侯，皆十瑴，王許之。[三]秋，乃釋衛侯。衛侯使賂周歂、冶廑，曰："苟能納我，吾使爾爲卿。"[四]周、冶殺元咺及子適、子儀。[五]公入，祀先君。周、冶既服，將命，[六]周歂先入，及門，遇疾而死。冶廑辭卿。[七]

［一］衍，醫名。晉侯實怨衛侯，欲殺而罪不及死，故使醫因治疾

而加酖毒。

［二］甯俞視衛侯衣食〔一〕，故得知之。

［三］雙玉曰瑴。公本與衛同好，故爲之請。

［四］恐元咺距己，故賂周、治。

［五］子儀，瑕母弟。不書殺，賤也。

［六］服，卿服。將入廟受命。

［七］見周歂死而懼。

〔僖經·三十·四〕

衛侯鄭歸于衛。〔一〕

［一］魯爲之請，故從諸侯納之例，例在成十八年。

〔僖經·三十·五〕

晉人、秦人圍鄭。〔一〕

［一］晉軍函陵，秦軍氾南，各使微者圍鄭，故稱人。

（僖傳·三十·三）

九月甲午，晉侯、秦伯圍鄭，以其無禮於晉，〔一〕且貳於楚也。晉軍函陵，秦軍氾南。〔二〕佚之狐言於鄭伯曰："國危矣，若使燭之武見秦君，師必退。"〔三〕公從之。辭曰："臣之壯也，猶不如人，今老矣，無能爲也已。"公曰："吾不能早用子，今急而求子，是寡人之過也。然鄭亡，子亦有不利焉。"許之。夜，縋而出。〔四〕見秦伯，曰："秦、晉圍鄭，鄭既知亡矣，若亡鄭而有益於君，敢以煩執事。〔五〕

〔一〕甯俞視衛侯衣食　"甯俞"，原作"甯侯"。興國軍本脱"甯"字。

越國以鄙遠，君知其難也，[六]焉用亡鄭以陪鄰〔一〕？[七]鄰之厚，君之薄也，若舍鄭以爲東道主，行李之往來，共其乏困，[八]君亦無所害。且君嘗爲晉君賜矣，許君焦、瑕，朝濟而夕設版焉，君之所知也。[九]夫晉，何厭之有？既東封鄭，又欲肆其西封，[一〇]若不闕秦，將焉取之？闕秦以利晉，唯君圖之。”秦伯説，與鄭人盟，使杞子、逢孫、楊孫戍之〔二〕，乃還。[一一]子犯請擊之，公曰：“不可。微夫人力不及此，[一二]因人之力而敝之不仁，失其所與不知，以亂易整不武，[一三]吾其還也。”亦去之。初，鄭公子蘭出奔晉，[一四]從於晉侯伐鄭，請無與圍鄭。許之，使待命于東。[一五]鄭石甲父、侯宣多逆以爲大子，以求成于晉。晉人許之。[一六]

[一]文公亡過鄭，鄭不禮之。

[二]此東氾也，在熒陽中牟縣南。

[三]佚之狐、燭之武，皆鄭大夫。

[四]縋，縣城而下。

[五]執事，亦謂秦。

[六]設得鄭以爲秦邊邑，則越晉而難保。

[七]陪，益也。

[八]行李，使人。

[九]晉君，謂惠公也。焦、瑕，晉河外五城之二邑。朝濟河而夕設版築以距秦，言背秦之速。

[一〇]封，疆也。肆，申也。

〔一〕焉用亡鄭以陪鄰　按：阮校曰：“石經、宋本、淳熙本、岳本、足利本‘倍’作‘陪’。宋本《釋文》亦作‘陪’。案，錢大昕云：‘从𨸏爲正。’”

〔二〕楊孫戍之　“楊”，原作“揚”，據興國軍本改。

［一一］三子，秦大夫。反爲鄭守。

［一二］請擊秦也。夫人謂秦穆公。

［一三］秦、晉和整而還，相攻更爲亂也。

［一四］蘭，鄭穆公。

［一五］晉東界。

［一六］二子，鄭大夫。言穆公所以立。

〔僖經·三十·六〕

介人侵蕭。[一]

［一］無《傳》。

〔僖經·三十·七〕

冬，天王使宰周公來聘〔一〕**。**[一]

［一］周公，天子三公兼冢宰也。

（僖傳·三十·四）

冬，王使周公閱來聘，饗有昌歜、白、黑、形鹽。[一]辭曰："國君，文足昭也，武可畏也，則有備物之饗，以象其德。薦五味，羞嘉穀，鹽虎形，[二]以獻其功。吾何以堪之？"

［一］昌歜，昌蒲菹。白，熬稻。黑，熬黍。形鹽，鹽形象虎。

［二］嘉穀，熬稻黍也，以象其文也。鹽虎形，以象武也。

〔僖經·三十·八〕

公子遂如京師，遂如晉。[一]

〔一〕天王使宰周公來聘　"宰"，原脱，據石經補。

［一］如京師報宰周公。

（僖傳·三十·五）

東門襄仲將聘于周，遂初聘于晉。[一]

［一］公既命襄仲聘周，未行，故曰“將”。又命自周聘晉，故曰“遂”。自入春秋，魯始聘晉，故曰“初”。

僖公三十一年

〔僖經 · 三十一 · 一〕

三十有一年春，取濟西田。[一]

［一］晉分曹田以賜魯，故不繫曹。不用師徒，故曰“取”。

(僖傳 · 三十一 · 一)

三十一年春，取濟西田，分曹地也。[一]使臧文仲往，宿於重館。[二]重館人告曰：“晉新得諸侯，必親其共，不速行，將無及也。”從之。分曹地，自洮以南，東傅于濟，盡曹地也。[三]

［一］二十八年晉文討曹分其地，竟界未定，至是乃以賜諸侯。

［二］高平方與縣西北有重鄉城。

［三］文仲不書，請田而已，非聘享會同也。濟水自熒陽東，過魯之西，至樂安入海。

〔僖經 · 三十一 · 二〕

公子遂如晉。

(僖傳 · 三十一 · 二)

襄仲如晉，拜曹田也。

〔僖經 · 三十一 · 三〕

夏四月，四卜郊，不從，乃免牲。[一]**猶三望。**[二]

［一］龜曰卜。不從，不吉也。卜郊不吉，故免牲。免，猶縱也。

［二］三望，分野之星，國中山川皆因郊祀望而祭之。魯廢郊天而

脩其小祀，故曰“猶”。猶者，可止之辭。

(僖傳 · 三十一 · 三)

夏四月，四卜郊，不從，乃免牲，非禮也。[一]猶三望，亦非禮也。禮不卜常祀，[二]而卜其牲日，[三]牛卜日曰牲。[四]牲成而卜郊，上怠慢也。[五]望，郊之細也。不郊，亦無望可也。

[一] 諸侯不得郊天，魯以周公故，得用天子禮樂，故郊爲魯常祀。

[二] 必其時。

[三] 卜牲與日，知吉凶。

[四] 既得吉日，則牛改名曰牲。

[五] 怠於古典，慢瀆龜策。

〔僖經 · 三十一 · 四〕

秋七月。

〔左氏附〕

(僖傳 · 三十一 · 四)

秋，晉蒐于清原，作五軍以禦狄。[一]趙衰爲卿。[二]

[一] 二十八年晉作三行，今罷之，更爲上下新軍。河東聞喜縣北有清原。

[二] 二十七年命趙衰爲卿，讓於欒枝。今始從原大夫爲新軍帥。

〔僖經 · 三十一 · 五〕

冬，杞伯姬來求婦。[一]

[一] 無《傳》。自爲其子成昏。

〔僖經·三十一·六〕

狄圍衛。十有二月，衛遷于帝丘。[一]

［一］辟狄難也。帝丘，今東郡濮陽縣，故帝顓頊之虚，故曰“帝丘”。

（僖傳·三十一·五）

冬，狄圍衛，衛遷于帝丘。卜曰三百年。衛成公夢康叔曰：“相奪予享。”[一]公命祀相。甯武子不可，曰：“鬼神非其族類，不歆其祀。[二]杞、鄫何事？[三]相之不享，於此久矣，非衛之罪也。[四]不可以間成王、周公之命祀。[五]請改祀命。”[六]

［一］相，夏后啓之孫，居帝丘。享，祭也。

［二］歆，猶饗也。

［三］言杞、鄫夏後，自當祀相。

［四］言帝丘久不祀相，非衛所絶。

［五］諸侯受命，各有常祀。

［六］改祀相之命。

〔左氏附〕

（僖傳·三十一·六）

鄭洩駕惡公子瑕，鄭伯亦惡之，故公子瑕出奔楚。[一]

［一］瑕，文公子。《傳》爲納瑕張本。洩駕，亦鄭大夫。隱五年洩駕距此九十年，疑非一人。

僖公三十二年

〔僖經·三十二·一〕

三十有二年春王正月。

〔左氏附〕

（僖傳·三十二·一）

三十二年春，楚鬭章請平于晉。晉陽處父報之。晉、楚始通。[一]

［一］陽處父，晉大夫。晉、楚自春秋以來始交使命，爲和同。

〔僖經·三十二·二〕

夏四月己丑，鄭伯捷卒。[一]

［一］無《傳》。文公也。三同盟。

〔僖經·三十二·三〕

衛人侵狄。[一]

［一］報前年狄圍衛。

（僖傳·三十二·二）

夏，狄有亂，衛人侵狄。狄請平焉。

〔僖經·三十二·四〕

秋，衛人及狄盟。[一]

［一］不地者，就狄廬帳盟。

（僖傳·三十二·三）

秋，衛人及狄盟。

〔僖經·三十二·五〕

冬十有二月己卯，晉侯重耳卒。[一]

［一］同盟踐土、狄泉。

（僖傳·三十二·四）

冬，晉文公卒。庚辰，將殯于曲沃。[一]出絳，柩有聲如牛。[二]卜偃使大夫拜，曰："君命大事，將有西師過軼我，擊之，必大捷焉。"[三]杞子自鄭使告于秦，[四]曰："鄭人使我掌其北門之管，[五]若潛師以來，國可得也。"穆公訪諸蹇叔。蹇叔曰："勞師以襲遠，非所聞也。[六]師勞力竭，遠主備之，無乃不可乎？師知所爲〔一〕，鄭必知之。勤而無所，必有悖心。[七]且行千里，其誰不知？"公辭焉。[八]召孟明、西乞、白乙使出師於東門之外。[九]蹇叔哭之曰："孟子，吾見師之出而不見其入也。"公使謂之曰："爾何知？中壽，爾墓之木拱矣。"[一〇]蹇叔之子與師，哭而送之，曰："晉人禦師必於殽，[一一]殽有二陵焉，[一二]其南陵，夏后皋之墓也；[一三]其北陵，文王之所辟風雨也，[一四]必死是間。[一五]余收爾骨焉。"秦師遂東。[一六]

［一］殯，窆棺也。曲沃有舊宮焉。

［二］如牛呴聲。

［三］聲自柩出，故曰"君命"。大事，戎事也。卜偃聞秦密謀，故因柩聲以正衆心。

〔一〕師知所爲 "知"，阮刻本作"之"。

［四］三十年秦使大夫杞子戍鄭。

［五］管，籥也。

［六］蹇叔，秦大夫。

［七］將害良善。

［八］辭，不受其言。

［九］孟明，百里孟明視。西乞，西乞術。白乙，白乙丙。

［一〇］合手曰拱，言其過老，悖不可用。

［一一］殽在弘農澠池縣西。

［一二］大阜曰陵。

［一三］皋，夏桀之祖父。

［一四］此道在二殽之間南谷中。谷深委曲，兩山相嶔，故可以辟風雨。古道由此，魏武帝西討巴、漢，惡其險而更開北山高道。

［一五］以其深險故。

［一六］爲明年晉敗秦于殽《傳》。

僖公三十三年

〔僖經·三十三·一〕

三十有三年春王二月，秦人入滑。[一]

［一］滅而書“入”，不能有其地。

(僖傳·三十三·一)

三十三年春，秦師過周北門，左右免胄而下，[一]超乘者三百乘。王孫滿尚幼，觀之，言於王曰：“秦師輕而無禮，必敗。[二]輕則寡謀，無禮則脱。[三]入險而脱，又不能謀，能無敗乎？”及滑，鄭商人弦高將市於周，遇之，以乘韋先牛十二犒師，[四]曰：“寡君聞吾子將步師出於敝邑，敢犒從者。不腆敝邑，爲從者之淹，居則具一日之積，[五]行則備一夕之衛。”且使遽告于鄭。[六]鄭穆公使視客館，[七]則束載、厲兵、秣馬矣。[八]使皇武子辭焉，曰：“吾子淹久於敝邑，唯是脯資餼牽竭矣。[九]爲吾子之將行也，[一〇]鄭之有原圃，猶秦之有具囿也。[一一]吾子取其麋鹿以間敝邑，若何？”[一二]杞子奔齊，逢孫、揚孫奔宋。孟明曰：“鄭有備矣，不可冀也。攻之不克，圍之不繼，吾其還也。”滅滑而還。

［一］王城之北門。胄，兜鍪。兵車非大將，御者在中，故左右下，御不下。

［二］謂過天子門，不卷甲束兵〔一〕，超乘示勇。

［三］脱，易也。

［四］商，行賈也。乘，四。韋，先韋乃入牛。古者將獻遺於人，

〔一〕不卷甲束兵　“束”，原作“求”，據興國軍本、阮刻本改。

必有以先之。

［五］腆，厚也。淹，久也。積，芻、米、菜、薪。

［六］遽，傳車。

［七］視秦三大夫之舍。

［八］嚴兵待秦師。

［九］資，糧也。生曰餼。牽謂牛、羊、豕。

［一〇］示知其情。

［一一］原圃、具囿，皆囿名。

［一二］使秦戍自取麋鹿以爲行資，令敝邑得閒暇。若何，猶如何。熒陽中牟縣西有圃田澤。

〔僖經·三十三·二〕

齊侯使國歸父來聘。

（僖傳·三十三·二）

齊國莊子來聘，自郊勞至于贈賄，禮成而加之以敏。[一] 臧文仲言於公曰："國子爲政，齊猶有禮，君其朝焉。臣聞之，服於有禮，社稷之衛也。"[二]

［一］迎來曰郊勞，送去曰贈賄。敏，審當於事。

［二］爲公如齊《傳》。

〔左氏附〕

（僖傳·三十三·三）

晉原軫曰："秦違蹇叔而以貪勤民，天奉我也。[一] 奉不可失，敵不可縱，縱敵患生，違天不祥。必伐秦師。"欒枝曰："未報秦施而伐其師，其爲死君乎？"[二] 先軫曰："秦不哀吾喪而伐吾同姓，秦則無禮，何施之爲？[三]吾聞之，一日縱敵，數世之患也。謀及子孫，可謂死君乎？”[四]遂發命，遽興姜戎。子墨衰絰，[五]梁弘御戎，萊駒爲右。

［一］奉，與也。

［二］言以君死，故忘秦施。

［三］言秦以無禮加己，施不足顧。

［四］言不可謂背君。

［五］晉文公未葬，故襄公稱“子”。以凶服從戎，故墨之。

〔僖經·三十三·三〕

夏四月辛巳，晉人及姜戎敗秦師于殽。[一]

［一］晉侯諱背喪用兵，故通以賤者告。姜戎，姜姓之戎，居晉南鄙，戎子駒支之先也。晉人角之，諸戎掎之，不同陳，故言“及”。

（僖傳·三十三·四）

夏四月辛巳，敗秦師于殽，獲百里孟明視、西乞術、白乙丙以歸。

〔僖經·三十三·四〕

癸巳，葬晉文公。

（僖傳·三十三·五）

遂墨以葬文公。晉於是始墨。[一]文嬴請三帥，[二]曰：“彼實構吾二君，寡君若得而食之不厭，君何辱討焉？使歸就戮于秦，以逞寡君之志，若何？”公許之。先軫朝，問秦囚，公曰：“夫人請之，吾舍之矣。”先軫怒曰：“武夫力而拘諸原，婦人暫而免諸國。[三] 墮軍實而長寇讎，亡無日矣。”[四] 不顧而唾。公使陽處父追之，及諸河，則在舟中矣。釋左驂以公命贈孟明。[五] 孟明稽首曰：“君之惠不以纍臣釁鼓，[六] 使歸就戮于秦，寡君之以爲戮，死且不朽。若從君惠而免之，三年將拜君賜。”[七] 秦伯素服郊次，[八] 鄉師而哭曰：“孤違蹇叔，以辱二三子，孤之罪也。”不替孟明〔一〕。“孤之過也。大夫何罪？且吾不以一眚掩大德。”[九]

[一] 後遂常以爲俗，記禮所由變。

[二] 文嬴，晉文公始適秦，秦穆公所妻夫人，襄公嫡母。三帥，孟明等。

[三] 暫，猶卒也。

[四] 墮，毁也。

[五] 欲使還拜謝，因而執之。

[六] 纍，囚繫也。殺人以血塗鼓，謂之“釁鼓”。

[七] 意欲報伐晉。

[八] 待之於郊。

[九] 眚，過也。

〔僖經·三十三·五〕

狄侵齊。

（僖傳·三十三·六）

狄侵齊，因晉喪也。

〔一〕 王念孫謂“不替孟明”乃記事之詞，下有“曰”字。今考金澤文庫卷子，是。

〔僖經·三十三·六〕

公伐邾，取訾婁。

(僖傳·三十三·七)

公伐邾，取訾婁，以報升陘之役。[一] 邾人不設備。

［一］在二十二年。

〔僖經·三十三·七〕

秋，公子遂帥師伐邾。

(僖傳·三十三·八)

秋，襄仲復伐邾。[一]

［一］魯亦因晉喪以陵小國。

〔僖經·三十三·八〕

晉人敗狄于箕。[一]

［一］太原陽邑縣南有箕城。郤缺稱“人”者，未爲卿。

(僖傳·三十三·九)

狄伐晉及箕。八月戊子，晉侯敗狄于箕。郤缺獲白狄子。[一] 先軫曰：“匹夫逞志於君，[二] 而無討，敢不自討乎？”免胄入狄師，死焉。狄人歸其元，[三] 面如生。[四]

［一］白狄，狄别種也。故西河郡有白部胡。

［二］謂不顧而唾。

［三］元，首。

［四］言其有異於人。

初，臼季使過冀，見冀缺耨，其妻饁之。[一] 敬，相待如賓。與之歸，言諸文公曰：“敬，德之聚也。能敬必有德。德以治民，君請用之。臣聞之，出門如賓，[二] 承事如祭，[三] 仁之則也。”公曰：“其父有罪，可乎？”[四] 對曰：“舜之罪也殛鯀〔一〕，其舉也興禹。[五] 管敬仲，桓之賊也，實相以濟。《康誥》曰：‘父不慈，子不祗；兄不友，弟不共，不相及也。’[六]《詩》曰：‘采葑采菲，無以下體。’君取節焉可也。”[七] 文公以爲下軍大夫。反自箕，襄公以三命命先且居將中軍，[八] 以再命命先茅之縣賞胥臣，曰：“舉郤缺，子之功也。”[九] 以一命命郤缺爲卿，復與之冀，[一〇] 亦未有軍行。[一一]

［一］白季，胥臣也。冀，晉邑。耨，鉏也。野饋曰饁。

［二］如見大賓。

［三］常謹敬也。

［四］缺父冀芮欲殺文公，在二十四年。

［五］禹，鯀子。

［六］《康誥》，《周書》。祗，敬也。

［七］《詩·國風》也。葑菲之菜，上善下惡，食之者不以其惡而棄其善，言可取其善節。

［八］且居，先軫之子。其父死敵，故進之。

［九］先茅絶後，故取其縣以賞胥臣。

［一〇］還其父故邑。

［一一］雖登卿位，未有軍列。

〔一〕 舜之罪也殛鯀　“殛鯀”，敦煌本作“極鮌”。按：《敦煌經部文獻合集》校記曰：“‘殛’爲‘極’之借，説見《説文解字》‘殛’篆下段玉裁注。”見張涌泉主編、審訂：《敦煌經部文獻合集·春秋左氏經傳集解（僖公二十八—三十三年）》，第1114頁。

〔僖經·三十三·九〕

冬十月，公如齊。

(僖傳·三十三·十)

冬，公如齊，朝，且弔有狄師也。

〔僖經·三十三·十〕

十有二月，公至自齊。乙巳，公薨于小寢。[一]

[一] 小寢，内寢也。乙巳，十一月十二日。《經》書“十二月”，誤。

(僖傳·三十三·十一)

反，薨于小寢，即安也。[一]

[一] 小寢，夫人寢也。譏公就所安，不終于路寢。

〔僖經·三十三·十一〕

隕霜不殺草，李、梅實。[一]

[一] 無《傳》。書，時失也。周十一月，今九月，霜當微而重，重而不能殺草，所以爲災。

〔僖經·三十三·十二〕

晉人、陳人、鄭人伐許。

(僖傳·三十三·十二)

晉、陳、鄭伐許，討其貳於楚也。

〔左氏附〕

(僖傳·三十三·十三)

楚令尹子上侵陳、蔡。陳、蔡成，遂伐鄭，將納公子

瑕。[一]門于桔柣之門，瑕覆于周氏之汪。[二]外僕髡屯禽之以獻，[三]文夫人斂而葬之鄶城之下。[四]

[一]三十一年瑕奔楚。

[二]車傾覆池水中。

[三]殺瑕以獻鄭伯。

[四]鄭文公夫人也。鄶城，故鄶國，在熒陽密縣東北。《傳》言穆公所以遂有國。

〔左氏附〕

（僖傳·三十三·十四）

晉陽處父侵蔡，楚子上救之，與晉師夾泜而軍。[一]陽子患之，使謂子上曰："吾聞之，'文不犯順，武不違敵'。子若欲戰，則吾退舍。子濟而陳，[二]遲速唯命，不然紓我。[三]老師費財，亦無益也。"[四]乃駕以待。子上欲涉，大孫伯曰："不可。晉人無信，半涉而薄我，悔敗何及，不如紓之。"乃退舍。[五]陽子宣言曰："楚師遁矣。"遂歸，楚師亦歸。大子商臣譖子上曰："受晉賂而辟之，楚之耻也，罪莫大焉。"王殺子上。[六]

[一]泜水出魯陽縣，東經襄城定陵入汝。

[二]欲辟楚，使渡成陳而後戰。

[三]紓，緩也。

[四]師久爲老。

[五]楚退欲使晉渡。

[六]商臣怨子上止王立己，故譖之。

〔左氏附〕

（僖傳·三十三·十五）

葬僖公，緩。[一] 作主〔一〕，非禮也。[二] 凡君薨，卒哭而祔，祔而作主，特祀於主。[三] 烝、嘗、禘於廟。[四]

［一］文公元年《經》書四月葬僖公，僖公實以今年十一月薨，并閏，七月乃葬，故《傳》云“緩”。自此以下，遂因説作主祭祀之事，文相次也。皆當次在《經》“葬僖公”下。今在此，簡編倒錯。

［二］文二年乃作主，遂因葬文通譏之。

［三］既葬，反虞則免喪，故曰“卒哭”，哭止也。以新死者之神祔之於祖，尸柩已遠，孝子思慕，故造木主立几筵焉。特用喪禮祭祀於寢，不同之於宗廟。言“凡君”者，謂諸侯以上，不通於卿大夫。

［四］冬祭曰烝，秋祭曰嘗。新主既立，特祀於寢，則宗廟四時常祀，自如舊也。三年禮畢，又大禘，乃皆同於吉。

〔一〕 楊樹達《古書句讀釋例》：“杜注以‘葬僖公緩’爲句。劉攽云：‘當以“緩作主”爲一句。此《傳》《經》書“文二年二月丁丑作僖公主”，下文“卒哭而祔，祔而作主”。今僖公以文元年四月葬，二年二月始作主，過祔之期。’樹達按，《漢書·五行志》云：‘釐公薨，十六月乃作主。’是《傳》譏作主之緩，非謂葬緩，劉説是也。”

春秋左氏經傳集解文公上第八

春秋左氏經傳集解文公上第八[一]

杜　氏

文公元年

〔文經·元·一〕

元年春王正月，公即位。[一]

［一］無《傳》。先君未葬而公即位，不可曠年無君。

〔文經·元·二〕

二月癸亥，日有食之。[一]

［一］無《傳》。癸亥，月一日。不書朔，官失之。

〔文經·元·三〕

天王使叔服來會葬。[一]

［一］叔，氏。服，字。諸侯喪，天子使大夫會葬，禮也。

（文傳·元·一）

元年春，王使内史叔服來會葬。公孫敖聞其能相人也，[一]見其二子焉。叔服曰："穀也食子，難也收子。[二]穀也豐下，必有後於魯國。"[三]

［一］公孫敖，魯大夫慶父之子。

〔一〕原卷標題"文"字後闕"公"字，據本書體例補。

［二］穀，文伯。難，惠叔。食子，奉祭祀供養者也。收子，葬子身也。

［三］豐下，蓋面方。爲八年公孫敖奔莒《傳》。

〔左氏附〕

（文傳·元·二）

於是閏三月，非禮也。[一]先王之正時也，履端於始，舉正於中，歸餘於終。[二]履端於始，序則不愆。[三]舉正於中，民則不惑。[四]歸餘於終，事則不悖。[五]

［一］於歷法，閏當在僖公末年，誤於今年三月置閏，蓋時達歷者所譏。

［二］步歷之始，以爲術之端首。朞之日，三百六十有六日。日月之行，又有遲速，而必分爲十二月，舉中氣以正月，有餘日則歸之於終，積而爲閏，故言"歸餘於終"。

［三］四時無愆過。

［四］斗建不失其次，寒暑不失其常，故無疑惑。

［五］四時得所，則事無悖亂。

〔文經·元·四〕

夏四月丁巳，葬我君僖公。[一]

［一］七月而葬，緩。

（文傳·元·三）

夏四月丁巳，葬僖公。[一]

［一］《傳》皆不虛載《經》文，而此《經》孤見，知僖公末年《傳》宜在此下。

〔文經·元·五〕

天王使毛伯來錫公命。[一]

［一］毛，國。伯，爵。諸侯爲王卿士者。諸侯即位，天子賜以命圭合瑞爲信。僖十一年王賜晉侯命，亦其比也。

（文傳·元·四）

王使毛伯衛來錫公命。[一]叔孫得臣如周拜。[二]

［一］衛，毛伯字。

［二］謝賜命。

〔文經·元·六〕

晉侯伐衛。[一]

［一］晉襄公先告諸侯而伐衛，雖大夫親伐，而稱"晉侯"，從告辭也。

（文傳·元·五）

晉文公之季年，諸侯朝晉。衛成公不朝，使孔達侵鄭，伐緜、訾及匡。[一]晉襄公既祥，[二]使告于諸侯而伐衛。及南陽，[三]先且居曰："效尤，禍也。[四]請君朝王，臣從師。"晉侯朝王于溫，先且居、胥臣伐衛。五月辛酉朔，晉師圍戚。六月戊戌，取之，獲孫昭子。[五]

［一］孔達，衛大夫。匡在潁川新汲縣東北。

［二］諸侯雖諒闇，亦因祥祭爲位而哭。

［三］今河内地。

［四］尤，衛不朝故伐，今不朝王，是效衛致禍。時王在溫，故勸之。

［五］昭子，衛大夫，食戚邑。

〔文經・元・七〕

叔孫得臣如京師。[一]

［一］得臣，叔牙之孫。

〔文經・元・八〕

衛人伐晉。[一]

［一］衛孔達爲政，不共盟主，興兵鄰國，受討喪邑，故貶稱“人”。

(文傳・元・六)

衛人使告于陳。陳共公曰：“更伐之，我辭之。”[一]衛孔達帥師伐晉。君子以爲古。古者越國而謀。[二]

［一］見伐求和，不競大甚，故使報伐，示己力足以距晉。

［二］合古之道而失今事霸主之禮，故國失其邑，身見執辱。

〔文經・元・九〕

秋，公孫敖會晉侯于戚。[一]

［一］戚，衛邑，在頓丘衛縣西。禮，卿不會公侯，而《春秋》魯大夫皆不貶者，體例已舉，故據用魯史成文而已。內稱公，卒稱薨，皆用魯史。

(文傳・元・七)

秋，晉侯疆戚田，故公孫敖會之。[一]

［一］晉取衛田，正其疆界。

〔文經・元・十〕

冬十月丁未，楚世子商臣弒其君頵。[一]

［一］商臣，穆王也。弒君，例在宣四年。

（文傳·元·八）

初，楚子將以商臣爲大子，訪諸令尹子上。子上曰：“君之齒未也，[一] 而又多愛，黜乃亂也。楚國之舉，恒在少者。[二] 且是人也，蠭目而豺聲，忍人也，[三] 不可立也。”弗聽。既，又欲立王子職而黜大子商臣。[四] 商臣聞之而未察，告其師潘崇曰：“若之何而察之？”潘崇曰：“享江芈而勿敬也。”[五] 從之。江芈怒曰：“呼！役夫！[六] 宜君王之欲殺女而立職也。”告潘崇曰：“信矣。”潘崇曰：“能事諸乎？”[七] 曰：“不能。”“能行乎？”曰：“不能。”“能行大事乎？”曰：“能。”[八] 冬十月，以宮甲圍成王。[九] 王請食熊蹯而死，[一〇] 弗聽。丁未，王縊。謚之曰靈，不瞑。曰成，乃瞑。[一一] 穆王立，以其爲大子之室與潘崇，使爲大師，且掌環列之尹。[一二]

［一］齒，年也，言尚少。

［二］舉，立也。

［三］能忍行不義。

［四］職，商臣庶弟。

［五］江芈，成王妹嫁於江。

［六］呼，發聲也。役夫，賤者稱。

［七］問能事職不。

［八］大事，謂弒君。

［九］大子宮甲，僖二十八年王以東宮卒從子玉，蓋取此宮甲。

［一〇］熊掌難熟，冀久將有外救。

［一一］言其忍甚，未斂而加惡謚。

［一二］環列之尹，宮衛之官，列兵而環王宮。

〔文經·元·十一〕

公孫敖如齊。[一]

［一］《傳》例曰："始聘焉，禮也。"

（文傳·元·九）

穆伯如齊，始聘焉，禮也。[一]凡君即位，卿出並聘，踐脩舊好，要結外援，[二]好事鄰國，以衛社稷，忠信卑讓之道也。忠，德之正也。信，德之固也。卑讓，德之基也。[三]

［一］穆伯，公孫敖。

［二］踐，猶履行也。

［三］《傳》因此發凡，以明諸侯諒闇，則國事皆用吉禮。

〔左氏附〕

（文傳·元·十）

殽之役，[一]晉人既歸秦帥，秦大夫及左右皆言於秦伯曰："是敗也，孟明之罪也，必殺之。"秦伯曰："是孤之罪也。周芮良夫之《詩》曰：'大風有隧，貪人敗類。[二]聽言則對，誦言如醉。[三]匪用其良，覆俾我悖。'[四]是貪故也，孤之謂矣。孤實貪以禍夫子，夫子何罪？"復使爲政。[五]

［一］在僖三十三年。

［二］《詩·大雅》。隧，蹊徑也。周大夫芮伯刺厲王，言貪人之敗善類，若大風之行，毀壞衆物，所在成蹊徑。

［三］言昏亂之君，不好典誦之言，聞之若醉；得道聽塗説之言，則喜而答對。

［四］覆，反也。俾，使也。不用良臣之言，反使我爲悖亂。

［五］爲明年秦、晉戰彭衙《傳》。

文公二年

〔文經·二·一〕

二年春王二月甲子，晉侯及秦師戰于彭衙，秦師敗績。[一]

［一］孟明名氏不見，非命卿也。大崩曰敗績。馮翊郃陽縣西北有彭衙城。

（文傳·二·一）

二年春，秦孟明視帥師伐晉，以報殽之役。二月，晉侯禦之，先且居將中軍，趙衰佐之，[一]王官無地御戎，[二]狐鞫居爲右。[三]甲子，及秦師戰于彭衙，秦師敗績。晉人謂秦拜賜之師。[四]戰于殽也，晉梁弘御戎，萊駒爲右。戰之明日，晉襄公縛秦囚，使萊駒以戈斬之。囚呼，萊駒失戈。狼瞫取戈以斬囚，禽之以從公乘，遂以爲右。箕之役，[五]先軫黜之而立續簡伯。狼瞫怒，其友曰："盍死之？"瞫曰："吾未獲死所。"[六]其友曰："吾與女爲難。"[七]瞫曰："《周志》有之：'勇則害上，不登於明堂。'[八]死而不義，非勇也。共用之謂勇。[九]吾以勇求右，無勇而黜，亦其所也。[一〇]謂上不我知，黜而宜，乃知我矣。[一一]子姑待之。"及彭衙，既陳，以其屬馳秦師，死焉。[一二]晉師從之，大敗秦師。

［一］代郤溱。

［二］代梁弘。

［三］鞫居，續簡伯。

［四］以孟明言三年將拜君賜，故嗤之。

［五］箕役在僖三十三年。

［六］未得可死處。

［七］欲共殺先軫。

［八］《周志》，《周書》也。明堂，祖廟也。所以策功序德，故不義之士不得升。

［九］共用，死國用。

［一〇］言今死而不義，更成無勇，宜見退。

［一一］言今見黜而合宜，則吾不得復言上不我知。

［一二］屬，屬己兵。

君子謂："狼瞫於是乎君子。《詩》曰：'君子如怒，亂庶遄沮。'[一]又曰：'王赫斯怒，爰整其旅。'[二]怒不作亂而以從師，可謂君子矣。"秦伯猶用孟明，孟明增脩國政，重施於民。趙成子言於諸大夫曰：[三]"秦師又至，將必辟之。懼而增德，不可當也。《詩》曰：'毋念爾祖，聿脩厥德。'[四]孟明念之矣。念德不怠，其可敵乎？"[五]

［一］《詩·小雅》。言君子之怒，必以止亂。遄，疾也。沮，止也。

［二］《詩·大雅》。言文王赫然奮怒，則整師旅以討亂。

［三］成子，趙衰。

［四］《詩·大雅》。言念其祖考，則宜述脩其德以顯之。毋念，念也。

［五］爲明年秦人伐晉《傳》。

〔文經·二·二〕

丁丑，作僖公主。[一]

［一］主者，殷人以柏，周人以栗。三年喪終，則遷入於廟。

（文傳·二·二）

丁丑，作僖公主。書，不時也。[一]

［一］過葬十月，故曰“不時”，例在僖三十三年〔一〕。

〔文經·二·三〕

三月乙巳，及晉處父盟。[一]

［一］處父爲晉正卿，不能匡君以禮，而親與公盟，故貶其族。族去則非卿，故以微人常稱爲耦，以直厭不直。不地者，盟晉都。

（文傳·二·三）

晉人以公不朝來討。公如晉。夏四月己巳，晉人使陽處父盟公，以耻之。[一]書曰“及晉處父盟”，以厭之也。[二]適晉不書，諱之也。[三]

［一］使大夫盟公，欲以耻辱魯也。《經》書“三月乙巳”，《經》《傳》必有誤。

［二］厭，猶損也。晉以非禮盟公，故文厭之以示譏。

［三］不書公如晉。

〔文經·二·四〕

夏六月，公孫敖會宋公、陳侯、鄭伯、晉士縠，盟于垂隴。[一]

［一］垂隴，鄭地，滎陽縣東有隴城。士縠出盟諸侯，受成於衛，故貴而書名氏。

〔一〕例在僖三十三年　“三十三”，原作“二十三”，據興國軍本、阮刻本及文義改。

(文傳·二·四)

公未至。六月，穆伯會諸侯及晉司空士縠，盟于垂隴，晉討衛故也。[一] 書"士縠"，堪其事也。[二] 陳侯爲衛請成于晉，執孔達以説。[三]

［一］討元年衛人伐晉。士縠，士蔿子。

［二］晉司空，非卿也。以士縠能堪卿事，故書。

［三］陳始與衛謀，謂可以强得免。今晉不聽，故更執孔達以苟免也。

〔文經·二·五〕

自十有二月不雨，至于秋七月。[一]

［一］無《傳》。周七月，今五月也。不雨足爲災，不書旱，五穀猶有收。

〔文經·二·六〕

八月丁卯，大事于大廟，躋僖公。[一]

［一］大事，禘也。躋，升也。僖公，閔公庶兄，繼閔而立廟，坐宜次閔下，今升在閔上，故書而譏之。時未應吉禘，而於大廟行之，其譏已明。徒以逆祀，故特大其事，異其文。

(文傳·二·五)

秋八月丁卯，大事于大廟，躋僖公，逆祀也。[一] 於是夏父弗忌爲宗伯，[二] 尊僖公，且明見曰："吾見新鬼大，故鬼小。[三] 先大後小，順也。躋聖賢，明也。[四] 明順，禮也。"君子以爲失禮："禮無不順。祀，國之大事也，而逆之，可謂禮乎？子雖齊聖，不先父食久矣。[五] 故禹不先鯀，湯不先契，[六]文、武不先不窋，[七]宋祖帝乙，鄭祖厲王，猶上祖也。[八]是以《魯頌》曰：‘春秋匪解，享祀不忒。皇皇后帝，皇祖后稷。’”[九]君子曰禮，謂其后稷親而先帝也。[一〇]《詩》曰：“問我諸姑，遂及伯姊。”[一一]君子曰禮，謂其姊親而先姑也。[一二]仲尼曰：“臧文仲，其不仁者三，不知者三。下展禽，[一三]廢六關，[一四]妾織蒲，三不仁也。[一五]作虛器，[一六]縱逆祀，[一七]祀爰居，三不知也。”[一八]

［一］僖是閔兄，不得爲父子，嘗爲臣，位應在下，今居閔上，故曰“逆祀”。

［二］宗伯，掌宗廟昭穆之禮。

［三］新鬼，僖公，既爲兄，死時年又長。故鬼，閔公，死時年少。弗忌明言其所見。

［四］又以僖公爲聖賢。

［五］齊，肅也。臣繼君，猶子繼父。

［六］鯀，禹父。契，湯十三世祖。

［七］不窋，后稷子。

［八］帝乙，微子父。厲王，鄭桓公父。二國不以帝乙、厲王不肖而猶尊尚之。

［九］忒，差也。皇皇，美也。后帝，天也。《詩》頌僖公郊祭上天，配以后稷。

［一〇］先稱帝也。

［一一］《詩·邶風》也。衛女思歸而不得，故願致問於姑姊。

［一二］僖親，文公父。夏父弗忌欲阿時君，先其所親，故《傳》以此二詩深責其意。

［一三］展禽，柳下惠也。文仲知柳下惠之賢而使在下位，己欲立而立人。

［一四］塞關、陽關之屬，凡六關，所以禁絶末遊而廢之。

［一五］家人販席，言其與民爭利。

［一六］謂居蔡，山節藻梲也。有其器而無其位，故曰“虚”。

［一七］聽夏父，躋僖公。

［一八］海鳥曰爰居，止於魯東門外，文仲以爲神，命國人祀之。

〔文經·二·七〕

冬，晉人、宋人、陳人、鄭人伐秦。[一]

［一］四人皆卿。秦穆悔過，終用孟明，故貶四國大夫以尊秦伯。

（文傳·二·六）

冬，晉先且居、宋公子成、陳轅選、鄭公子歸生伐秦，取汪及彭衙而還，以報彭衙之役。卿不書，爲穆公故，尊秦也，謂之“崇德”。

〔文經·二·八〕

公子遂如齊納幣。[一]

［一］《傳》曰：“禮也。”僖公喪終此年十一月，則納幣在十二月也。士昏六禮，其一納采，納徵始有玄纁束帛。諸侯則謂之納幣，其禮與士禮不同。蓋公爲大子時已行昏禮也。

（文傳·二·七）

襄仲如齊納幣，禮也。凡君即位，好舅甥，脩昏姻，娶元妃，以奉粢盛，孝也。[一]孝，禮之始也。

［一］謂諒闇既終，嘉好之事通于外内，外内之禮始備。此除凶之即位也。於是遣卿申好舅甥之國，修禮以昏姻也。元妃，嫡夫人。奉粢盛，共祭祀。

文公三年

〔文經·三·一〕

三年春王正月，叔孫得臣會晉人、宋人、陳人、衛人、鄭人伐沈。沈潰。[一]

［一］《傳》例曰："民逃其上曰潰。"沈，國名也。汝南平輿縣北有沈亭。

（文傳·三·一）

三年春，莊叔會諸侯之師伐沈，以其服於楚也。沈潰。凡民逃其上曰潰，在上曰逃。[一]

［一］潰，衆散流移若積水之潰，自壞之象也。國君輕走，群臣不知其謀，與匹夫逃竄無異。是以在衆曰潰，在上曰逃，各以類言之。

〔左氏附〕

（文傳·三·二）

衛侯如陳，拜晉成也。[一]

［一］二年陳侯爲衛請成于晉。

〔文經·三·二〕

夏五月，王子虎卒。[一]

［一］不書爵者，天王赴也。翟泉之盟雖輒假王命，周王因以同盟之例爲赴。

(文傳·三·三)

夏四月乙亥，王叔文公卒。來赴，弔如同盟，禮也。[一]

[一] 王子虎與僖公同盟於翟泉。文公是同盟之子，故赴以名。《傳》因王子虎異於諸侯，王叔又未與文公盟，故於此顯示體例也。《經》書"五月"，又不書日，從赴也。

〔文經·三·三〕

秦人伐晉。[一]

[一] 晉人耻不出，以微者告。

(文傳·三·四)

秦伯伐晉，濟河焚舟，[一] 取王官，及郊。[二] 晉人不出，遂自茅津濟，封殽尸而還。[三] 遂霸西戎，用孟明也。君子是以知秦穆公之爲君也，舉人之周也，[四] 與人之壹也。[五] 孟明之臣也，其不解也，能懼思也。子桑之忠也，其知人也，能舉善也。[六]《詩》曰"于以采蘩，于沼于沚，于以用之，公侯之事"，秦穆有焉。[七]"夙夜匪解，以事一人"，孟明有焉。[八]"詒厥孫謀，以燕翼子"，子桑有焉。[九]

[一] 示必死也。

[二] 王官，郊晉地。

[三] 茅津在河東大陽縣西。封，埋藏之。

[四] 周，備也。不偏以一惡棄其善。

[五] 壹，無二心。

[六] 子桑，公孫枝，舉孟明者。

[七]《詩·國風》。言沼沚之蘩至薄，猶采以共公侯，以喻秦穆不遺小善。

［八］《詩·大雅》。美仲山甫也。一人，天子也。

［九］詒，遺也。燕，安也。翼，成也。《詩·大雅》。美武王能遺其子孫善謀，以安成子孫。言子桑有舉善之謀。

〔文經·三·四〕

秋，楚人圍江。

（文傳·三·六）

楚師圍江。晉先僕伐楚以救江。[一]

［一］晉救江在"雨螽"下，故使"圍江"之《經》隨在"雨螽"下。

〔文經·三·五〕

雨螽于宋。[一]

［一］自上而隋，有似於雨，宋人以其死爲得天祐，喜而來告，故書。

（文傳·三·五）

秋，雨螽于宋，隊而死也。[一]

［一］螽飛至宋，隊地而死，若雨。

〔文經·三·六〕

冬，公如晉。十有二月己巳，公及晉侯盟。

（文傳·三·八）

晉人懼其無禮於公也，請改盟。[一]公如晉，及晉侯盟。晉侯饗公，賦《菁菁者莪》。[二]莊叔以公降拜，[三]曰："小國受命於大國，敢不慎儀！君貺之以大禮，何樂如之。抑

小國之樂，大國之惠也。”晉侯降，辭。[四]登，成拜。[五]公賦《嘉樂》。[六]

［一］改二年處父之盟。

［二］《菁菁者莪》，《詩·小雅》。取其“既見君子，樂且有儀”。

［三］謝其以公比君子也。

［四］降階，辭讓公。

［五］俱還上，成拜禮。

［六］《嘉樂》，《詩·大雅》。義取其“顯顯令德，宜民宜人，受祿于天”。

〔文經·三·七〕

晉陽處父帥師伐楚以救江。

（文傳·三·七）

冬，晉以江故告于周。[一]王叔桓公、晉陽處父伐楚以救江。[二]門于方城，遇息公子朱而還。[三]

［一］欲假天子之威以伐楚。

［二］桓公，周卿士，王叔文公之子。桓公不書，示威名，不親伐。

［三］子朱，楚大夫，伐江之帥也。聞晉師起而江兵解，故晉亦還。

文公四年

〔文經·四·一〕

四年春，公至自晉。[一]

［一］無《傳》。

〔左氏附〕

（文傳·四·一）

四年春，晉人歸孔達于衛，以爲衛之良也，故免之。[一]

［一］二年，衛執孔達以説晉。

〔左氏附〕

（文傳·四·二）

夏，衛侯如晉拜。[一]

［一］謝歸孔達。

〔左氏附〕

（文傳·四·三）

曹伯如晉會正。[一]

［一］會受貢賦之政也。《傳》言襄公能繼文之業，而諸侯服從。

〔文經·四·二〕

夏，逆婦姜于齊。[一]

［一］稱“婦”，有姑之辭。

（文傳·四·四）

逆婦姜于齊，卿不行，非禮也。[一]君子是以知出姜之不允於魯也。[二]曰：“貴聘而賤逆之，[三]君而卑之，立而廢之，[四]棄信而壞其主，在國必亂，在家必亡，[五]不允宜哉！《詩》曰：‘畏天之威，于時保之。’敬主之謂也。”[六]

［一］禮，諸侯有故，則使卿逆。

［二］允，信也。始來不見尊貴，故終不爲國人所敬信也。文公薨而見出，故曰“出姜”。

［三］公子遂納幣，是貴聘也。

［四］君，小君也。不以夫人禮迎，是卑廢之。

［五］主，内主也。

［六］《詩·頌》。言畏天威，於是保福祿。

〔文經·四·三〕

狄侵齊。[一]

［一］無《傳》。

〔文經·四·四〕

秋，楚人滅江。[一]

［一］滅，例在文十五年。

（文傳·四·六）

楚人滅江，秦伯爲之降服、出次、不舉，過數。[一]大夫諫，公曰：“同盟滅，雖不能救，敢不矜乎？吾自懼也。”[二]君子曰：“《詩》云：‘惟彼二國，其政不獲，惟此四國，

爰究爰度。’其秦穆之謂矣。”[三]

［一］降服，素服也。出次，辟正寢。不舉，去盛饌。鄰國之禮有數，今秦伯過之。

［二］秦、江同盟。不告，故不書。

［三］《詩·大雅》。言夏、商之君，政不得人心，故四方諸侯皆懼而謀度其政事也。言秦穆亦能感江之滅，懼而思政。爰，於也。究、度皆謀也。

〔文經·四·五〕

晉侯伐秦。

（文傳·四·五）

秋，晉侯伐秦，圍邧、新城，以報王官之役。[一]

［一］邧、新城，秦邑也。王官役在前年。

〔文經·四·六〕

衛侯使甯俞來聘。

（文傳·四·七）

衛甯武子來聘。公與之宴，爲賦《湛露》及《彤弓》。[一]不辭，又不答賦，使行人私焉。[二]對曰：“臣以爲肄業及之也。[三]昔諸侯朝正于王，[四]王宴樂之，於是乎賦《湛露》，則天子當陽，諸侯用命也。[五]諸侯敵王所愾而獻其功，[六]王於是乎賜之彤弓一，彤矢百，玈弓矢千，以覺報宴。[七]今陪臣來繼舊好，[八]君辱貺之，其敢干大禮以自取戾？”[九]

［一］非禮之常，公特命樂人以示意，故言爲賦。《湛露》《彤弓》，《詩·小雅》。

［二］私問之。

［三］肄，習也。魯人失所賦，甯武子佯不知，此其愚不可及。

［四］朝而受政教也。

［五］《湛露》曰："湛湛露斯，匪陽不晞。"晞，乾也。言露見日而乾，猶諸侯稟天子命而行。

［六］敵，猶當也。愾，恨怒也。

［七］覺，明也。謂諸侯有四夷之功，王賜之弓矢，又爲歌《彤弓》以明報功宴樂。

［八］方論天子之樂，故自稱"陪臣"。

［九］貺，賜也。干，犯也。戾，罪也。

〔文經·四·七〕

冬十有一月壬寅，夫人風氏薨。[一]

［一］僖公母，風姓也。赴同祔姑，故稱夫人。

（文傳·四·八）

冬，成風薨。[一]

［一］爲明年王使來含、賵《傳》。

文公五年

〔文經 · 五 · 一〕

五年春王正月，王使榮叔歸含且賵。[一]

［一］珠玉曰含。含，口實。車馬曰賵。

（文傳 · 五 · 一）

五年春，王使榮叔來含且賵。

〔文經 · 五 · 二〕

三月辛亥，葬我小君成風。[一]

［一］無《傳》。反哭成喪，故曰“葬我小君”。

〔文經 · 五 · 三〕

王使召伯來會葬。[一]

［一］召伯，天子卿也。召，采地。伯，爵也。來不及葬不譏者，不失五月之內。

（文傳 · 五 · 二）

召昭公來會葬，禮也。[一]

［一］成風，莊公之妾。天子以夫人禮賵之，明母以子貴，故曰“禮”。

〔文經 · 五 · 四〕

夏，公孫敖如晉。[一]

［一］無《傳》。

〔文經·五·五〕

秦人入鄀。[一]

［一］入，例在十五年。

（文傳·五·三）

初，鄀叛楚即秦，又貳於楚。夏，秦人入鄀。

〔文經·五·六〕

秋，楚人滅六。[一]

［一］六國，今廬江六縣。

（文傳·五·四）

六人叛楚即東夷。秋，楚成大心、仲歸帥師滅六。[一]

［一］仲歸，子家。

〔左氏附〕

（文傳·五·五）

冬，楚子燮滅蓼。[一]臧文仲聞六與蓼滅，曰："臯陶、庭堅不祀忽諸。德之不建，民之無援，哀哉！"[二]

［一］蓼國，今安豐蓼縣。

［二］蓼與六皆臯陶後也。傷二國之君不能建德，結援大國，忽然而亡。

〔文經·五·七〕

冬十月甲申，許男業卒。[一]

［一］無《傳》。與僖公六同盟。

〔左氏附〕

（文傳·五·六）

晉陽處父聘于衛，反，過甯，甯嬴從之。[一]及溫而還，其妻問之。嬴曰："以剛。《商書》曰：'沈漸剛克，高明柔克。'[二]夫子壹之，其不没乎？[三]天爲剛德，猶不干時，[四]況在人乎？且華而不實，怨之所聚也。[五]犯而聚怨，不可以定身。[六]余懼不獲其利而離其難，是以去之。"[七]

［一］甯，晉邑，汲郡脩武縣也。嬴，逆旅大夫。

［二］沈漸，猶滯溺也。高明，猶亢爽也。言各當以剛柔勝己本性，乃能成全也。此在《洪範》，今謂之《周書》。

［三］陽子性純剛。

［四］寒暑相順。

［五］言過其行。

［六］剛則犯人。

［七］爲六年晉殺處父《傳》。

〔左氏附〕

（文傳·五·七）

晉趙成子、欒貞子、霍伯、臼季皆卒。[一]

［一］成子，趙衰，新上軍帥中軍佐也。貞子，欒枝，下軍帥也。霍伯，先且居，中軍帥也。臼季，胥臣，下軍佐也。爲六年蒐於夷《傳》。

文公六年

〔文經·六·一〕

六年春，葬許僖公。[一]

［一］無《傳》。

〔左氏附〕

（文傳·六·一）

六年春，晉蒐于夷，舍二軍。[一]使狐射姑將中軍，[二]趙盾佐之。[三]陽處父至自溫。[四]改蒐于董，易中軍。[五]陽子，成季之屬也，[六]故黨於趙氏，且謂趙盾能，曰："使能，國之利也。"是以上之。宣子於是乎始爲國政，[七]制事典，[八]正法罪，[九]辟獄刑，[一〇]董逋逃，[一一]由質要，[一二]治舊洿，[一三]本秩禮，[一四]續常職，[一五]出滯淹。[一六]既成，以授大傅陽子與大師賈佗，使行諸晉國，以爲常法。[一七]

［一］僖三十一年晉蒐清原，作五軍，今舍二軍，復三軍之制。夷，晉地。前年四卿卒，故蒐以謀軍帥。

［二］代先且居。

［三］代趙衰也。盾，趙衰子。

［四］往年聘衛過溫，今始至。

［五］易以趙盾爲帥，射姑佐之。河東汾陰縣有董亭。

［六］處父嘗爲趙衰屬大夫。

［七］宣，趙盾謚。

［八］典，常也。

［九］輕重當。

［一〇］辟，猶理也。

［一一］董，督也。

［一二］由，用也。質要，契券也。

［一三］治，理。洿，穢。

［一四］貴賤不失其本。

［一五］修廢官。

［一六］拔賢能也。

［一七］賈佗以公族從文公，而不在五人之數。

〔文經·六·二〕

夏，季孫行父如陳。[一]

［一］行父，季友孫。

（文傳·六·二）

臧文仲以陳、衛之睦也，欲求好於陳。夏，季文子聘于陳，且娶焉。[一]

［一］臣非君命不越竟，故因聘而自爲娶。

〔左氏附〕

（文傳·六·三）

秦伯任好卒，[一]以子車氏之三子奄息、仲行、鍼虎爲殉，[二]皆秦之良也，國人哀之，爲之賦《黃鳥》。[三]君子曰："秦穆之不爲盟主也，宜哉！死而棄民。先王違世，猶詒之法，而況奪之善人乎？《詩》曰：'人之云亡，邦國殄瘁。'[四]無善人之謂。若之何奪之？古之王者，知命之不長，是以並建聖哲，[五]樹之風聲，[六]分之采物，[七]著之話言，[八]爲之律度，[九]陳之藝極，[一〇]引之表儀，[一一]予之法制，告之訓典，[一二]教之防利，[一三]委之常秩，[一四]道之禮則〔一〕，使毋失其土宜，衆隷賴之，而後即命。[一五]聖王同之。今縱無法以遺後嗣，而又收其良以死，難以在上矣。"君子是以知秦之不復東征也。[一六]

[一] 任好，秦穆公名。

[二] 子車，秦大夫氏也。以人從葬爲殉。

[三]《黄鳥》，《詩・秦風》。義取黄鳥止于棘桑，往來得其所，傷三良不然。

[四]《詩・大雅》。言善人亡則國瘁病。

[五] 建立聖知，以司牧民。

[六] 因土地風俗爲立聲教之法。

[七] 旌旗衣服各有分制。

[八] 話，善也。爲作善言遺戒。

[九] 鍾律度量，所以治歷明時。

[一〇] 藝，準也。極，中也。貢獻多少之法。《傳》曰："貢之無藝。"又曰："貢獻無極。"

[一一] 引，道也。表儀，猶威儀。

[一二] 訓典，先王之書。

[一三] 防惡興利。

[一四] 委，任也。常秩，官司之常職。

[一五] 即，就也。

[一六] 不能復征討東方諸侯爲霸主。

〔一〕 道之禮則 "則"前原有"以"字，據石經、金澤文庫卷子删。

〔文經·六·三〕

秋，季孫行父如晉。

（文傳·六·四）

秋，季文子將聘於晉，使求遭喪之禮以行。[一]其人曰："將焉用之？"[二]文子曰："備豫不虞，古之善教也。求而無之，實難，[三]過求何害？"[四]

［一］季文子，季孫行父也。聞晉侯疾故。

［二］其人，從者。

［三］難卒得。

［四］所謂文子三思。

〔文經·六·四〕

八月乙亥，晉侯驩卒。[一]

［一］再同盟。

（文傳·六·五）

八月乙亥，晉襄公卒。靈公少，晉人以難故，欲立長君。[一]趙孟曰："立公子雍。[二]好善而長，先君愛之，且近於秦。秦，舊好也。置善則固，事長則順，立愛則孝，結舊則安。爲難故，故欲立長君。有此四德者，難必抒矣。"[三]賈季曰："不如立公子樂。[四]辰嬴嬖於二君，[五]立其子，民必安之。"趙孟曰："辰嬴賤，班在九人。[六]其子何震之有？[七]且爲二嬖淫也。爲先君子，不能求大而出在小國，辟也。母淫子辟，無威。陳小而遠，無援，將何安焉？杜祁以君故，讓偪姞而上之；[八]以狄故，讓季隗而己次之，故班在四。[九]先君是以愛其子，而仕諸秦，爲亞卿焉。[一〇]秦大而近，足以爲援。母義子愛，足以威民。立之不亦可乎？”使先蔑士會如秦逆公子雍。[一一]賈季亦使召公子樂于陳，趙孟使殺諸郫。[一二]

［一］立少君，恐有難。

［二］趙孟，趙盾也。公子雍，文公子，襄公庶弟，杜祁之子。

［三］抒，除也。

［四］樂，文公子。

［五］辰嬴，懷嬴也。二君，懷公、文公也。

［六］班，位也。

［七］震，威也。

［八］杜祁，杜伯之後，祁姓也。偪姞，姞姓之女。生襄公爲世子，故杜祁讓，使在己上。

［九］以季隗是文公託狄時妻，故復讓之。然則杜祁本班在二。

［一〇］亞，次也。言其賢，故位尊。

［一一］先蔑，士伯也。士會，隨季也。

［一二］郫，晉地。

〔文經·六·五〕

冬十月，公子遂如晉。

〔文經·六·六〕

葬晉襄公。[一]

［一］卿共葬事，文、襄之制也。三月而葬，速。

(文傳·六·七)

冬十月，襄仲如晉，葬襄公。

〔文經·六·七〕

晉殺其大夫陽處父。[一]

［一］處父侵官，宜爲國討，故不言賈季殺。

（文傳·六·六）

賈季怨陽子之易其班也，[一]而知其無援於晉也。[二]九月，賈季使續鞠居殺陽處父，[三]書曰“晉殺其大夫”，侵官也。[四]

［一］本中軍帥，易以爲佐。

［二］少族多怨。

［三］鞠居，狐氏之族。

［四］君已命帥，處父易之，故曰“侵官”。

〔左氏附〕

（文傳·六·八）

十一月丙寅，晉殺續簡伯。[一]賈季奔狄。宣子使臾駢送其帑。[二]夷之蒐，賈季戮臾駢，臾駢之人欲盡殺賈氏以報焉。臾駢曰：“不可。吾聞前志有之曰‘敵惠敵怨，不在後嗣’，忠之道也。[三]夫子禮於賈季，我以其寵報私怨，無乃不可乎？[四]介人之寵，非勇也。[五]損怨益仇，非知也。[六]以私害公，非忠也。釋此三者，何以事夫子？”盡具其帑與其器用財賄，親帥扞之，送致諸竟。[七]

［一］簡伯，續鞠居。十一月無丙寅，丙寅，十二月八日也。日月必有誤。

［二］帑，妻子也。宣子以賈季中軍之佐，同官故。

［三］敵，猶對也。若及子孫，則爲非對，非對則爲遷怒。

［四］言己蒙宣子寵位。

［五］介，因也。

［六］殺季家欲以除怨，宣子將復怨己，是益仇。

［七］扞，衛也。

〔文經·六·八〕

晉狐射姑出奔狄。［一］

［一］射姑，狐偃子賈季也。奔，例在宣十年。

〔文經·六·九〕

閏月，不告月，猶朝于廟。［一］

［一］諸侯每月必告朔聽政，因朝宗廟。文公以閏非常月，故闕不告朔，怠慢政事，雖朝于廟，則如勿朝，故曰"猶"。猶者，可止之辭。

（文傳·六·九）

閏月不告朔，非禮也。［一］閏以正時，［二］時以作事，［三］事以厚生，［四］生民之道，於是乎在矣。不告閏朔，棄時政也，何以爲民?

［一］《經》稱"告月"，《傳》稱"告朔"，明告月必以朔。

［二］四時漸差，則致閏以正之。

［三］順時命事。

［四］事不失時則年豐。

文公七年

〔文經·七·一〕

七年春，公伐邾。

（文傳·七·一）

七年春，公伐邾，間晉難也。[一]

［一］公因霸國有難而侵小。

〔文經·七·二〕

三月甲戌，取須句。[一]

［一］須句，魯之封内屬國也。僖公反其君之後，邾復滅之。書“取”，易也，例在襄十三年。

（文傳·七·二）

三月甲戌，取須句，寘文公子焉，非禮也。[一]

［一］邾文公子叛，在魯，故公使爲守須句大夫也。絶大皞之祀以與鄰國叛臣，故曰“非禮”。

〔文經·七·三〕

遂城郚。[一]

［一］無《傳》。因伐邾師以城郚。郚，魯邑。卞縣南有郚城。備邾難。

〔文經·七·四〕

夏四月，宋公王臣卒。[一]

［一］二年與魯大夫盟於垂隴。

(文傳·七·三)

夏四月，宋成公卒。

〔文經·七·五〕

宋人殺其大夫。[一]

［一］宋人攻昭公，并殺二大夫，故以非罪書。

(文傳·七·四)

於是公子成爲右師，[一]公孫友爲左師，[二]樂豫爲司馬，[三]鱗矔爲司徒，[四]公子蕩爲司城，[五]華御事爲司寇。[六]昭公將去群公子，樂豫曰："不可。公族，公室之枝葉也。若去之，則本根無所庇廕矣。葛藟猶能庇其本根，[七]故君子以爲比，[八]況國君乎？此諺所謂'庇焉而縱尋斧焉'者也。[九]必不可。君其圖之。親之以德，皆股肱也，誰敢攜貳！若之何去之？"不聽。穆、襄之族率國人以攻公，[一〇]殺公孫固、公孫鄭于公宫。[一一]六卿和公室，樂豫舍司馬以讓公子卬。[一二]昭公即位而葬。書曰"宋人殺其大夫"，不稱名，衆也。且言非其罪也。[一三]

［一］莊公子。

［二］目夷子。

［三］戴公玄孫。

［四］桓公孫。

［五］桓公子也。以武公名廢司空爲司城。

［六］華元父也。《傳》言六卿皆公族，昭公不親信之，所以致亂。

［七］葛之能藟蔓繁滋者，以本枝廕庥之多。

［八］謂詩人取以喻九族兄弟。

［九］縱，放也。

［一〇］穆公、襄公之子孫，昭公所欲去者。

［一一］二子在公宮，故爲亂兵所殺。

［一二］卬，昭公弟。

［一三］不稱殺者及死者名，殺者衆，故名不可知。死者無罪，則例不稱名。

〔文經·七·六〕

戊子，晉人及秦人戰于令狐。[一] **晉先蔑奔秦。**[二]

［一］趙盾廢嫡而外求君，故貶稱人。晉諱背先蔑而夜薄秦師，以戰告。

［二］不言出，在外奔。

（文傳·七·五）

秦康公送公子雍于晉，曰："文公之入也，無衛，故有呂、郤之難。"[一] 乃多與之徒衛。穆嬴日抱大子以啼于朝曰："先君何罪？其嗣亦何罪？舍適嗣不立而外求君，將焉寘此？"[二] 出朝則抱以適趙氏，頓首於宣子，曰："先君奉此子也而屬諸子，曰：'此子也才，吾受子之賜。不才，吾唯子之怨。'[三] 今君雖終，言猶在耳，[四] 而棄之，若何？"宣子與諸大夫皆患穆嬴且畏偪，[五] 乃背先蔑而立靈公，以禦秦師。箕鄭居守。趙盾將中軍，先克佐之。[六] 荀林父佐上軍。[七] 先蔑將下軍，先都佐之。步招御戎，戎津爲右。及堇陰，[八] 宣子曰："我若受秦，秦則賓也。不受，寇也。既不受矣，而復緩師，秦將生心。先人有奪人之心，[九] 軍之善謀也。逐寇如追逃，軍之善政也。”訓卒利兵，秣馬蓐食，潛師夜起。[一〇]戊子，敗秦師于令狐，至于刳首。

［一］僖二十四年，文公入。

［二］穆嬴，襄公夫人，靈公母也。

［三］欲使宣子教訓之。

［四］在宣子之耳。

［五］畏國人以大義來偪己。

［六］克，先且居子，代狐射姑。

［七］箕鄭將上軍居守，故佐獨行。

［八］先蔑、士會逆公子雍前還晉。晉人始以逆雍出軍，卒然變計立靈公，故車右戎御猶在職。堇陰，晉地。

［九］奪敵之戰心也。

［一〇］蓐食，早食於寢蓐也。

己丑，先蔑奔秦，士會從之。[一]先蔑之使也，荀林父止之曰：“夫人、大子猶在，而外求君，此必不行，子以疾辭若何？不然，將及。[二]攝卿以往可也，何必子？同官爲寮，吾嘗同寮，敢不盡心乎？”弗聽。爲賦《板》之三章，[三]又弗聽。及亡，荀伯盡送其帑及其器用財賄於秦，曰：“爲同寮故也。”[四]士會在秦，三年不見士伯，[五]其人曰：“能亡人於國，[六]不能見於此，焉用之？”[七]士季曰：“吾與之同罪，[八]非義之也，將何見焉？”[九]及歸，遂不見。[一〇]

［一］從刳首去也。令狐在河東，當與刳首相接。

［二］禍將及己。

［三］《板》，《詩・大雅》。其三章義取芻蕘之言猶不可忽，況同寮乎？僖二十八年林父將中行，先蔑將左行。

［四］荀伯，林父。

［五］士伯，先蔑。

［六］言能與人俱亡於晉國。

［七］何用如此。

［八］俱有迎公子雍之罪。

［九］言己非慕先蔑之義而從之。

［一〇］責先蔑爲正卿而不匡諫，且俱出奔，惡有黨也。士會歸在十三年。

〔文經・七・七〕

狄侵我西鄙。

（文傳・七・六）

狄侵我西鄙。公使告于晉，趙宣子使因賈季問酆舒，且讓之。[一] 酆舒問於賈季曰："趙衰、趙盾孰賢？"對曰："趙衰冬日之日也，趙盾夏日之日也。"[二]

［一］酆舒，狄相。讓其伐魯。

［二］冬日可愛，夏日可畏。

〔文經・七・八〕

秋八月，公會諸侯、晉大夫，盟于扈。[一]

［一］扈，鄭地，熒陽卷縣西北有扈亭。不分別書會人，揔言諸侯、晉大夫盟者，公後會而及其盟。

(文傳·七·七)

秋八月，齊侯、宋公、衛侯、鄭伯、許男、曹伯會晉趙盾，盟于扈。晉侯立故也。公後至，故不書所會。凡會諸侯，不書所會，後也。[一] 後至不書其國，辟不敏也。[二]

[一] 不書所會，謂不具列公侯及卿大夫。

[二] 此《傳》還自釋凡例之意。

〔文經·七·九〕

冬，徐伐莒。[一]

[一] 不書將帥，徐夷告辭略。

〔文經·七·十〕

公孫敖如莒涖盟。

(文傳·七·八)

穆伯娶于莒，曰戴己，生文伯，其娣聲己生惠叔。[一] 戴己卒，又聘于莒，莒人以聲己辭，則爲襄仲聘焉。[二]

[一] 穆伯，公孫敖也。文伯，穀也。惠叔，難也。

[二] 襄仲，公孫敖從父昆弟。

冬，徐伐莒，莒人來請盟。[一] 穆伯如莒涖盟，且爲仲逆。及鄢陵，登城見之，美，[二] 自爲娶之。仲請攻之，公將許之。叔仲惠伯諫[三] 曰:“臣聞之，兵作於內爲亂，於外爲寇，寇猶及人，亂自及也。今臣作亂而君不禁，以啓寇讎，若之何?”公止之，惠伯成之。[四] 使仲舍之，[五] 公孫敖反之，[六] 復爲兄弟如初。從之。[七]

［一］見伐，故欲結援。

［二］鄢陵，莒邑。

［三］惠伯，叔牙孫。

［四］平二子。

［五］舍不娶。

［六］還莒女。

［七］爲明年公孫敖奔莒《傳》。

〔左氏附〕

（文傳·七·九）

晉郤缺言於趙宣子曰："日衛不睦，故取其地。[一]今已睦矣，可以歸之。叛而不討，何以示威？服而不柔，何以示懷？[二]非威非懷，何以示德？無德何以主盟？子爲正卿，以主諸侯，而不務德，將若之何？《夏書》曰：[三]'戒之用休，[四]董之用威，[五]勸之以九歌勿使壞。'九功之德皆可歌也，謂之九歌。六府、三事，謂之九功。水、火、金、木、土、穀，謂之六府。正德、利用、厚生，謂之三事。義而行之，謂之德禮。[六]無禮不樂，所由叛也。若吾子之德，莫可歌也，其誰來之？[七]盍使睦者歌吾子乎？"宣子說之。[八]

［一］日，往日。取衛地在元年。

［二］柔，安也。

［三］逸《書》。

［四］有休則戒之以勿休。

［五］董，督也。有罪則督之以威刑。

［六］德，正德也。禮以制財用之節，又以厚生民之命。

［七］來，猶歸也。

［八］爲明年晉歸鄭、衛田張本。

文公八年

〔文經·八·一〕

八年春王正月。

〔左氏附〕

（文傳·八·一）

八年春，晉侯使解揚歸匡、戚之田于衛，[一]且復致公壻池之封，自申至于虎牢之竟〔一〕。[二]

［一］匡本衛邑，中屬鄭。孔達伐不能克，今晉令鄭還衛。及取戚田，皆見元年。

［二］公壻池，晉君女壻，又取衛地以封之，今并還衛也。申，鄭地。《傳》言趙盾所以能相幼主而盟諸侯。

〔文經·八·二〕

夏四月。

〔左氏附〕

（文傳·八·二）

夏，秦人伐晉，取武城，以報令狐之役。[一]

［一］令狐役在七年。

〔文經·八·三〕

秋八月戊申，天王崩。

〔一〕 自申至于虎牢之竟 “竟”，原作“境”，據興國軍本、阮刻本改。

(文傳・八・三)

秋，襄王崩。[一]

［一］爲公孫敖如周弔《傳》。

〔文經・八・四〕

冬十月壬午，公子遂會晉趙盾盟于衡雍。[一]

［一］壬午，月五日。

(文傳・八・四)

晉人以扈之盟來討。[一]冬，襄仲會晉趙孟盟于衡雍，報扈之盟也。

［一］前年盟扈，公後至。

〔文經・八・五〕

乙酉，公子遂會雒戎，盟于暴。[一]

［一］乙酉，月八日也。暴，鄭地。公子遂不受命而盟，宜去族，善其解國患，故稱公子以貴之。

(文傳・八・五)

遂會伊、雒之戎。[一]書曰"公子遂"，珍之也。[二]

［一］伊、雒之戎將伐魯，公子遂不及復君，故專命與之盟。

［二］珍，貴也。大夫出竟，有可以安社稷、利國家者，專之可〔一〕。

〔一〕專之可　按：阮校曰："岳本、足利本無'也'字。案，《六經正誤》引興國本同。此本疏作'珍貴至之可'，各本作'至可也'，是也。"

〔文經·八·六〕

公孫敖如京師，不至而復。丙戌，奔莒。[一]

［一］不言出，受命而出，自外行。

（文傳·八·六）

穆伯如周弔喪，不至，以幣奔莒，從己氏焉。[一]

［一］己氏，莒女。

〔文經·八·七〕

螽。[一]

［一］無《傳》。爲災，故書。

〔文經·八·八〕

宋人殺其大夫司馬，宋司城來奔。[一]

［一］司馬死不舍節，司城奉身而退，故皆書官而不名，貴之。

（文傳·八·七）

宋襄夫人，襄王之姊也，昭公不禮焉。[一]夫人因戴氏之族，[二]以殺襄公之孫孔叔、公孫鍾離及大司馬公子卬，皆昭公之黨也。司馬握節以死，故書以官。[三]司城蕩意諸來奔，效節於府人而出。[四]公以其官逆之，皆復之，亦書以官，皆貴之也。[五]

［一］昭公適祖母。

［二］華、樂、皇，皆戴族。

［三］節，國之符信也。握之以死，示不廢命。

［四］效，猶致也。意諸，公子蕩之孫。

［五］卿違從大夫，公賢其效節，故以本官逆之，請宋而復之，司

城官屬悉來奔，故言“皆復”。

〔左氏附〕

（文傳·八·八）

夷之蒐，晉侯將登箕鄭父、先都，[一]而使士縠、梁益耳將中軍。[二]先克曰：“狐、趙之勳不可廢也。”從之。[三]先克奪蒯得田于堇陰，[四]故箕鄭父、先都、士縠、梁益耳、蒯得作亂。[五]

［一］登之於上軍也。夷蒐在六年。

［二］士縠本司空。

［三］狐偃、趙衰有從亡之勳。

［四］七年，晉禦秦師於堇陰，以軍事奪其田也。先克，中軍佐。

［五］爲明年殺先克張本。

文公九年

〔文經·九·一〕

九年春，毛伯來求金。[一]

［一］求金以共葬事，雖踰年而未葬，故不稱王使。

（文傳·九·二）

毛伯衛來求金，非禮也。[一]不書王命，未葬也。

［一］天子不私求財，故曰“非禮”。

〔文經·九·二〕

夫人姜氏如齊。[一]

［一］無《傳》。歸寧。

〔文經·九·三〕

二月，叔孫得臣如京師。

（文傳·九·三）

二月，莊叔如周，葬襄王。

〔文經·九·四〕

辛丑，葬襄王。[一]

［一］卿共葬事，禮也。

〔文經·九·五〕

晉人殺其大夫先都。[一]

［一］下軍佐也。以作亂討，故書名。

(文傳·九·一)

九年春王正月己酉，使賊殺先克。[一] 乙丑，晉人殺先都、梁益耳。[二]

［一］箕鄭等所使也，亂殺先克。不赴，故不書。

［二］乙丑，正月十九日。《經》書“二月”，從告。

〔文經·九·六〕

三月，夫人姜氏至自齊。[一]

［一］無《傳》。告于廟。

〔文經·九·七〕

晉人殺其大夫士穀及箕鄭父。[一]

［一］與先都同罪也。

(文傳·九·四)

三月甲戌，晉人殺箕鄭父、士穀、蒯得。[一]

［一］梁益耳、蒯得不書，皆非卿。

〔文經·九·八〕

楚人伐鄭。[一]

［一］楚子師於狼淵，不親伐。

(文傳·九·五)

范山言於楚子曰：“晉君少，不在諸侯，北方可圖也。”[一] 楚子師于狼淵以伐鄭，[二] 囚公子堅、公子尨及樂耳。[三] 鄭及楚平。

［一］范山，楚大夫。

［二］陳師狼淵，爲伐鄭援也。潁川潁陰縣西有狼陂。

［三］三子，鄭大夫。

〔文經·九·九〕

公子遂會晉人、宋人、衛人、許人救鄭。

（文傳·九·六）

公子遂會晉趙盾、宋華耦、衛孔達、許大夫救鄭，不及楚師。卿不書，緩也，以懲不恪。[一]

［一］華耦，華父督曾孫。公子遂獨不在貶者，諸魯事自非指爲其國褒貶，則皆從國史，不同之於他國，此《春秋》大意。他皆放此。

〔文經·九·十〕

夏，狄侵齊。[一]

［一］無《傳》。

〔左氏附〕

（文傳·九·七）

夏，楚侵陳，克壺丘。[一]以其服於晉也。

［一］壺丘，陳邑。

〔文經·九·十一〕

秋八月，曹伯襄卒。[一]

［一］無《傳》。七年同盟于扈。

〔左氏附〕

（文傳 · 九 · 八）

秋，楚公子朱自東夷伐陳。[一] 陳人敗之，獲公子茷。陳懼，乃及楚平。[二]

［一］子朱，息公也。

［二］以小勝大，故懼而請平也。《傳》言晉君少，楚陵中國。明年所以有厥貉之會。

〔文經 · 九 · 十二〕

九月癸酉，地震。[一]

［一］無《傳》。地道安静，以動爲異，故書。

〔文經 · 九 · 十三〕

冬，楚子使椒來聘。[一]

［一］稱君以使大夫，其禮辭與中國同。椒不書氏，史略文。

（文傳 · 九 · 九）

冬，楚子越椒來聘，執幣傲。[一] 叔仲惠伯曰："是必滅若敖氏之宗。傲其先君，神弗福也。"[二]

［一］子越椒，令尹子文從子。傲，不敬。

［二］十二年《傳》曰："先君之敝器，使下臣致諸執事。"明奉使皆告廟，故言"傲其先君"也。爲宣四年楚滅若敖氏張本。

〔文經 · 九 · 十四〕

秦人來歸僖公、成風之襚。[一]

［一］衣服曰襚。秦辟陋，故不稱使。不稱夫人，從來者辭。

（文傳 · 九 · 十）

秦人來歸僖公、成風之襚，禮也。[一] 諸侯相弔賀也，雖不當事，苟有禮焉，書也，以無忘舊好。[二]

［一］秦慕諸夏，欲通敬於魯，因有翟泉之盟，故追贈僖公并及成風。本非魯方嶽同盟，無相赴弔之制，故不譏其緩，而以接好爲禮。

［二］送死不及尸，故曰“不當事”。書者，書於典策，垂示子孫，使無忘過厚之好。

〔文經 · 九 · 十五〕

葬曹共公。[一]

［一］無《傳》。

文公十年

〔文經·十·一〕

十年春王三月辛卯〔一〕**，臧孫辰卒。**[一]

［一］無《傳》。公與小斂，故書日。

〔左氏附〕

（文傳·十·一）

十年春，晉人伐秦，取少梁。[一]

［一］少梁，馮翊夏陽縣。

〔文經·十·二〕

夏，秦伐晉。[一]

［一］不稱將帥，告辭略。

（文傳·十·二）

夏，秦伯伐晉，取北徵。[一]

［一］報少梁。

〔文經·十·三〕

楚殺其大夫宜申。[一]

［一］宜申，子西也。謀弒君，故書名。

〔一〕王三月辛卯　“三”，原作“正”，據石經、興國軍本改。

（文傳 · 十 · 三）

初，楚范巫矞似[一]謂成王與子玉、子西曰：“三君皆將强死。”城濮之役，王思之，故使止子玉曰：“毋死。”不及。止子西，子西縊而縣絶，[二]王使適至，遂止之，使爲商公。[三]沿漢泝江，將入郢。[四]王在渚宫，[五]下見之，懼而辭曰：“臣免於死，又有讒言謂臣將逃，臣歸死於司敗也。”[六]王使爲工尹。[七]又與子家謀弑穆王，穆王聞之。五月，殺鬬宜申及仲歸。[八]

［一］矞似，范邑之巫。

［二］在僖二十八年。

［三］商，楚邑，今上雒商縣。

［四］沿，順流。泝，逆流。

［五］小洲曰渚。

［六］陳、楚名司寇爲司敗。子西畏讒言，不敢之商縣。

［七］掌百工之官。

［八］仲歸，子家。不書，非卿。

〔文經 · 十 · 四〕

自正月不雨，至于秋七月。[一]

［一］無《傳》。義與二年同。

〔文經 · 十 · 五〕

及蘇子盟于女栗。[一]

［一］女栗，地名，闕。蘇子，周卿士。頃王新立，故與魯盟，親諸侯也。

(文傳·十·四)

秋七月，及蘇子盟于女栗，頃王立故也。[一]

［一］僖十年狄滅溫，蘇子奔衛。今復見，蓋王復之。

〔文經·十·六〕

冬，狄侵宋。[一]

［一］無《傳》。

〔文經·十·七〕

楚子、蔡侯次于厥貉。[一]

［一］厥貉，地名，闕。將伐宋而未行，故書"次"。

(文傳·十·五)

陳侯、鄭伯會楚子于息。冬，遂及蔡侯，次于厥貉。[一]將以伐宋，宋華御事曰："楚欲弱我也，先爲之弱乎，何必使誘我？我實不能，民何罪？"乃逆楚子，勞且聽命，[二]遂道以田孟諸。[三]宋公爲右盂，鄭伯爲左盂，[四]期思公復遂爲右司馬，[五]子朱及文之無畏爲左司馬。[六]命夙駕載燧。[七]宋公違命，[八]無畏抶其僕以徇。或謂子舟曰："國君不可戮也。"子舟曰："當官而行，何彊之有？[九]《詩》曰：'剛亦不吐，柔亦不茹。'[一〇]'毋縱詭隨，以謹罔極。'[一一]是亦非辟彊也，敢愛死以亂官乎？"[一二]

［一］陳、鄭及宋麇子不書者，宋、鄭執卑，苟免爲楚僕，任受役於司馬，麇子耻之，遂逃而歸。三君失位降爵，故不列於諸侯。宋、鄭猶然，則陳侯必同也。

［二］時楚欲誘呼宋共戰。御事，華元父。

［三］孟諸，宋大藪也，在梁國睢陽縣東北。

［四］盂，田獵陳名。

［五］復遂，楚期思邑公〔一〕。今弋陽期思縣。

［六］將獵，張兩甄，故置二左司馬。然則右司馬一人當中央〔二〕。

［七］燧，取火者。

［八］不夙駕載燧。

［九］子舟，無畏字。

［一〇］《詩·大雅》。美仲山甫不辟彊禦。

［一一］《詩·大雅》。詭人、隨人，無正心者。謹，猶慎也。罔，無也。極，中也。

［一二］爲宣十四年宋人殺子舟張本。

〔左氏附〕

（文傳·十·六）

厥貉之會，麇子逃歸。〔一〕

［一］爲明年楚子伐麇《傳》。

〔一〕楚期思邑公　“公”，原作“名”，據興國軍本改。

〔二〕然則右司馬一人當中央　“一”，原脱，據興國軍本補。

春秋左氏經傳集解文公下第九

春秋左氏經傳集解文公下第九〔一〕

杜　氏

文公十一年

〔文經·十一·一〕

十有一年春，楚子伐麇。[一]

［一］討前年逃厥貉會。

(文傳·十一·一)

十一年春，楚子伐麇，成大心敗麇師於防渚。[一]潘崇復伐麇，至于錫穴〔二〕。[二]

［一］成大心，子玉之子，太孫伯也。防渚，麇地。

［二］錫穴，麇地。

〔一〕 原卷標題“文”字後闕“公”字，據本書體例補。

〔二〕 至于錫穴　“錫”，興國軍本作“鍚”。按：阮校曰：“石經、岳本、纂圖本‘鍚’作‘錫’，與《釋文》合。案,《漢書·地理志》鍚縣屬漢中郡。應劭曰：‘音陽。’師古曰‘即《春秋》所謂鍚穴’，而《後漢書·郡國志》又云‘沔陽有鐵，安陽有鍚，春秋時曰鍚穴’。《釋文》又曰‘錫本或作鍚，星歷反’。劉昭《郡國志補注》引傳文亦作‘鍚穴’，似作‘鍚’字爲當。”錢綺《札記》曰：“此字舊説互異，未能定其何從。然石經先於版本，班固、應劭又先於《後漢志》，陸氏《釋文》亦以‘錫’字爲正字，‘鍚’爲或作字，則作‘鍚’者後出，當從石本。”〔宋〕樂史撰，王文楚等點校：《太平寰宇記·山南東道二·房州·竹山縣》校勘記九，北京：中華書局，2007年，第2789頁。

〔文經·十一·二〕

夏，叔彭生會晉郤缺于承筐〔一〕**。**[一]

［一］承筐，宋地，在陳留襄邑縣西。彭生，叔仲惠伯。郤缺，冀缺。

（文傳·十一·二）

夏，叔仲惠伯會晉郤缺于承筐，謀諸侯之從於楚者。[一]

［一］九年，陳、鄭及楚平。十年，宋聽楚命。

〔文經·十一·三〕

秋，曹伯來朝。

（文傳·十一·三）

秋，曹文公來朝，即位而來見也。

〔文經·十一·四〕

公子遂如宋。

（文傳·十一·四）

襄仲聘于宋，且言司城蕩意諸而復之，[一]因賀楚師之不害也。[二]

［一］八年意諸來奔。歸不書，史失之。

［二］往年楚次厥貉，將以伐宋也。

〔文經·十一·五〕

狄侵齊。

〔一〕叔彭生會晉郤缺于承筐　興國軍本"叔"後有"仲"字。按：洪亮吉謂"經文'叔'字下衍一'仲'字，今從石經及淳化本削去，與《公》《穀》亦合。《漢書志》及《水經注》亦作'叔彭生'。今攷衍'仲'字，蓋因傳文而誤"。見氏著《春秋左傳詁》，第75頁。"筐"，興國軍本作"匡"，注同。

(文傳·十一·五)

鄋瞞侵齊，[一] 遂伐我。

[一] 鄋瞞，狄國名，防風之後，漆姓。

〔文經·十一·六〕

冬十月甲午，叔孫得臣敗狄于鹹。[一]

[一] 鹹，魯地。

(文傳·十一·六)

公卜使叔孫得臣追之，吉。侯叔夏御莊叔，[一] 緜房甥爲右，富父終甥駟乘。[二] 冬十月甲午，敗狄于鹹，獲長狄僑如。[三] 富父終甥摏其喉以戈，殺之，[四] 埋其首於子駒之門，[五] 以命宣伯。[六]

[一] 莊叔，得臣。

[二] 駟乘，四人共車。

[三] 僑如，鄋瞞國之君，蓋長三丈。獲僑如不書，賤夷狄也。

[四] 摏，猶衝也。

[五] 子駒，魯郭門。骨節非常，恐後世怪之，故詳其處。

[六] 得臣待事而名其三子，因名宣伯曰僑如以旌其功。

初，宋武公之世，鄋瞞伐宋。[一] 司徒皇父帥師禦之，耏班御皇父充石，[二] 公子穀甥爲右，司寇牛父駟乘，以敗狄于長丘。[三] 獲長狄緣斯，[四] 皇父之二子死焉。[五] 宋公於是以門賞耏班，使食其征，[六] 謂之耏門。晉之滅潞也，[七] 獲僑如之弟焚如。齊襄公之二年，[八] 鄋瞞伐齊，齊王子成父獲其弟榮如，[九] 埋其首於周首之北門。[一〇] 衛人獲其季弟簡如。[一一] 鄋瞞由是遂亡。[一二]

［一］在春秋前。

［二］皇父，戴公子。充石，皇父名。

［三］長丘，宋地。

［四］緣斯，僑如之先。

［五］皇父與穀甥及牛父皆死，故耏班獨受賞。

［六］門，關門。征，税也。

［七］在宣十五年。

［八］魯桓之十六年。

［九］榮如，焚如之弟。焚如後死而先説者，欲其兄弟伯季相次。榮如以魯桓十六年死，至宣十五年一百三歲，其兄猶在，《傳》言既長且壽，有異於人。王子成父，齊大夫。

［一〇］周首，齊邑，濟北穀城縣東北有周首亭。

［一一］伐齊，退走至衛，見獲。

［一二］長狄之種絶。

〔左氏附〕

（文傳·十一·七）

郕大子朱儒自安於夫鍾，[一] 國人弗徇。[二]

［一］安，處也。夫鍾，郕邑。

［二］徇，順也。爲明年郕伯來奔《傳》。

文公十二年

〔文經·十二·一〕

十有二年春王正月，郕伯來奔。[一]

[一] 稱爵，見公以諸侯禮迎之。

（文傳·十二·一）

十二年春，郕伯卒，郕人立君。[一]大子以夫鍾與郕、邽來奔。[二]公以諸侯逆之，非禮也，[三]故書曰"郕伯來奔"。不書地，尊諸侯也。[四]

[一] 大子自安於外邑故。

[二] 郕、邽亦邑。

[三] 非公寵叛人。

[四] 既尊以爲諸侯，故不復見其竊邑之罪。

〔文經·十二·二〕

杞伯來朝。[一]

[一] 復稱伯，舍夷禮。

（文傳·十二·二）

杞桓公來朝，始朝公也，[一]且請絶叔姬而無絶昏，公許之。[二]

[一] 公即位始來朝。

[二] 不絶昏，立其娣以爲夫人。不書大歸，未笄而卒。

〔文經·十二·三〕

二月庚子，子叔姬卒。[一]

[一] 既嫁成人，雖見出棄，猶以恩錄其卒。

(文傳·十二·三)

二月，叔姬卒，不言杞，絶也。[一]書“叔姬”，言非女也。[二]

[一] 既許其絶，故不言杞。

[二] 女未嫁而卒，不書。

〔文經·十二·四〕

夏，楚人圍巢。[一]

[一] 巢，吴、楚間小國，盧江六縣東有居巢城。

(文傳·十二·四)

楚令尹大孫伯卒，成嘉爲令尹，[一]群舒叛楚。[二]夏，子孔執舒子平及宗子，遂圍巢。[三]

[一] 若敖曾孫子孔。

[二] 群舒，偃姓，舒庸、舒鳩之屬。今盧江南有舒城，舒城西南有龍舒。

[三] 平，舒君名。宗、巢二國，群舒之屬。

〔文經·十二·五〕

秋，滕子來朝。

(文傳·十二·五)

秋，滕昭公來朝，亦始朝公也。

〔文經・十二・六〕

秦伯使術來聘。[一]

［一］術不稱氏，史略文。

（文傳・十二・六）

秦伯使西乞術來聘，且言將伐晉。襄仲辭玉，曰："君不忘先君之好，照臨魯國，鎮撫其社稷，重之以大器，寡君敢辭玉。"[一]對曰："不腆敝器，不足辭也。"[二]主人三辭，賓答曰："寡君願徼福于周公、魯公以事君。[三]不腆先君之敝器，使下臣致諸執事以爲瑞節，[四]要結好命，所以藉寡君之命，結二國之好，[五]是以敢致之。"襄仲曰："不有君子，其能國乎？國無陋矣。"厚賄之。[六]

［一］大器，圭璋也。不欲與秦爲好，故辭玉。

［二］腆，厚也。

［三］徼，要也。魯公，伯禽也。言願事君，以并蒙先君之福。

［四］節，信也。出聘必告廟，故稱先君之器。

［五］藉，薦也。

［六］賄，贈送也。

〔文經・十二・七〕

冬十有二月戊午，晉人、秦人戰于河曲。[一]

［一］不書敗績，交綏而退，不大崩也。稱人，秦、晉無功，以微者告也。皆陳曰戰，例在莊十一年。河曲在河東蒲坂縣南。

（文傳・十二・七）

秦爲令狐之役故，冬，秦伯伐晉取羈馬。[一]晉人禦之。趙盾將中軍，荀林父佐之。[二]郤缺將上軍，[三]臾駢佐之。[四] 欒盾將下軍，[五] 胥甲佐之。[六] 范無恤御戎，[七] 以從秦師于河曲。臾駢曰："秦不能久，請深壘固軍以待之。"從之。秦人欲戰，秦伯謂士會曰："若何而戰？"[八] 對曰："趙氏新出其屬曰臾駢，必實爲此謀，將以老我師也。[九] 趙有側室曰穿，晉君之壻也，[一〇] 有寵而弱，不在軍事，[一一] 好勇而狂，且惡臾駢之佐上軍也。若使輕者肆焉，其可。"[一二] 秦伯以璧祈戰于河。[一三]

［一］令狐役在七年。羈馬，晉邑。

［二］林父代先克。

［三］代箕鄭。

［四］代林父。

［五］欒枝子，代先蔑。

［六］胥臣子，代先都。

［七］代步昭〔一〕。

［八］晉士會七年奔秦。

［九］臾駢，趙盾屬大夫，新出佐上軍。

［一〇］側室，支子。穿，趙夙庶孫。

［一一］弱，年少也，又未嘗涉知軍事。

［一二］肆，暫往而退也。

［一三］禱求勝。

十二月戊午，秦軍掩晉上軍，趙穿追之，不及。[一] 反，怒曰："裹糧坐甲，固敵是求，敵至不擊，將何俟焉？"軍吏曰："將有待也。"[二] 穿曰："我不知謀，將獨出。"乃以

〔一〕代步昭　"昭"，阮刻本同，興國軍本作"招"。

其屬出。宣子曰："秦獲穿也，獲一卿矣。[三]秦以勝歸，我何以報？"乃皆出戰，交綏。[四]秦行人夜戒晉師曰："兩君之士皆未憖也，明日請相見也。"[五]臾駢曰："使者目動而言肆，懼我也。[六]將遁矣。薄諸河，必敗之。"[七]胥甲、趙穿當軍門呼曰："死傷未收而棄之，不惠也。不待期而薄人於險，無勇也。"乃止。[八]秦師夜遁，復侵晉，入瑕。

［一］上軍不動，趙穿獨追之。

［二］待可擊。

［三］僖三十三年〔一〕，晉侯以一命命郤缺爲卿，不在軍帥之數。然則晉自有散位從卿者。

［四］《司馬法》曰："逐奔不遠，從綏不及。逐奔不遠則難誘，從綏不及則難陷。"然則古名退軍爲綏。秦、晉志未能堅戰，短兵未至〔二〕，爭而兩退，故曰"交綏"。

［五］憖，缺也。

［六］目動心不安，言肆聲放失常節。

［七］薄，迫也。

［八］晉師止，爲宣元年放胥甲《傳》。

〔文經·十二·八〕

季孫行父帥師城諸及鄆。[一]

［一］鄆，莒、魯所爭者。城陽姑幕縣南有員亭，員即鄆也。以其遠偪外國，故帥師城之。

（文傳·十二·八）

城諸及鄆，書，時也。

〔一〕僖三十三年　"三十三"，阮刻本作"三十二"。

〔二〕短兵未至　"至"，興國軍本作"致"。

文公十三年

〔文經·十三·一〕

十有三年春王正月。

〔左氏附〕

（文傳·十三·一）

十三年春，晉侯使詹嘉處瑕，以守桃林之塞。[一]

［一］詹嘉，晉大夫，賜其瑕邑，令帥衆守桃林以備秦。桃林在弘農華陰縣東潼關。

〔文經·十三·二〕

夏五月壬午，陳侯朔卒。[一]

［一］無《傳》。再同盟。

〔左氏附〕

（文傳·十三·二）

晉人患秦之用士會也。夏，六卿相見於諸浮。[一]趙宣子曰："隨會在秦，賈季在狄，難日至矣，若之何？"[二]中行桓子曰："請復賈季，[三]能外事且由舊勳。"[四]郤成子曰："賈季亂且罪大，[五]不如隨會能〔一〕，賤而有耻，柔而

〔一〕服虔云"謂能處賤，且又知恥，言不可汙辱"，則當在"能"字前讀。顧炎武《左傳杜解補正》引邵寶謂"能"字句絶，能言才也。《正義》屬下文，以爲能處賤，非。陳煦則謂"能"與下文"知"呼應。今從。

不犯。[六]其知足使也，且無罪。”乃使魏壽餘僞以魏叛者以誘士會，執其帑於晉，使夜逸。[七]請自歸于秦，秦伯許之。[八]履士會之足於朝。[九]秦伯師于河西，[一〇]魏人在東。[一一]壽餘曰：“請東人之能與夫二三有司言者，吾與之先。”[一二]使士會，士會辭曰：“晉人，虎狼也。若背其言，臣死，妻子爲戮，無益於君，不可悔也。”[一三]秦伯曰：“若背其言，所不歸爾帑者有如河。”[一四]乃行。繞朝贈之以策[一五]曰：“子無謂秦無人，吾謀適不用也。”[一六]既濟，魏人譟而還。[一七]秦人歸其帑。其處者爲劉氏。[一八]

［一］諸浮，晉地。

［二］六年賈季奔狄。

［三］中行桓子，荀林父也。僖二十八年始將中行，故以爲氏。

［四］有狐偃之舊勳。

［五］殺陽處父故。

［六］不可犯以不義。

［七］魏壽餘，畢萬之後。帑，壽餘子〔一〕。

［八］許受其邑。

［九］躡士會足，欲使行。

［一〇］將取魏。

［一一］今河北縣。於秦爲在河之東。

［一二］欲與晉人在秦者共，先告喻魏有司。

［一三］辭行，示己無去心。

［一四］言必歸其妻子，明白如河。

〔一〕帑壽餘子　興國軍本“子”前有“妻”字。

［一五］策，馬檛。臨別授之馬檛，並示己所策以展情。繞朝，秦大夫。

［一六］示己覺其情。

［一七］喜得士會。

［一八］士會，堯後，劉累之胤，別族復累之姓。

〔文經·十三·三〕

邾子蘧蒢卒。[一]

［一］未同盟而赴以名。

（文傳·十三·三）

邾文公卜遷于繹。[一] 史曰："利於民而不利於君。"邾子曰："苟利於民，孤之利也。天生民而樹之君，以利之也。民既利矣，孤必與焉。"左右曰："命可長也，君何弗爲？"邾子曰："命在養民。死之短長，時也。民苟利矣，遷也。吉莫如之。"[二] 遂遷于繹。五月，邾文公卒。君子曰："知命。"

［一］繹，邾邑，魯國鄒縣北有繹山。

［二］左右以一人之命爲言，文公以百姓之命爲主。一人之命各有短長，不可如何。百姓之命乃傳世無窮，故從之。

〔文經·十三·四〕

自正月不雨，至于秋七月。[一]

［一］無《傳》。義與二年同。

〔文經 · 十三 · 五〕

大室屋壞。[一]

［一］大廟之室。

（文傳 · 十三 · 四）

秋七月，大室之屋壞。書，不共也。[一]

［一］簡慢宗廟，使至傾頹，故書以見臣子不共。

〔文經 · 十三 · 六〕

冬，公如晉。衛侯會公于沓。[一]

［一］沓，地闕。

（文傳 · 十三 · 五）

冬，公如晉，朝，且尋盟。衛侯會公于沓，請平于晉。

〔文經 · 十三 · 七〕

狄侵衛。[一]

［一］無《傳》。

〔文經 · 十三 · 八〕

十有二月己丑，公及晉侯盟。[一] **公還自晉，鄭伯會公于棐。**[二]

［一］十二月無己丑。己丑，十一月十一日。

［二］棐，鄭地。

（文傳 · 十三 · 六）

公還，鄭伯會公于棐，亦請平于晉。公皆成之。[一] 鄭伯與公宴于棐，子家賦《鴻鴈》。[二] 季文子曰："寡君未免於此。"[三] 文子賦《四月》。[四] 子家賦《載馳》之四章。[五] 文子賦《采薇》之四章。[六] 鄭伯拜。[七] 公答拜。

［一］鄭、衛貳于楚，畏晉，故因公請平。

［二］子家，鄭大夫公子歸生也。《鴻鴈》，《詩·小雅》。義取侯伯哀恤鰥寡，有征行之勞。言鄭國寡弱，欲使魯侯還晉恤之。

［三］言亦同有微弱之憂。

［四］《四月》，《詩·小雅》。義取行役踰時，思歸祭祀，不欲爲還晉。

［五］《載馳》，《詩·鄘風》。四章以下，義取小國有急，欲引大國以救助。

［六］《采薇》，《詩·小雅》。取其"豈敢定居，一月三捷"，許爲鄭還，不敢安居。

［七］謝公爲行。

文公十四年

〔文經 · 十四 · 一〕

十有四年春王正月，公至自晉。[一]

［一］無《傳》。告於廟。

〔左氏附〕

（文傳 · 十四 · 一）

十四年春，頃王崩。周公閱與王孫蘇爭政，故不赴。凡崩、薨，不赴則不書；禍、福不告亦不書。[一]懲不敬也。[二]

［一］奔、亡，禍也。歸、復，福也。

［二］欲使怠慢者自戒〔一〕。

〔文經 · 十四 · 二〕

邾人伐我南鄙。叔彭生帥師伐邾。

（文傳 · 十四 · 二）

邾文公之卒也，[一]公使弔焉，不敬。邾人來討，伐我南鄙，故惠伯伐邾。

［一］在前年。

〔文經 · 十四 · 三〕

夏五月乙亥，齊侯潘卒。[一]

〔一〕 欲使怠慢者自戒　“者”，原作“音”，據興國軍本改。又，阮刻本無“自”字。

［一］七年盟于扈。乙亥，四月二十九日。書“五月”，從赴。

（文傳·十四·三）

子叔姬妃齊昭公，生舍。叔姬無寵，舍無威。公子商人驟施於國，[一]而多聚士，盡其家，貸於公、有司以繼之。[二]夏五月，昭公卒，舍即位。

［一］驟，數也。商人，桓公子。

［二］家財盡，從公及國之有司富者貸。

〔左氏附〕

（文傳·十四·四）

邾文公元妃齊姜生定公，二妃晉姬生捷菑。文公卒，邾人立定公，捷菑奔晉。

〔文經·十四·四〕

六月，公會宋公、陳侯、衛侯、鄭伯、許男、曹伯、晉趙盾。癸酉，同盟于新城。[一]

［一］新城，宋地，在梁國穀熟縣西。

（文傳·十四·五）

六月，同盟于新城，從於楚者服，[一]且謀邾也。[二]

［一］從楚者，陳、鄭、宋。

［二］謀納捷菑。

〔左氏附〕

（文傳·十四·六）

秋七月乙卯夜，齊商人弑舍而讓元。[一]元曰：“爾求之久

矣。我能事爾，爾不可使多蓄憾，[二]將免我乎？爾爲之。”[三]

［一］元，商人兄，齊惠公也。書“九月”，從告。七月無乙卯，日誤。

［二］不爲君則恨多。

［三］言將復殺我。

〔文經·十四·五〕

秋七月，有星孛入于北斗。[一]

［一］孛，彗也。既見而移入北斗，非常所有，故書之。

（文傳·十四·七）

有星孛入于北斗。周内史叔服曰：“不出七年，宋、齊、晉之君皆將死亂。”[一]

［一］後三年，宋弒昭公。五年，齊弒懿公。七年，晉弒靈公。史服但言事徵，而不論其占，固非末學所得詳言〔一〕。

〔文經·十四·六〕

公至自會。[一]

［一］無《傳》。

〔文經·十四·七〕

晉人納捷菑于邾，弗克納。[一]

［一］邾有成君，晉趙盾不度於義，而大興諸侯之師，涉邾之竟，見辭而退。雖有服義之善，所興者廣，所害者衆，故貶稱人。

〔一〕固非末學所得詳言　“末”，原作“求”，據興國軍本改。

(文傳 · 十四 · 八)

晉趙盾以諸侯之師八百乘納捷菑于邾。[一] 邾人辭曰:“齊出貜且長。”[二] 宣子曰:“辭順而弗從,不祥。”乃還。[三]

[一] 八百乘,六萬人,言力有餘。

[二] 貜且,定公。

[三] 立適以長,故曰“辭順”。

〔左氏附〕

(文傳 · 十四 · 九)

周公將與王孫蘇訟于晉,王叛王孫蘇,[一] 而使尹氏與聃啓訟周公于晉。[二] 趙宣子平王室而復之。[三]

[一] 王,匡王。叛,不與。

[二] 訟,理之。尹氏,周卿士。聃啓,周大夫。

[三] 復,使和親。

〔左氏附〕

(文傳 · 十四 · 十)

楚莊王立,[一] 子孔、潘崇將襲群舒,使公子燮與子儀守,而伐舒、蓼。[二] 二子作亂,城郢,而使賊殺子孔,不克而還。八月,二子以楚子出,將如商密。[三] 廬戢梨及叔麇誘之,遂殺鬬克及公子燮。[四] 初,鬬克囚于秦,[五] 秦有殽之敗,[六] 而使歸求成,成而不得志,[七] 公子燮求令尹而不得,故二子作亂。[八]

[一] 穆王子也。

[二] 即群舒。

［三］《國語》曰，楚莊王幼弱，子儀爲師，王子燮爲傅。

［四］廬，今襄陽中廬縣。戢棃，廬大夫。叔麇，其佐。鬬克，子儀也。

［五］在僖二十五年。

［六］在僖三十三年。

［七］無賞報也。

［八］《傳》言楚莊幼弱，國内亂，所以不能與晉競。

〔文經·十四·八〕

九月甲申，公孫敖卒于齊。[一]

［一］既許復之，故從大夫例書“卒”。

（文傳·十四·十一）

穆伯之從己氏也，[一]魯人立文伯。[二]穆伯生二子於莒，而求復，文伯以爲請。襄仲使無朝聽命，復而不出，[三]三年而盡室以復適莒。文伯疾，而請曰：“穀之子弱，[四]請立難也。”[五]許之。文伯卒，立惠叔。穆伯請重賂以求復，惠叔以爲請。許之，將來。九月，卒于齊。告喪，請葬，弗許。[六]

［一］在八年。

［二］穆伯之子穀也。

［三］不得使與聽政事，終寢於家，故出入不書。

［四］子，孟獻子，年尚少。

［五］難，穀弟。

［六］請以卿禮葬。

〔文經·十四·九〕

齊公子商人弒其君舍。[一]

［一］舍未踰年而稱君者，先君既葬，舍已即位。弒君，例在宣四年。

（文傳·十四·十三）

齊人定懿公，使來告難，故書以“九月”。[一]齊公子元不順懿公之爲政也，終不曰“公”，曰“夫己氏”。[二]

［一］齊人不服，故三月而後定。書以“九月”，明《經》日月皆從赴。

［二］猶言某甲。

〔文經·十四·十〕

宋子哀來奔。[一]

［一］大夫奔例書名氏，貴之，故書字。

（文傳·十四·十二）

宋高哀爲蕭封人以爲卿，[一]不義宋公而出，遂來奔。[二]書曰“宋子哀來奔”，貴之也。[三]

［一］蕭，宋附庸。仕附庸還，升爲卿。

［二］出而待放，從放所來，故曰“遂”。

［三］貴其不食汙君之祿，辟禍速也。

〔文經·十四·十一〕

冬，單伯如齊，[一]**齊人執單伯。**[二]

［一］單伯，周卿士，爲魯如齊，故書。

［二］諸侯無執王使之義，故不依行人例〔一〕。

〔文經·十四·十二〕

齊人執子叔姬。〔一〕

［一］叔姬，魯女，齊侯舍之母。不稱夫人，自魯錄之，父母辭。

（文傳·十四·十四）

襄仲使告于王，請以王寵求昭姬于齊。〔一〕曰："殺其子，焉用其母？請受而罪之。"冬，單伯如齊，請子叔姬。齊人執之，〔二〕又執子叔姬。〔三〕

［一］昭姬，子叔姬。

［二］恨魯恃王勢以求女故。

［三］欲以耻辱魯。

〔一〕故不依行人例　"依"，原作"衣"，據興國軍本改。

文公十五年

〔文經·十五·一〕

十有五年春，季孫行父如晉。

（文傳·十五·一）

十五年春，季文子如晉，爲單伯與子叔姬故也。[一]

［一］因晉請齊。

〔文經·十五·二〕

三月，宋司馬華孫來盟。[一]

［一］華孫奉使鄰國，能臨事制宜，至魯而後定盟，故不稱使。其官皆從，故書“司馬”。

（文傳·十五·二）

三月，宋華耦來盟，其官皆從之。書曰“宋司馬華孫”，貴之也。[一]公與之宴，辭曰：“君之先臣督得罪於宋殤公，名在諸侯之策。臣承其祀，其敢辱君。[二]請承命於亞旅。”[三]魯人以爲敏。[四]

［一］古之盟會，必備威儀、崇贄幣，賓主以成禮爲敬，故《傳》曰：“卿行旅從。”春秋時率多不能備儀，華孫能率其屬以從古典，所以敬事而自重，使重而事敬，則魯尊而禮篤，故貴而不名。

［二］耦，華督曾孫也。督弑殤公在桓二年。耦自以罪人子孫，故不敢屈辱魯君，對共宴會。

［三］亞旅，上大夫也。

［四］無故揚其先祖之罪，是不敏。魯人以爲敏，明君子所不與也。

〔文經·十五·三〕

夏，曹伯來朝。

（文傳·十五·三）

夏，曹伯來朝，禮也。諸侯五年再相朝，以脩王命，古之制也。[一]

［一］十一年，曹伯來朝，雖至此乃來，亦五年。《傳》爲冬齊侯伐曹張本。

〔文經·十五·四〕

齊人歸公孫敖之喪。[一]

［一］大夫喪還不書，善魯感子以赦父，敦公族之恩，崇仁孝之教，故特錄敖喪歸以示義。

（文傳·十五·四）

齊人或爲孟氏謀。[一]曰："魯，爾親也。飾棺寘諸堂阜，[二]魯必取之。"從之，卞人以告。[三]惠叔猶毀以爲請，[四]立於朝以待命。許之，取而殯之。[五]齊人送之，書曰"齊人歸公孫敖之喪"，爲孟氏，且國故也。[六]葬視共仲。[七]聲己不視，帷堂而哭。[八]襄仲欲勿哭，[九]惠伯曰："喪，親之終也。[一〇]雖不能始，善終可也。史佚有言曰：'兄弟致美。'[一一]救乏、賀善、弔災、祭敬、喪哀，情雖不同，毋絶其愛，親之道也。子無失道，何怨於人！"襄仲説，帥兄弟以哭之。他年，其二子來。[一二]孟獻子愛之，聞於國。[一三]或譖之曰："將殺子。"獻子以告季文子。二

子曰："夫子以愛我聞，我以將殺子聞，不亦遠於禮乎？遠禮不如死。"一人門于句鼆，一人門于戾丘，皆死。[一四]

[一] 孟氏，公孫敖家。慶父爲長庶，故或稱"孟氏"。

[二] 堂阜，齊、魯竟上地。飾棺不殯，示無所歸。

[三] 卞人，魯卞邑大夫。

[四] 敖卒則惠叔請之，至今期年而猶未已，毁過喪禮。

[五] 殯於孟氏之寢，終叔服之言。

[六] 爲惠叔毁請，且國之公族，故聽其歸殯而書之。

[七] 制如慶父，皆以罪降。

[八] 聲己，惠叔母，怨敖從莒女，故帷堂。

[九] 怨敖取其妻。

[一〇] 惠伯，叔彭生。

[一一] 各盡其美，義乃終。

[一二] 敖在莒所生。

[一三] 獻子，穀之子仲孫蔑。

[一四] 句鼆、戾丘，魯邑。有寇攻門，二子禦之而死。

〔文經·十五·五〕

六月辛丑朔，日有食之。鼓，用牲于社。[一]

[一]《傳》例曰："非禮也。"

(文傳·十五·五)

六月辛丑朔，日有食之。鼓，用牲于社，非禮也。[一]日有食之，天子不舉，[二]伐鼓于社，[三]諸侯用幣于社，[四]伐鼓于朝，[五]以昭事神，訓民事君，[六]示有等威，古之道也。[七]

［一］得常鼓之月，而於社用牲，爲非禮。

［二］去盛饌。

［三］責群陰。伐，猶擊也。

［四］社尊於諸侯，故請救而不敢責之。

［五］退自責。

［六］天子不舉，諸侯用幣，所以事神。尊卑異制，所以訓民。

［七］等威，威儀之等差。

〔文經·十五·六〕

單伯至自齊。

（文傳·十五·六）

齊人許單伯請而赦之，使來致命。[一] 書曰“單伯至自齊”，貴之也。[二]

［一］以單伯執節不移，且畏晉，故許之。

［二］單伯爲魯拘執，既免而不廢禮，終來致命，故貴而告廟。

〔文經·十五·七〕

晉郤缺帥師伐蔡。戊申，入蔡。[一]

［一］《傳》例曰：“獲大城曰入。”

（文傳·十五·七）

新城之盟，[一] 蔡人不與。[二] 晉郤缺以上軍、下軍伐蔡，[三] 曰：“君弱，不可以怠〔一〕。”[四] 戊申，入蔡，以城下之盟而還。凡勝國曰滅之，[五] 獲大城焉曰入之。[六]

［一］在前年。

〔一〕君弱不可以怠　阮刻本脱“君”字。

［二］不會盟。

［三］兼帥二軍。

［四］怠，解也。

［五］勝國，絶其社稷，有其土地。

［六］得大都而不有。

〔文經·十五·八〕

秋，齊人侵我西鄙〔一〕。

〔文經·十五·九〕

季孫行父如晉。

（文傳·十五·八）

秋，齊人侵我西鄙，故季文子告于晉。

〔文經·十五·十〕

冬十有一月，諸侯盟于扈。[一]

［一］將伐齊，晉侯受賂而止，故揔曰"諸侯"，言不足序列。

（文傳·十五·九）

冬十一月，晉侯、宋公、衛侯、蔡侯、陳侯、鄭伯、許男、曹伯盟于扈〔二〕，尋新城之盟，且謀伐齊也。[一]齊人賂晉侯，故不克而還。於是有齊難，是以公不會。[二]書曰"諸侯盟于扈"，無能爲故也。[三]凡諸侯會，公不與，不書，諱君惡也。[四]與而不書，後也。[五]

〔一〕 秋齊人侵我西鄙　阮刻本脱"秋"字。

〔二〕 晉侯宋公……盟于扈　阮刻本脱"陳侯"二字。

［一］齊執王使，且數伐魯。

［二］明今不序諸侯，不以公不會故。

［三］惡其受賂，不能討齊。

［四］謂國無難，不會義事，故爲惡。不書，謂不國別序諸侯。

［五］謂後期也。今貶諸侯，似爲公諱，故《傳》發例以明之。

〔文經·十五·十一〕

十有二月，齊人來歸子叔姬。[一]

［一］齊人以王故，來送子叔姬，故與直出者異文。

（文傳·十五·十）

齊人來歸子叔姬，王故也。[一]

［一］單伯雖見執，能守節不移，終達王命，使叔姬得歸。

〔文經·十五·十二〕

齊侯侵我西鄙。遂伐曹，入其郛。[一]

［一］郛，郭也。

（文傳·十五·十一）

齊侯侵我西鄙，謂諸侯不能也。[一]遂伐曹，入其郛，討其來朝也。[二]季文子曰："齊侯其不免乎？己則無禮，[三]而討於有禮者，曰：'女何故行禮？'禮以順天，天之道也。己則反天，而又以討人，難以免矣。《詩》曰：'胡不相畏，不畏于天。'[四]君子之不虐幼賤，畏于天也。在《周頌》曰：'畏天之威，于時保之。'[五]不畏于天，將何能保？以亂取國，奉禮以守，猶懼不終。多行無禮，弗能在矣。"[六]

［一］不能討己。

［二］此年夏朝。

［三］執王使而伐無罪。

［四］《詩·小雅》。

［五］《詩·周頌》。言畏天威，于是保福祿。

［六］爲十八年齊弑商人《傳》。

文公十六年

〔文經·十六·一〕

十有六年春，季孫行父會齊侯于陽穀，齊侯弗及盟。[一]

［一］及，與也。

（文傳·十六·一）

十六年春王正月，及齊平。[一]公有疾，使季文子會齊侯于陽穀，請盟。齊侯不肯，曰："請俟君閒。"[二]

［一］齊前年再伐魯，魯爲受弱，故平。

［二］閒，疾瘳。

〔文經·十六·二〕

夏五月，公四不視朔。[一]

［一］諸侯每月必告朔聽政，因朝於廟。今公以疾闕，不得視二月、三月、四月、五月朔也。《春秋》十二公，以疾不視朔，非一也，義無所取，故特舉此以表行事。因明公之實有疾，非詐齊。

（文傳·十六·二）

夏五月，公四不視朔，疾也。

〔文經·十六·三〕

六月戊辰，公子遂及齊侯盟于郪丘。[一]

［一］信公疾，且以賂故。郪丘，齊地。

(文傳·十六·三)

公使襄仲納賂于齊侯，故盟于郪丘。

〔左氏附〕

(文傳·十六·四)

有蛇自泉宮出，入于國，如先君之數。[一]

[一] 伯禽至僖公十七君。

〔文經·十六·四〕

秋八月辛未，夫人姜氏薨，[一] **毀泉臺。**[二]

[一] 僖公夫人，文公母也。

[二] 泉臺，臺名。毁，壞之也。

(文傳·十六·五)

秋八月辛未，聲姜薨，毁泉臺。[一]

[一] 魯人以爲蛇妖所出而聲姜薨〔一〕，故壞之。

〔文經·十六·五〕

楚人、秦人、巴人滅庸。

(文傳·十六·六)

楚大饑，戎伐其西南，至于阜山，師于大林。又伐其東南，至于陽丘，以侵訾枝。[一] 庸人帥群蠻以叛楚。[二] 麇人率百濮聚於選，將伐楚。[三] 於是申、息之北門不啓，[四] 楚人謀徙於阪高。[五] 蔿賈曰："不可。我能往，寇亦能往，

〔一〕 魯人……聲姜薨 "人"，原作"公"，據興國軍本改。

不如伐庸。夫麇與百濮，謂我饑不能師，故伐我也。若我出師，必懼而歸。百濮離居，將各走其邑，誰暇謀人？”乃出師。旬有五日，百濮乃罷。[六]

［一］戎，山夷也。大林、陽丘、訾枝，皆楚邑。

［二］庸，今上庸縣，屬楚之小國。

［三］選，楚地。百濮，夷也。

［四］備中國。

［五］楚險地。

［六］濮夷無屯聚，見難則散歸。

自廬以往，振廩同食。[一]次于句澨。[二]使廬戢梨侵庸，[三]及庸方城，[四]庸人逐之，囚子揚窻。[五]三宿而逸，曰：“庸師衆，群蠻聚焉，不如復大師，[六]且起王卒，合而後進。”師叔曰：“不可。[七]姑又與之遇以驕之。彼驕我怒，而後可克，先君蚡冒所以服陘隰也。”[八]又與之遇，七遇皆北，[九]唯裨、鯈、魚人實逐之。[一〇]庸人曰：“楚不足與戰矣。”遂不設備。楚子乘馹會師于臨品，[一一]分爲二隊，[一二]子越自石溪，子貝自仞，以伐庸。[一三]秦人、巴人從楚師，群蠻從楚子盟。[一四]遂滅庸。[一五]

［一］往，往伐庸也。振，發也。廩，倉也。同食，上下無異饌也。

［二］楚西界也。

［三］戢梨，廬大夫。

［四］方城，庸地，上庸縣東有方城亭。

［五］窻，戢梨官屬。

［六］還復句澨師。

［七］師叔，楚大夫潘尫也。

［八］蚡冒，楚武王父。陘隰，地名。

［九］軍走曰北。

［一〇］裨，鯈、魚，庸三邑。魚，魚復縣，今巴東永安縣。輕楚故，但使三邑人逐之。

［一一］馹，傳車也。臨品，地名。

［一二］隊，部也。兩道攻之。

［一三］子越，鬬椒也。石溪、仞，入庸道。

［一四］蠻見楚强故。

［一五］《傳》言楚有謀臣所以興。

〔文經·十六·六〕

冬十有一月，宋人弑其君杵臼。[一]

［一］稱君，君無道也，例在宣四年。

(文傳·十六·七)

宋公子鮑禮於國人。[一]宋饑，竭其粟而貸之。年自七十以上，無不饋詒也〔一〕，時加羞珍異。[二]無日不數於六卿之門；[三]國之材人，無不事也；[四]親自桓以下，無不恤也。[五]公子鮑美而豔，襄夫人欲通之，[六]而不可，[七]乃助之施。昭公無道，國人奉公子鮑以因夫人。於是華元爲右師，[八]公孫友爲左師，華耦爲司馬，[九]鱗鱹爲司徒，蕩意諸爲司城，公子朝爲司寇。[一〇]初，司城蕩卒，公孫壽辭司城，[一一]請使意諸爲之。[一二]既而告人曰："君無道，

〔一〕無不饋詒也　"詒"，原作"飴"，據石經改。

吾官近，懼及焉。[一三] 棄官則族無所庇。子，身之貳也，姑紓死焉。[一四] 雖亡子，猶不亡族。”[一五]

［一］鮑，昭公庶弟文公也。

［二］羞，進也。

［三］數，不疏。

［四］有賢材者。

［五］桓，鮑之曾祖。

［六］鮑適祖母。

［七］以禮防閑。

［八］元，華督曾孫，代公子成。

［九］代公子卬。

［一〇］代華御事。

［一一］壽，蕩之子。

［一二］意諸，壽之子。

［一三］禍及己。

［一四］姑，且也。紓，緩也。

［一五］己在故也。

既，夫人將使公田孟諸而殺之。公知之，盡以寶行。蕩意諸曰：“盍適諸侯？”公曰：“不能其大夫，至于君祖母以及國人，[一] 諸侯誰納我？且既爲人君，而又爲人臣，不如死。”盡以其寶賜左右而使行。[二] 夫人使謂司城去公，對曰：“臣之而逃其難，若後君何？”[三] 冬十一月甲寅，宋昭公將田孟諸，未至，夫人王姬使帥甸攻而殺之。[四] 蕩意諸死之。[五] 書曰“宋人弑其君杵臼”，君無道也。[六] 文公

即位，使母弟須爲司城，[七]華耦卒，而使蕩虺爲司馬。[八]

[一]君祖母，諸侯祖母之稱，謂襄夫人。

[二]行，去也。

[三]言無以事後君。

[四]襄夫人，周襄王姊，故稱“王姬”。帥甸，郊甸之師。

[五]不書，不告。

[六]始例發於臣之罪，今稱國人，故重明君罪。

[七]代意諸。

[八]虺，意諸之弟。

文公十七年

〔文經 · 十七 · 一〕

十有七年春，晉人、衛人、陳人、鄭人伐宋。[一]

［一］自閔、僖已下，終於《春秋》，陳侯常在衛侯上。今大夫會在衛下，《傳》不言陳公孫寧後至，則寧位非上卿故也。

（文傳 · 十七 · 一）

十七年春，晉荀林父、衛孔達、陳公孫寧、鄭石楚伐宋，討曰："何故弒君？"猶立文公而還。卿不書，失其所也。[一]

［一］卿不書，謂稱人。

〔文經 · 十七 · 二〕

夏四月癸亥，葬我小君聲姜。

（文傳 · 十七 · 二）

夏四月癸亥，葬聲姜，有齊難，是以緩。[一]

［一］過五月之例。

〔文經 · 十七 · 三〕

齊侯伐我西鄙。[一]

［一］西當爲北，蓋《經》誤。

（文傳 · 十七 · 三）

齊侯伐我北鄙，襄仲請盟。

〔文經 · 十七 · 四〕

六月癸未，公及齊侯盟于穀。

（文傳 · 十七 · 四）

六月，盟于穀。[一]

[一] 晉不能救魯，故請服。

〔文經 · 十七 · 五〕

諸侯會于扈。[一]

[一] 昭公雖以無道見弒，而文公猶宜以弒君受討，故林父伐宋以失所稱人，晉侯平宋以無功不序，明君雖不君，臣不可不臣，所以督大教。

（文傳 · 十七 · 五）

晉侯蒐于黃父，[一] 遂復合諸侯于扈，平宋也。[二] 公不與會，齊難故也。書曰"諸侯"，無功也。[三] 於是晉侯不見鄭伯，以爲貳於楚也。鄭子家使執訊而與之書，以告趙宣子，[四] 曰："寡君即位三年，[五] 召蔡侯而與之事君。九月，蔡侯入于敝邑以行，[六] 敝邑以侯宣多之難，寡君是以不得與蔡侯偕。[七] 十一月，克減侯宣多而隨蔡侯以朝于執事。[八] 十二年六月，歸生佐寡君之嫡夷，[九] 以請陳侯于楚而朝諸君。[一〇] 十四年七月，寡君又朝，以蕆陳事。[一一] 十五年五月，陳侯自敝邑往朝于君。往年正月，燭之武往朝夷也。[一二] 八月，寡君又往朝。以陳、蔡之密邇於楚而不敢貳焉，則敝邑之故也。[一三] 雖敝邑之事君，何以不免？[一四] 在位之中，一朝于襄，[一五] 而再見于君。[一六] 夷與孤之二三臣相及於絳，[一七] 雖我小國，則蔑以過之矣。

今大國曰：‘爾未逞吾志。’敝邑有亡，無以加焉。

［一］一名黑壤，晉地。

［二］《傳》不列諸國而言“復合”，則如上十五年會扈之諸侯可知也。

［三］刺欲平宋而復不能。

［四］執訊，通訊問之官，爲書與宣子。

［五］魯文二年。

［六］行，朝晉也。

［七］宣多既立穆公，恃寵專權。

［八］減，損也。難未盡而行，言汲汲于朝晉。

［九］歸生，子家名。夷，大子名。

［一〇］請陳于楚，與俱朝晉。

［一一］蕆，敕也，敕成前好。

［一二］將夷往朝晉。

［一三］密邇，比近也。

［一四］免，免罪也。

［一五］襄公。

［一六］君，靈公也。

［一七］孤之二三臣，謂燭之武、歸生自謂也。絳，晉國都。

“古人有言曰‘畏首畏尾，身其餘幾’，[一]又曰‘鹿死不擇音’。[二]小國之事大國也，德則其人也，[三]不德則其鹿也，鋌而走險，急何能擇？[四]命之罔極，亦知亡矣。[五]將悉敝賦以待於鯈，唯執事命之。[六]文公二年六月壬申，朝于齊。[七]四年二月壬戌，爲齊侵蔡，[八]亦獲成於楚。[九]居大國之間而從於强令，豈其罪也？[一〇]大國若弗圖，無

所逃命。”晉鞏朔行成於鄭，趙穿、公壻池爲質焉。[一一]

[一] 言首尾有畏，則身中不畏者少。

[二] 音，所荫蔭之處。古字聲同，皆相假借。

[三] 以德加己，則以人道相事。

[四] 鋌，疾走貌。言急則欲蔭荫於楚，如鹿赴險。

[五] 言晉命無極。

[六] 儵，晉、鄭之竟。言欲以兵距晉。

[七] 鄭文二年六月壬申，魯莊二十三年六月二十四日[一]。

[八] 魯莊二十五年二月無壬戌，壬戌，三月二十日。

[九] 鄭與楚成。

[一〇] 令，號令也。

[一一] 趙穿，卿也。公壻池，晉侯女壻。

〔文經 · 十七 · 六〕

秋，公至自穀。[一]

[一] 無《傳》。

〔左氏附〕

(文傳 · 十七 · 六)

秋，周甘歜敗戎于邥垂，乘其飲酒也。[一]

[一] 歜，周大夫。邥垂，周地，河南新城縣北有垂亭。爲成元年晉侯平戎于王張本。

〔一〕 魯莊……二十四日 “四”，原脱，據興國軍本補。

〔左氏附〕

(文傳 · 十七 · 七)

冬十月,鄭大子夷、石楚爲質于晉。[一]

[一] 夷,靈公也。石楚,鄭大夫。

〔文經 · 十七 · 七〕

冬,公子遂如齊。

(文傳 · 十七 · 八)

襄仲如齊,拜穀之盟。復曰:"臣聞齊人將食魯之麥。以臣觀之,將不能。齊君之語偷。臧文仲有言曰:'民主偷,必死。'"[一]

[一] 偷,猶苟且。

文公十八年

〔文經·十八·一〕

十有八年春王二月丁丑，公薨于臺下。

(文傳·十八·一)

十八年春，齊侯戒師期[一]而有疾，醫曰："不及秋，將死。"公聞之，卜曰："尚無及期。"[二]惠伯令龜，[三]卜楚丘占之曰："齊侯不及期，非疾也。君亦不聞。[四]令龜有咎。"[五]二月丁丑，公薨。

［一］將以伐魯。

［二］尚，庶幾也。欲令先師期死。

［三］以卜事告龜。

［四］言君先齊侯終。

［五］言令龜者亦有凶咎，見於卜兆，爲惠伯死張本。

〔文經·十八·二〕

秦伯罃卒。[一]

［一］無《傳》。未同盟而赴以名。

〔文經·十八·三〕

夏五月戊戌，齊人弒其君商人。[一]

［一］不稱盜，罪商人。

(文傳·十八·二)

齊懿公之爲公子也，與邴歜之父爭田，弗勝。及即位，乃掘而刖之，[一]而使歜僕。[二]納閻職之妻，而使職驂乘〔一〕。[三]夏五月，公游于申池，[四]二人浴于池，歜以扑抶職。[五]職怒。歜曰：“人奪女妻而不怒，一抶女，庸何傷？”職曰：“與刖其父而弗能病者，何如？”[六]乃謀弑懿公。納諸竹中，歸，舍爵而行。[七]齊人立公子元。[八]

[一] 斷其尸足。

[二] 僕，御也。

[三] 驂乘，陪乘。

[四] 齊南城西門名申門。齊城無池，唯此門左右有池，疑此則是。

[五] 撲，箠也。抶，擊也。欲以相感激。

[六] 言不以父刖爲病恨。

[七] 飲酒訖，乃去。言齊人惡懿公，二人無所畏。

[八] 桓公子惠公。

〔文經·十八·四〕

六月癸酉，葬我君文公。

（文傳·十八·三）

六月，葬文公。

〔文經·十八·五〕

秋，公子遂、叔孫得臣如齊。[一]

[一] 書二卿，以兩事行，非相爲介。

〔一〕 納閻職之妻而使職驂乘 “使”，原脱，據石經補。

（文傳·十八·四）

秋，襄仲、莊叔如齊，惠公立，故且拜葬也。[一]文公二妃，敬嬴生宣公，敬嬴嬖而私事襄仲。宣公長而屬諸襄仲，襄仲欲立之，叔仲不可。[二]仲見于齊侯而請之。齊侯新立而欲親魯，許之。

［一］襄仲賀惠公立，莊叔謝齊來會葬。

［二］叔仲，惠伯。

〔文經·十八·六〕

冬十月，子卒。[一]

［一］先君既葬，不稱君者，魯人諱弒，以未成君書之。子，在喪之稱。

（文傳·十八·五）

冬十月，仲殺惡及視，而立宣公〔一〕。[一]書曰"子卒"，諱之也。仲以君命召惠伯。[二]其宰公冉務人止之曰："入必死。"叔仲曰："死君命可也。"公冉務人曰："若君命可死，非君命何聽？"弗聽。乃入，殺而埋之馬矢之中。[三]公冉務人奉其帑以奔蔡，既而復叔仲氏。[四]

［一］惡，大子。視，其母弟。殺視不書，賤之。

［二］詐以子惡命。

［三］惠伯死不書者，史畏襄仲，不敢書殺惠伯。

［四］不絶其後。

〔一〕仲殺惡及視而立宣公　"仲"，原作"中"，石經漫漶，據興國軍本改。

〔文經·十八·七〕

夫人姜氏歸于齊。

（文傳·十八·六）

夫人姜氏歸于齊，大歸也。[一]將行，哭而過市曰：“天乎！仲爲不道，殺適立庶。”市人皆哭，魯人謂之哀姜。[二]

［一］惡、視之母出姜也。嫌與有罪出者異，故復發《傳》。

［二］所謂出姜，不允於魯。

〔文經·十八·八〕

季孫行父如齊。[一]

［一］無《傳》。

〔文經·十八·九〕

莒弑其君庶其。[一]

［一］稱“君”，君無道也。

（文傳·十八·七）

莒紀公子生大子僕，又生季佗，愛季佗而黜僕，且多行無禮於國。[一]僕因國人以弑紀公，以其寶玉來奔，納諸宣公。公命與之邑曰：“今日必授。”季文子使司寇出諸竟曰：“今日必達。”[二]公問其故，季文子使大史克對曰：“先大夫臧文仲教行父事君之禮，行父奉以周旋，弗敢失隊。曰：‘見有禮於其君者，事之如孝子之養父母也。見無禮於其君者，誅之如鷹鸇之逐鳥雀也。’先君周公制周禮曰：‘則以觀德，[三]德以處事，[四]事以度功，[五]功以食民。’[六]作《誓命》曰：‘毁則爲賊，[七]掩賊爲藏，[八]竊賄爲盜〔一〕，[九]盜器爲姦，[一〇]主藏之名，[一一]賴姦之用，[一二]爲大凶德，有常無赦，[一三]在《九刑》不忘。'[一四]行父還觀莒僕，莫可則也。[一五]孝敬忠信爲吉德，盜賊藏姦爲凶德。夫莒僕，則其孝敬，則弒君父矣；則其忠信，則竊寶玉矣。其人則盜賊也，其器則姦兆也。[一六]保而利之，則主藏也。以訓則昏，民無則焉。不度於善，[一七]而皆在於凶德，是以去之。

[一] 紀，號也。莒夷無謚，故有別號。

[二] 未見公而文子出之，故來不書。

[三] 則，法也。合法則爲吉德。

[四] 處，猶制也。

[五] 度，量也。

[六] 食，養也。

[七] 誓，要信也。毀則，壞法也。

[八] 掩，匿也。

[九] 賄，財也。

[一〇] 器，國用也。

[一一] 以掩賊爲名。

[一二] 用姦器也。

[一三] 刑有常。

[一四]《誓命》以下，皆《九刑》之書。《九刑》之書今亡。

[一五] 還，猶周旋。

[一六] 兆，域也。

[一七] 度，居也。

〔一〕 竊賄爲盜 "賄"，原作"賊"，據興國軍本改。

“昔高陽氏有才子八人：[一]蒼舒、隤敳、檮戭、大臨、尨降、庭堅、仲容、叔達，[二]齊聖廣淵、明允篤誠，天下之民謂之‘八愷’。[三]高辛氏有才子八人：[四]伯奮、仲堪、叔獻、季仲、伯虎、仲熊、叔豹、季貍，[五]忠肅共懿、宣慈惠和，天下之民謂之‘八元’。[六]此十六族也，世濟其美，不隕其名。[七]以至於堯，堯不能舉。舜臣堯，舉‘八愷’，使主后土，[八]以揆百事，莫不時序，地平天成。[九]舉‘八元’，使布五教于四方，[一〇]父義、母慈、兄友、弟共、子孝，内平外成。[一一]

[一]高陽，帝顓頊之號。八人，其苗裔。

[二]此即垂、益、禹、皋陶之倫。庭堅，即皋陶字。

[三]齊，中也。淵，深也。允，信也。篤，厚也。愷，和也。

[四]高辛，帝嚳之號。八人，亦其苗裔。

[五]此即稷、契、朱虎、熊羆之倫。

[六]肅，敬也。懿，美也。宣，徧也。元，善也。

[七]濟，成也。隕，隊也。

[八]后土，地官。禹作司空，平水土，即主地之官。

[九]揆，度也。成，亦平也。

[一〇]契作司徒，五教在寬，故知契在“八元”之中。

[一一]内，諸夏。外，夷狄。

“昔帝鴻氏有不才子，[一]掩義隱賊，好行凶德，醜類惡物，頑嚚不友，是與比周，[二]天下之民謂之‘渾敦’。[三]少皞氏有不才子，[四]毁信廢忠，崇飾惡言，靖譖庸回，服讒蒐慝，以誣盛德，[五]天下之民謂之‘窮奇’。[六]顓頊氏有不才子〔一〕，不可教訓，不知話言，[七]告之則頑，[八]舍之則嚚，[九]傲很明德，以亂天常，天下之民謂之'檮杌'。[一〇]此三族也，世濟其凶，增其惡名，以至于堯，堯不能去。[一一]縉雲氏有不才子，[一二]貪于飲食，冒于貨賄，侵欲崇侈，不可盈厭，聚斂積實，不知紀極，不分孤寡，不恤窮匱，[一三]天下之民以比三凶，[一四]謂之'饕餮'。[一五]舜臣堯，[一六]賓于四門，[一七]流四凶族，[一八]渾敦、窮奇、檮杌、饕餮，投諸四裔，以禦螭魅〔二〕。[一九]是以堯崩而天下如一，同心戴舜以爲天子，以其舉十六相，去四凶也。故《虞書》數舜之功曰'慎徽五典，五典克從'，無違教也。[二〇]曰'納于百揆，百揆時序'，無廢事也。[二一]曰'賓于四門，四門穆穆'，無凶人也。[二二]舜有大功二十而爲天子，[二三]今行父雖未獲一吉人，去一凶矣，於舜之功二十之一也，庶幾免於戾乎。"[二四]

[一]帝鴻，黄帝。

[二]醜，亦惡也。比，近也。周，密也。

[三]謂驩兜。渾敦，不開通之貌。

[四]少皞，金天氏之號，次黄帝。

[五]崇，聚也。靖，安也。庸，用也。回，邪也。服，行也。蒐，隱也。慝，惡也。盛德，賢人也。

[六]謂共工。其行窮，其好奇。

[七]話，善也。

[八]德義不入心。

〔一〕顓頊氏有不才子　阮刻本脱"氏"字。

〔二〕以禦螭魅　"螭"，原作"魑"，注同，據興國軍本改。按："魑"，《說文》新附字。

[九] 不道忠信。

[一〇] 謂鯀。檮杌，頑凶無儔匹之貌。

[一一] 方以宣公比堯，行父比舜，故言堯亦不能去，須賢臣而除之。

[一二] 縉雲，黄帝時官名。

[一三] 冒，亦貪也。盈，滿也。實，財也。

[一四] 非帝子孫，故别以比三凶。

[一五] 貪財爲饕，貪食爲餮。

[一六] 爲堯臣。

[一七] 闢四門，達四聰，以賓禮衆賢。

[一八] 案四凶罪狀而流放之。

[一九] 投，棄也。裔，遠也。放之四遠，使當螭魅之災。螭魅，山林異氣所生，爲人害者。

[二〇] 徽，美也。典，常也。此“八元”之功。

[二一] 此“八愷”之功。

[二二] 流四凶。

[二三] 舉十六相，去四凶也。

[二四] 史克激稱以辨宣公之惑，釋行父之志，故其言美惡有過辭，蓋事宜也。

〔左氏附〕

(文傳 · 十八 · 八)

宋武氏之族道昭公子，將奉司城須以作亂。[一] 十二月，宋公殺母弟須及昭公子，使戴、莊、桓之族攻武氏於司馬子伯之館，[二] 遂出武、穆之族。[三] 使公孫師爲司城，[四] 公子朝卒，使樂呂爲司寇，以靖國人。[五]

［一］文公弒昭公，故武族欲因其子以作亂。司城須，文公弟。

［二］戴族，華、樂也。莊族，公孫師也。桓族，向、魚、鱗、蕩也。司馬子伯，華耦也。

［三］穆族黨於武氏故。

［四］公孫師，莊公之孫。

［五］樂呂，戴公之曾孫，爲宣三年宋師圍曹《傳》。